躁动的日本

危险而不为人知的日本战略史观

[日] **大平正芳纪念奖得主** 小代有希子（Yukiko Koshiro）◎著
中国日本史学会常务理事 翟 新 ◎审读
张志清 李文远 ◎译

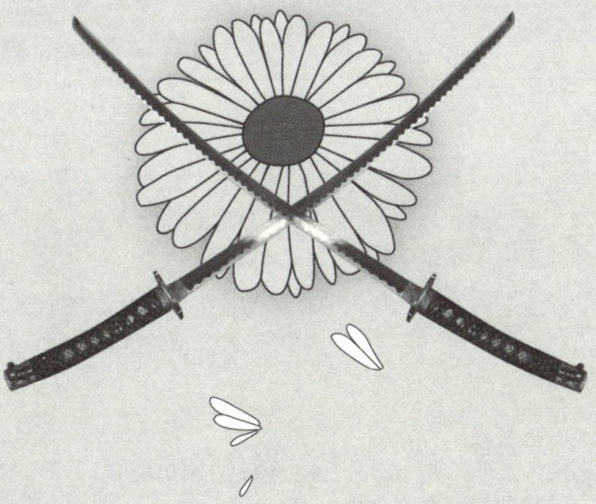

SPM
南方出版传媒
广东人民出版社
·广州·

哈佛大学历史系前主任　入江昭

在《躁动的日本》中，小代有希子提供了从19世纪到“二战”结束期间日本和俄国及苏联关系的新证据。书所讲述的事情主要集中在战争年代，但也有大量关于早前数十年的重要历史材料。小代有希子展示，在日本的历史中，俄国的重要性丝毫不逊于美国或其他欧洲国家。

纽约州立大学石溪分校教授　迈克尔·A. 巴恩哈特

优秀的历史并不是刻在岩石上的一条时间线。日本在太平洋战争结束后并不一定要成为美国的盟友。这本重要的著作为我们揭示了日本战争时期领导人对战后的愿景。《躁动的日本》是一本“修正主义”的杰作。

哥伦比亚大学历史学教授　安德斯·斯特凡松

《躁动的日本》是重铸我们对日本在“二战”最后时期地缘政治思考的关键性著作。小代有希子在清晰的欧亚大陆和殖民地的框架下，对以美国为中心的太平洋战争叙事及原子弹事件的观点做出了有力的矫正和质疑。

H-War **作者　泰勒·布拉姆福特**

我向所有研究第二次世界大战的学生强烈推荐《躁动的日本》。它引用了许多珍贵的日本史料，帮助人们重新认识日本在关键时期的真实决策，并从多个角度反映了当时日本的军事和政治状况。研究亚洲战争、“二战”结尾和冷战开端的大学教授都会从这本书中找到非常重要的信息。

图书在版编目（CIP）数据

躁动的日本：危险而不为人知的日本战略史观 /（日）小代有希子著；张志清，李文远译. — 广州：广东人民出版社，2015.1

ISBN 978-7-218-09653-7

Ⅰ. ①躁… Ⅱ. ①小… ②张… ③李… Ⅲ. ①国家战略－研究－日本 Ⅳ. ① D731.3

中国版本图书馆 CIP 数据核字 (2014) 第 231778 号

Zaodong De Riben

躁动的日本

[日]小代有希子 著　张志清　李文远 译

出版人： 曾 莹

策　　划： 中资海派
执行策划： 黄 河 桂 林
责任编辑： 肖风华 古海阳 张 静
特约编辑： 易 伊 王利军 梁桂芳
版式设计： 张 英 杨 坤
封面设计： WONDERLAND Book design 仙境 QQ:344581934

出版发行： 广东人民出版社
地　　址： 广州市大沙头四马路 10 号（邮政编码：510102）
电　　话：（020）83798714（总编室）
传　　真：（020）83780199
网　　址： http://www.gdpph.com
印　　刷： 深圳市福圣印刷有限公司
书　　号： ISBN978-7-218-09653-7
开　　本： 787mm × 1092mm　1/16
印　　张： 20　**字　　数：** 243 千
版　　次： 2015 年 1 月第 1 版　2015 年 1 月第 1 次印刷
定　　价： 42.00 元

如发现印装质量问题，影响阅读，请与出版社（020-83795749）联系调换。
售书热线：（020）83795240

军事专家　宋忠平

《躁动的日本》让我们深刻认识到：一是否认历史并试图“销毁”铁证的日本无法自我救赎；只有深刻反省，明白“好战必亡”才是唯一出路。二是中国要明白“忘战必危”，不断强大自己，遏制日本这个亚洲的“麻烦制造者”。无论是谁，忘记历史，历史就会重现！

湖南省中共党史学会常务理事　肖光荣

《躁动的日本》意在唤醒日本人正确审视危险而不为人知的战略史观，不要忘记对亚洲和亚洲人民所应承担的责任，彻底反省军国主义的侵略历史，直面对美苏战略思考和规划的善与恶，只有这样，日本才有机会最终克服战后长期以来的阴影，与欧亚大陆国家、美国和世界其他国家携手走向和解之路。

推荐序

由省察日本战略出发的
东亚和解之路探索

翟　新
中国日本史学会常务理事
上海交通大学国际与公共事务学院国际关系系教授

在外交史学界，对堪称战后日本保守政治外交路线总设计师的原首相吉田茂以下的外交史评述该十分熟悉：“采取亲英美的路线是甲午战争以来日本的外交传统，从历史大势来看，自“九一八”事变至太平洋战争过程中日本对美英等国的疯狂，并非日本的本来面目，那不过是‘一时的变态’”；长期以来，诸如二次大战中日本毫无战略考量，尤其是对苏战略更可谓“幼稚之极”一类的言说，也是在历史评论中一直占着主导地位的。所以，我因偶然机会得获哥伦比亚大学历史学博士、日本大学国际关系学院教授小代有希子先生这部费时十余年撰就的日本战争战略论著后，在好奇心的驱使下，竟一夜就把这部“磨剑之作”读了个通透。

《躁动的日本》广泛使用日本政府及军方的机密档案等一手资料，以其独特的视角考察了至战败投降前日本帝国的国家战略尤其是对中苏美三国的政策观，并借此对亚太尤其是东亚地区的战争和解问题进行了思考。本书除了前言和后记外，正文共包括四个部分。

第一部分通过追溯日本与俄（苏）美两国的交接史，呈示了日本社会复杂多元的对俄（苏）观，一定程度上摇动了流行于民间和学界的即自甲午、日俄两战争之后俄（苏）一直被日本社会视为宿敌的战略史观。

第二部分主要分析日苏美等国二次大战前后在中国、朝鲜半岛的霸权争斗及其归趋，其中揭示日本高层判断国民党将为中共取代、未来中国乃至东亚必沦为苏美两强决胜空间的战略论，颇具冲击力。

第三部分的出彩点在于作者挖掘出了于败绩日浓背景下仍不减骄横的帝国统治者尚能保持冷峻的侧面，即其不仅制定了避免同时与苏美两军对决作战、以及为保持朝鲜半岛而体面退出战争的战略计划，而且并非对苏联由友变敌的倒戈没有精神准备，相反作为战略目标更希望降于苏联而非美国。

第四部分正如“虚构战争史”的题名所示，作者据以日本战争战略展开的经纬，尝试对战后国际政治具有压倒影响力的美国战争观进行质疑，鲜明指出“重美国轻亚洲”的美国式战争叙事及其思想根源的问题性，在此之上探寻日本在历史认识问题上难释重负的症结所在。

显然，本书不但驾驭资料和再现历史过程上颇具功力，而且也称得上是一部富于探索特色和能激发讨论的著述。

第一，本书通过提出充分反映作者核心战争观的“欧亚—太平洋战争”这一命题展开的概念论操作，在对那场战争的展开空间和性质进行纠偏同时，实际上也为推到错误的史观置备了历史常识和思维工具。在小代教授看来，美国人是以所谓“太平洋战争”的方式来认识甚至处理战争：那场战争的基本性质是日本错误发动的对美入侵，故它不但失败和非正义，而且还构成了战争的大局甚至整体，至于日本对东亚的侵略战争，只不过是附属于“太平洋战争”的边缘性存在，于是作为战争的结果，日本虽应该向美国认错谢罪，但并不意味着也必须对东亚如此。不过，小代教授进而得出的因“太平洋战争”的叙事而滞碍或减弱了日本民族对亚洲的负罪心的结论，是否在将问题根源指向美国同时，也对日本人的社会责任感和道德心作了轻估或自贬？

第二，本书在近乎通篇的关于日本对苏观的描述中，不断强调苏联曾被日本作为牵制日苏美、中日苏美尤其是日美关系的大牌经常置于国家战略和军事战略的重要位置的历史理解和史实处理，明显与先行研究中多因轻蔑此期日本的对苏战略而对此不予多顾的情况相反。显然，作者此举的主要意图似除了为再构对苏战略的过程，急欲证明那场战争除了“太平洋战争”以外，还存在着包含日本联苏和侵略东亚这两个侧面的所谓“欧亚战争”。当然，要单纯化二次大战前后并无一贯性的日本对苏战略并非易事。

事实上，1925 年日本通过制定“治安维持法”，开始在国内制度化地镇压日本共产党，20 世纪 30 年代又与德国签订防共协定，开始国际范围的反共活动合作，所以此后日本选择与共产主义国家苏联联盟实有违政治逻辑之寻常；一次大战后，日本陆、海军分别以苏、美为假象敌国乃人所共知，那么为何至 20 世纪 30 年代陆军也会认同对苏联盟目标呢？其实理由不在于对美而在对华侵略的需要。以卢沟桥事变为契机，日本陆军内的皇道派和统制派围绕避免对中苏两面作战的局面出现，曾展开战争战略的论争。皇道派主张在苏联完成五年计划成为强国前先行攻苏，而控制了陆军中枢的统制派则以中国“一击即溃”论的理由决定发动全面对华战争。可见，当时论争两派的主要意图都没有将苏联牌用于对美战略。至于战争末期日方不惜以交付领土利益和率先实现苏联对日占领等谋求战后苏美在远东的对立及苏联在战后中国政治中发挥特殊作用的构想，由其不切实际性也可见，都不过是些与战争战略观相去甚远的臆想。

第三，小代教授所建构的“欧亚—太平洋战争”概念中更值得关注的内涵，也许是为该书十分视重的战争期间日方为形成所谓东京—莫斯科—延安“联盟”关系的战略观。1941 年日苏中立条约的签订使这个盟约关系有了可施行的法政基础；1944 年日益陷于战败困境的日本却出于对中共的高度评价，单方面决定承认延安政权为“独立于国民党政权的政府”，其目的则在于使中共在统一中国后成为与日、苏一起在远东制衡美、蒋的政治势力。

这里十分有趣的是，为小代教授显示的当时日本统治层重视中共的理由，居然是它“拥有最广大中国民众的支持”这一点；并且，也正是基于这样的理由，已经面临倾倒命运的帝国大厦的决策者们竟还将中共置于日方拖延战争甚至战后处理的战略要素之中。而在战后东亚的政治安排这样举足重轻的大问题上，根据小代教授基于“欧亚”视角解读的结果：日本政府对此的真实立场是既希望“苏联能遏制美国在东亚的影响”，但又不愿看到“苏联成为泛亚洲主义旗帜下东亚的最终监护人”，“相比苏联，日本政府更希望由毛泽东领导的中国共产党来完成中国人管理中国的使命”，因为“毛泽东不是苏联的傀儡，他既不依靠华盛顿，也不依靠莫斯科”，而且“毛泽东有实力遏制苏联和美国的野心，让亚洲人自己来管理自己”。这就使得这个对中共论回到了标榜“亚洲人的亚洲”的大亚洲主义思想的原点。

众所周知，太平洋战争中大亚洲主义已为大东亚共荣圈这一军国主义意识形态所吸纳，并被改造为鼓吹对外侵略扩张和殖民统治有理的精神道具。因此，表面化地认知史像而致的解析，自然难免因有违历史逻辑而面遇的尴尬。譬如，日本帝国的统治者既能做到以人民史观评测中共的历史地位及政治前景，却为何又愚顽推行使百千万生灵涂炭的对外侵略政策呢？这绝不是一个简单的知行分离的问题。对日本的历史认识问题乃至因其存在而加重的东亚民族间的历史和解问题，都必须从问题的本质上着眼，才能看到究竟，觅寻到解决路径。所以，即便从这一点讲，基于新视角广泛探讨了日本战争战略的《躁动的日本：危险而不为人知的日本战略史观》，实际是在各种意义上启迪我们：在可助我们审视战争问题时增长见识的同时，也能在解决尚存的历史和解问题之际，有益我们排除思想障碍和拓展认识的空间。

翟　新　日本庆应大学法学博士，上海交通大学国际与公共事务学院国际关系系教授，博士生导师，中国日本史学会常务理事，主要从事东亚国际关系、日本政治外交史研究，主要著作有：《东亚同文会和中国：近代日本的对外理念及其实践》（庆应大学出版会，2001 年）、《近代以来日本民间涉外活动研究》（中国社会科学出版社，2006 年）、《松村谦三集团和中国》（社会科学文献出版社，2007 年）、《战后日本的对外观》（上海交通大学出版社，2012 年）等。

图书在版编目（CIP）数据

躁动的日本：危险而不为人知的日本战略史观 /（日）小代有希子著；张志清，李文远译. — 广州：广东人民出版社，2015.1

ISBN 978-7-218-09653-7

Ⅰ. ①躁… Ⅱ. ①小… ②张… ③李… Ⅲ. ①国家战略－研究－日本 Ⅳ. ① D731.3

中国版本图书馆 CIP 数据核字 (2014) 第 231778 号

Zaodong De Riben

躁动的日本

[日] 小代有希子 著　　张志清 李文远 译

出 版 人：曾 莹

策　　划：中资海派
执行策划：黄 河 桂 林
责任编辑：肖风华 古海阳 张 静
特约编辑：易 伊 王利军 梁桂芳
版式设计：张 英 杨 坤
封面设计：WONDERLAND Book design 仙境 QQ:344581934

出版发行：广东人民出版社
地　　址：广州市大沙头四马路 10 号（邮政编码：510102）
电　　话：(020) 83798714（总编室）
传　　真：(020) 83780199
网　　址：http：//www.gdpph.com
印　　刷：深圳市福圣印刷有限公司
书　　号：ISBN978-7-218-09653-7
开　　本：787mm × 1092mm 1/16
印　　张：20　　**字　　数**：243 千
版　　次：2015 年 1 月第 1 版　2015 年 1 月第 1 次印刷
定　　价：42.00 元

如发现印装质量问题，影响阅读，请与出版社（020-83795749）联系调换。
售书热线：(020) 83795240

权威推荐

军事专家　宋忠平

《躁动的日本》让我们深刻认识到：一是否认历史并试图“销毁”铁证的日本无法自我救赎；只有深刻反省，明白“好战必亡”才是唯一出路。二是中国要明白“忘战必危”，不断强大自己，遏制日本这个亚洲的“麻烦制造者”。无论是谁，忘记历史，历史就会重现！

湖南省中共党史学会常务理事　肖光荣

《躁动的日本》意在唤醒日本人正确审视危险而不为人知的战略史观，不要忘记对亚洲和亚洲人民所应承担的责任，彻底反省军国主义的侵略历史，直面对美苏战略思考和规划的善与恶，只有这样，日本才有机会最终克服战后长期以来的阴影，与欧亚大陆国家、美国和世界其他国家携手走向和解之路。

哈佛大学历史系前主任　入江昭

在《躁动的日本》中，小代有希子提供了从19世纪到“二战”结束期间日本和俄国及苏联关系的新证据。书所讲述的事情主要集中在战争年代，但也有大量关于早前数十年的重要历史材料。小代有希子展示，在日本的历史中，俄国的重要性丝毫不逊于美国或其他欧洲国家。

纽约州立大学石溪分校教授　迈克尔·A.巴恩哈特

优秀的历史并不是刻在岩石上的一条时间线。日本在太平洋战争结束后并不一定要成为美国的盟友。这本重要的著作为我们揭示了日本战争时期领导人对战后的愿景。《躁动的日本》是一本“修正主义”的杰作。

哥伦比亚大学历史学教授　安德斯·斯特凡松

《躁动的日本》是重铸我们对日本在“二战”最后时期地缘政治思考的关键性著作。小代有希子在清晰的欧亚大陆和殖民地的框架下，对以美国为中心的太平洋战争叙事及原子弹事件的观点做出了有力的矫正和质疑。

H-War **作者　泰勒·布拉姆福特**

我向所有研究第二次世界大战的学生强烈推荐《躁动的日本》。它引用了许多珍贵的日本史料，帮助人们重新认识日本在关键时期的真实决策，并从多个角度反映了当时日本的军事和政治状况。研究亚洲战争、“二战”结尾和冷战开端的大学教授都会从这本书中找到非常重要的信息。

作者自序

最深刻的省悟，定由败者血书

20 世纪 60 年代，横滨郊区几乎看不到“欧亚—太平洋战争”留下的踪迹。日本宣布投降仅 20 年，那场战争却似乎已经离我们很遥远了。当时我还是个孩子，大家不太愿意提及那段岁月，社会也希望我们不要提及那场战争，只是告诫我们要吸取教训：战争带来的是杀戮和破坏，因此它本身就是错误的。不过这里提到的战争是一个抽象的概念，并不具体指哪场战争。我身边经历过那场战争的成年人，包括我的家人、亲戚、邻居甚至我的老师，都没有谈论过那场战争，更不会讲述他们对那场战争的记忆和看法。

然而，例外的情况总是有的。每次新年的家庭聚会上，祖母总会回忆起 1945 年 5 月 29 日那场规模浩大的横滨空袭，那场空袭夺去了上万人的生命。房子被大火吞噬，祖母带着年幼的孩子死里逃生。情急之中，她只抓了饭碗和理发用的推子。当时最重要的是孩子能吃饱饭，因此，饭碗对祖母来说显得弥足珍贵。为何要带上理发推子呢？原来，空袭发生时，祖母正在给儿子剪头发。说到这，祖母一脸慨叹，而她的孩子，也就是我的几个姨妈和舅舅，如今早已长大成人，说着说着就会忍不住笑起来。祖母和家人们平时很少谈起他们在日本战争中的经历，但这段故事我却听了无数遍。过了很久，直到姨妈和舅舅们渐入花甲或古稀之年时，他们才开始小心翼翼地说起那场战争的一些故事。从他们的话里，我得知一些亲戚曾在朝鲜和满洲（即今中国东北地区）生活和工作，不过他们谁也没提及那场战争的具体细节。

战争末期，父亲作为一名年轻的通信兵驻扎在中国台湾南部。他从未向我和妹妹说起那段经历，除了告诉我们他可以随时吃到香蕉以外。因为当时台湾岛上没有爆发战争，因此，在他的描述中，驻扎中国台湾的生活是无忧无虑的。虽然如今想来，那简直让人难以置信，但那时我们都相信父亲的话。他去世很长时间以后，我才得知事情并非像父亲说的那样美好。他所在的部队在 1945 年 8 月日本投降后，仍留守中国台湾一年多。我母亲当时还未满 20 岁，她自 1945 年 4 月起就开始担任代课教师，当时被迫与她的学生一起撤离到偏远山区。然而，母亲从不跟我们说起那段经历。直到如今，60 年已经过去，她才开始零星地向我们提起那段战火纷飞的岁月。20 世纪 40 年代，母亲作为学生代表，参加了在奈良市橿原神宫举行的神武天皇即位 2600 周年庆典。典礼上，母亲对朗诵和歌唱提不起半点热情，只是毫无表情地对了对口型。说到这里，母亲脸上总会露出略带内疚的苦笑。直至今日，她也不肯提起当年给学生们上课的情形。长辈对于战争的描述是有限且不完整的，因此我也就无从全面地了解他们所经历的那场战争。

在过去的研究中，我尽量避开有关日本战争的问题。然而，自从来到美国执教后，我发现美国及其他国家的学生都迫切地想知道日本在太平洋战争及殖民主义时代的历史。这时我才开始意识到，有必要对那场战争开展一项深入的研究。1995 年，艾诺拉·盖号轰炸机在美国博物馆参展，引起当地极大的争议。我的美国学生想知道日本人民对于此次展览的看法，并希望我能讲一讲日本在原子弹事件上的立场。他们想知道日本人是否真的如此疯狂，决定坚持战斗到最后一个人。

一直以来，我总强调：日本历史的每一起事件都有合理的解释。但由于缺乏英文或日文的史料，我无法给学生们提供足具说服力的回答。于是，我向学生们保证，一定会给他们一个满意的答案，之后便开始了对日本战争的研究。这项研究开始于1999年，那一年我获得了早稻田大学政治经济学院平野健一郎教授的项目资助，获准在该校社会科学研究院开展为期一年的研究。同时，哥伦比亚大学历史学教授安德斯·斯特凡松也为我提供机会，同意为我发表有关日本战争史方面的文章。为搜集这方面的资料，我翻遍了早稻田大学图书馆的相关文献，并最终在斯特凡松教授的指导下完成论文的撰写。

一年后，我回到美国继续执教。威廉姆斯学院、贝茨学院、科尔盖特大学和美国大学慷慨地为我提供研究场所及其他资源，让我继续进行研究。同时，我也有机会在有关现代日本、美国与东亚关系和“二战”的课堂上，与其他教师、学生开展有趣的讨论。如果没有威廉姆斯学院的萨姆·克兰和贝茨学院的丹尼斯·格拉夫林的支持与鼓励，我的研究工作将无法起步。萨姆·克兰帮助我重新确立在美国的学术之路，并且在我来到威廉姆斯学院的第二年，就让我有幸成为该院常驻研究员。丹尼斯·格拉夫林在精神上给了我莫大的鼓励，并且不辞劳苦地帮我完成对本书初稿的编辑。虽然这项研究工作极具挑战性，但我有幸得到了各种形式的专业支持和帮助。亚洲协会和日本基金会提供的资助，让我有机会分别于2001年和2002年暑期回到日本开展档案研究。也有不少人提供了场地，让我得以向来自其他国家的听众介绍我的研究成果。哥伦比亚大学的鲍勃·伊梅尔曼安排我在东亚研究所午餐讨论会上发言，阿莫斯特学院的雷·摩尔邀请我到他的日本现代史课堂上介绍我的研究成果。波士顿大学的罗纳德·理查德也邀请我参加由非裔美国人研究项目资助的系列讲座，讲述战时日本对西方白人的看法。在德国柏林举办的第二届亚洲学者国际会议上，大阪大学的杉田米之邀请我参加他的小组讨论会，让我有机会与众多欧洲学者进行交流，听取他们对日本战争的看法。2006年，我回到日本担任日本大学国际关系学院终身教授，这是我生平第一次获此殊荣。在该学院师生的帮助下，我顺利就职。尤其要感谢东京外国语大学已故的名誉教授小浪充和东京大学的名誉教授渡边彰夫，感谢他们让我有机会重新回到日本学术界。在渡边教授的安排下，我开始向各研究领域的新同事介绍我的研究工作，以此检验我的研究成果。我十分感谢日本近代史料研究会的组织者伊藤隆、日本防卫研究所研究员阿久津博康和日本政府内阁情报与研究所的顾问富士一彦。除研究经费外，日本大学国际关系学院还在2008年为我提供差旅费补助，让我有机会去纽约州立大学石溪分校，与迈克尔·巴恩哈特及他指导的研究生讨论我的研究项目。我和研习班的学员们从日本大学获得部分资助，每年前往塞班岛进行实地考察，这拓展了我在太平洋战争问题上的视野。我要感谢塞班岛的导游威利夫妇和绫子，他们带领我们参观了塞班岛上的战争遗址，并生动地描述了当时战场上的情景。

写书与做研究大不相同。写书需要可靠的人脉关系和相关机构来提供支持和帮助。《美国历史评论》(*American Historical Review*)和《外交史》(*Diplomatic History*)刊登了我最初的研究成果，在协同该杂志的审稿人修改文稿的过程中，我获益匪浅。特别需要感谢的是芝加哥大学出版社的布鲁斯·卡明斯，他为我分析“二战”时期的亚洲战场提供了新的视角。我要感谢《美国历史评论》及其出版机构芝加哥大学出版社，感谢他们允许改写我的文章《欧亚的销蚀：日本在“二战”中的最后一搏》(*Eurasian Eclipse: Japan's End Game in World War II*)。我还要感谢《外交史》及其出版机构威立—布莱克维尔出版社采用我的文章《日本的世界与第二次世界大战》(*Japan's World and World War II*)。

感谢哥伦比亚大学韦瑟黑德东亚研究所的玛奇·亨廷顿，在她的帮助下，我出版了第一本书《跨太平洋的种族主义与美对日占领》(*Trans-Pacific Racisms and the U.S. Occupation of Japan*)。玛奇退休之后，丹尼尔·里韦罗负责我的手稿，康奈尔大学出版社的罗格·海登密切关注，以确保文稿顺利成书。在此我衷心地感谢他们一直以来给予我的热情支持。一位康奈尔大学出版社的匿名读者十分友好地向我提出了宝贵的意见，敦促我在出版前再次对书稿进行修改。我还要感谢哥伦比亚大学韦瑟黑德东亚研究所的一名匿名读者，阅读两遍之后，他对我的手稿提出了十分深刻的见解，鼓励我将手稿出版成书。此外，我要感谢我的导师——哥伦比亚大学的卡罗尔·格卢克，没有她一直以来的帮助，这一切都是不可能完成的。与导师无数次的邮件交流，给我带来了新的思想和力量，使我有勇气坚持写下去。自从进入哥伦比亚大学研究生院的第一天起，她就一直给予我无私慷慨的帮助。无论用什么语言，都无法表达我对她的感激之情。最后，我要感谢伊丽莎白，她既是本书的编辑，同时也是我的朋友。感谢她这些年来，为完成这项艰巨的任务所付出的努力和耐心，尽管她那时很希望抽出时间来好好陪陪她心爱的女儿索菲亚。

为国际社会撰写一部世界历史以及开展世界历史教育，是21世纪学者们肩负的使命。我在美国和日本都曾开设过日本战争方面的课程，学生不仅来自美国和日本，还来自全球20多个不同的国家，从保加利亚、中国、法国、德国、印度、印度尼西亚、肯尼亚、朝鲜、马来西亚、菲律宾、西班牙到萨尔瓦多和海地。他们带来的不同国家和不同时代的人对于“二战”和日本“欧亚—太平洋战争”的新视角，是这本书宝贵的灵感源泉。同时，他们让我充满希望，也希望年轻一代能用国际化的语言来讨论“欧亚—太平洋战争”问题。有人曾经给我这样的忠告：“应该为四十年以后而写作，而不是为现在。”我希望自己现在已经做到这一点，并且也想告诉我的家人，我如今已经大概明白这句忠告的含义。

目录

前　言　被“选择性遗忘”的战争及不为人知的战略思考　1

第一部分　“二战”前复杂多元的对苏战略观

第1章　寻求主导地位：向左苏联，向右美国　14

十月革命爆发后，日本和西方国家一道派出军队企图将新生的苏维埃扼死在摇篮中。但出乎世人意料的是，在短暂的冲突之后，日本和苏联的关系却前所未有地融洽起来，特别是日本的共产主义者，更是将莫斯科当作崇高的圣地。

《苏日中立条约》：企图改变东亚格局的战略性目标　14
近代日本：激进思想和革命运动的交汇　17
预判战后地缘格局的洗牌　28
邀请苏联加入“轴心国”新秩序　38

第2章　“大东亚”精神：占领亚洲的理想蓝图　45

很少有人知道，20世纪上半叶旅居日本的美国人是备受歧视的。相反，共产主义的苏联倒是让日本充满复杂的情感，到底应该和俄国发展怎样的关系呢？弥漫全日本的泛亚主义又把俄国定位成了什么？

拉拢俄国人实现泛太平洋理想　46
国际社会的“名誉白种人”　49
《喀秋莎》风靡日本　60
叶卡捷琳娜和她的日本爱人　62
伪满洲国的“哈尔滨组织”　71

第二部分　考量东亚大陆的霸权争斗及其归趋

第 3 章　在东亚创造权力平衡的理想状态　84

早在 20 世纪 30 年代，日本政府就对中国共产党充满兴趣，帝国军方更试图通过对中共发表的宣言来一窥这一“神秘”团体的面貌。与此同时，延安与莫斯科的关系越来越紧张。谁将主宰中国命运，是国民党还是莫斯科，抑或延安？日本的高层认为极有可能是后者。

抗衡国民党—华盛顿联盟　84
丧心病狂的日本兵士及腐败的军事集团　97
反日情绪与民族革命的成功结合　100
国、共、苏的三角政治　107
“佐尔格间谍组织”与“大陆跨越计划”　115

第 4 章　朝鲜：太平洋与欧亚大陆的战略通道　124

在长达 30 余年的时间里，朝鲜半岛是日本的囊中物，“欧亚—太平洋战争”战争爆发后，日本一度气势凌人，可当形势逆转后，日本突然发现，世界强权不仅想打垮自己，更打算瓜分其庞大的帝国。1944 年，它们已经毫无顾忌的“侵入”了朝鲜半岛……

对日朝一体化的“和平试探” 124
消极被动的机会主义者 128
一边忍受家长式统治，一边遭受骂名 147
开辟远东第二战场的补偿条件 150

第三部分　谋求战后苏美在远东对立的局面

第5章 和平斡旋：争夺优势而上演的闹剧 154

战争中的盟友是怎样走上了彼此对抗之路？原本平分天下的构想如何演变成了两极对立？在即将战败的阴影下，日本将何以自处？骄横不再的日本帝国又迫于形势制定出怎样的亚洲战略？世界新纪元的到来，对日本而言，既是机遇也是挑战。

“尊重”苏联对南库页岛的索取意图 155
《近卫备忘录》：和平主义者之谋 164
“以敌制敌”的终战策略 171
如何在美苏争端中夹缝求生 176
“麦淇淋式马克思主义者” 188

第6章 挫败苏联独霸东亚的野心 194

日本无论如何都不可能向世界上最强的两个国家同时发起挑战，可欧洲战事的完结恰恰预示着这一棘手的局面。帝国的统治者在此时已经开始谋划体面地退出战争，如何处理朝鲜的战后问题，直接影响到日本的战后生存。

“绝对国防圈”策略 194
“大津号作战”计划：应对美苏双线进攻 197
中美联合的“黑金刚石行动” 204
朝鲜半岛：美苏角逐控制权的舞台 211
四国托管的复杂政治局面 218

第 7 章　不可一世的帝国：瞬间崩塌　225

战争的失败已成定数，帝国的未来岌岌可危。当此之时，日本国民呈现出复杂多样的国民情绪，从激烈到沮丧不一而足。1945 年的 8 月，空前的灾难降临到东亚的狭长岛国，不可一世的帝国在短短十几天之内灰飞烟灭……

"三位一体行动"："小男孩"与"胖子"唱主角　226
对《波茨坦公告》采取"默杀"态度　229
摸不着头脑的投降方式　248
日本没落后，谁能攫取最大的利益？　252
附录《关于接受三国公告事宜》　257

第四部分　虚构战争史：欧亚的销蚀

第 8 章　回顾战争：美国造成了日本的"拒不认罪"　260

麦克阿瑟向全世界宣告战争结束时，提到了太平洋上的血腥厮杀，提到了仁慈的上帝与人性的进步，却没提及中国战场，没提到日本在欧亚大陆的侵略战争，预兆性地描摹出今天日本政府拒不承认对亚洲人民犯下战争罪的军国嘴脸……

仁慈的上帝、精神的复燃和人性的进步　260
"关东军特别大演习"计划　273
红色中国：美日安全同盟框架内的潜在敌人　277
日本文学里的侵略史　282
走出超级大国意识形态所定义的历史　287

后　记　重新认识历史，才能真正走向和平　291

前 言

被“选择性遗忘”的战争及不为人知的战略思考

本书根据大量的日本文献，探讨了“二战”前、“二战”期间，尤其是“二战”结束时日本政府的战略思考，其中许多文献之前无人引用或只是用作其他方面的研究。历史总是由胜利者书写。美国军事占领日本后，对日本战败的叙述总跳不出“太平洋战争”的条条框框，它不断地给日本人民灌输这样一种战争记忆：日本只有败给美国，战后才能复苏并重新融入以美国为中心的世界。以至于战争结束时，这种印象在日本已经人尽皆知。

在这种记忆中，日本在中国战场上的失败、日本殖民帝国的覆灭，以及日本在 1945 年 8 月战后“重生”以来应当汲取的历史教训都被选择性地忽略了。太平洋战争爆发之前，日本的战争目标主要是针对欧亚大陆，为了尽量还原整场战争的面貌，本书将苏联拉回到历史视野，并将这一战争重新命名为“欧亚—太平洋战争”，深入调查这个由日本政府制定并努力实施，最后却不得不放弃的扩张计划。

鲜为人知的欧亚—太平洋全盘谋划

战前的日本一面编织帝国梦想，一面高度重视欧亚大陆，并把强大的俄国及之后的苏联看作日本与西方文化及共产主义意识形态交流的桥梁。只是在战争接近尾声时，为了整个国家生存的考虑，日本的未来规划者们才不得不把美国纳入到不断变化的欧亚—太平洋地缘政治圈。在美国的军事占领下，太平洋战争的历史叙述消融了日本的“欧亚大陆”概念，促成了战后的日本“集体遗忘”本国的殖民帝国时代。

对“二战”以及太平洋战争历史的研究汗牛充栋，但关于日本政府领导阶层在战时及战争进入最后阶段时对地缘政治的战略思考仍然鲜为人知。1944 年秋天，日本政府和帝国大本营中就已经有不少成员认为苏联将最终对日宣战，但这个结论是如何推断出来的，也鲜有史料记载。

当时的日本领导人深知莫斯科方面需要与日本保持中立，以便集中兵力对付欧洲战场，但德国一旦战败，这种中立将变得毫无意义。日本领导人一方面与苏联举行外交谈判，以期通过苏联的斡旋与美国达成停火协议，一方面又不得不眼睁睁地看着苏联人着手准备发动对日战争。

通过密切关注中国和朝鲜内部政治派系的争斗以及它们与美苏的关系，“欧亚—太平洋战争”策划者们得出结论：苏联与东亚各国的民族主义者之间的密切关系可以有效遏制美国在东亚地区的霸权。他们希望，苏联能够介入东亚，填补日本帝国覆灭后亚洲地区形成的权力真空，并与美国抗衡。

转变作战战略时，恰逢日本战时政府从根本上对作战指挥系统进行调整。这次调整发生在 1944 年 7 月，当时日本在太平洋战场上的失败已成定局。塞班岛陷落后，时任朝鲜总督的小矶国昭被选为首相，由他接管以东条英机为首的在“二战”绝大部分时间内执政的东条内阁。小矶国昭当时并非帝国首相的最佳人选，而且裕仁天皇和内大臣木户幸一也因为其牵涉进“1931 年 3 月事件”中（即由日本陆军内部“樱花会”发起的一次未遂政变。——译者注），所以并不看好小矶国昭。因为没有更好的人选，小矶国昭才得以勉强上位。虽然只是个名义上的首相，小矶国昭却在 1944 年 8 月 4 日成功组建了“最高战争指导会议”，确立了统一的指挥体系，使首相和外相能够共同参与最高指挥部的决议，以保证战争策略和指令的有效执行。

这是在战时决策方面取得的一次重大突破。在此之前，帝国大本营包揽了日本陆军和海军的所有协调工作，拥有指挥特权，政府和首相却无法参与战时行动策划和战略规划。早在 1937 年 11 月，中日战争爆发数月后，新改组的帝国大本营成立了大本营与政府联络会议，旨在进一步促进陆军参谋总长、海军军令部总长与政府之间的磋商。结果证明，联络会议不仅很难让陆海军在战略计划上达成一致，而且也很难改变军队自行其是的习惯，很难协调政府其他部门的资源和政策来配合陆海军的军事决策和需求。小矶国昭于 1944 年 7 月 22 日正式上任，此时恰逢日军在各个战场节节失利，窘境连连。迫于形势，军方领导层批准了小矶国昭的提案，采用新的指挥机制，并同意与非军方机构代表分权。最高战争指导会议核心成员包括当时同盟国所熟知的日本六大领导人，即陆军参谋总长、海军军令部总长、首相、外相、陆军大臣、海军大臣，其他高级军官也应邀参加。与此前帝国大本营、政府联络会议所不同的是，新的委员会有日本天皇列席，拥有无上权力，因此在制定战争政策时能够更好地协调政府与军队的关系。有政府和大本营成员的广泛参与，新的日本领导层开始更加关注苏联，同时考虑如何解散日本帝国。

一厢情愿：美国灌输的日本史

战后，美国作为日本的唯一占领国，通过媒体宣传和学校教育向日本民众灌输以太平洋战争为中心的战争观，以消除日本的欧亚大陆意识。这种手段成功地将“欧亚—太平洋战争”最初的策划者及其战略思考排挤到主流史料之外。地缘政治、意识形态、种族意识、文化差异等错综复杂的因素都被一概抹去，“欧亚—太平洋战争”被简单地看作是日本对美国在太平洋地区霸权的一次“毫无理性可言的、鲁莽的”挑战。日本向中国、朝鲜和亚洲其他同盟国的投降，则被简单地描述为仅仅向美国投降。日本被美国占领后，苏联在日本人的记忆中渐渐模糊。《美日安保条约》的签订制造了一种神话，仿佛自 19 世纪末期美国海军准将佩里打开日本国的大门以来，美国就一直在激励和支持着日本人民，而日本对美国的侵略行径自然是一种愚蠢的背叛。这种神话同时也催生了另一种战后观念，那就是日本应对美国保护其不受苏联侵略而心存感激，苏联则被视为一种实实在在的威胁，而不是作为对美国霸权的潜在制衡。

战时的日本领导层内部混乱没有能力策划和实施战争，这是当时的一种普遍观念，1946 年至 1948 年间举行的东京审判进一步强化了这个观念。在美国人写的历史中，就将战时日本领导人被描述为“缺乏战略思考同时作战无能”，这使得学者们完全忽略了日本自己的战略思想，并以此来解读日本人在美国总统杜鲁门决定对日使用原子弹时所采取的应对方式。他们认为要迫使日本投降就只有使用“休克疗法”——要么使用原子弹，要么让苏联参战，或者双管齐下，除此别无他法。关于美国为何使用原子弹，正统的说法是美国因此无需进攻日本本土就可以结束战争；新的说法是，美国使用原子弹是为了威慑苏联，以保证美国在战后世界的领导地位。然而，这两种说法都很少考虑日本自身的战略思考。原子弹的引爆和苏联的参战是外部因素，它们对战争进程的影响无论多大，都无法解释日本为何能够迅速适应战后的世界格局，甚至走向繁荣。这样看来，日本最初的战争规划者们确实把战后重建纳入到了他们退出战争的策略中来。

文件可以销毁，真相却不会被掩埋

日本的战争首脑们销毁了大量的战争文献记录以掩盖他们的战略思考。就在日本政府决定接受波茨坦公告后不久，日本内阁成员就焚毁了大量官方文件，以应对即将到来的很可能由美国主导的战争罪行审判。1945 年 8 月 7 日，原子弹在广岛爆炸的第二天和苏联对日宣战的前一天，日本外务省就做出了迅速销毁战时机密外交文件的决定。这个决定比帝国大本营做出的“迅速销毁军事文件”的类似决定来得更早更快，从而使一些比军事文件包含了更多、更广泛机密信息的文件被销毁。有关中国的外交文件是最先被销毁的，然后是苏联，最后是轴心国之间的外交文件。那些没有被销毁的文件，尤其是外交方面的文件，在日本的首脑们看来是安全的，且符合战后美国制定的正义标准。这些文件强调了战争首脑们在做出“玉碎”的决定之时，是多么的无知、无序和无理，而这一点反倒印证了美国人对“欧亚—太平洋战争”的叙述是“正确的”。

尽管我们无法知晓究竟有多少关于日本战后生存战略规划的战时文件被销毁，但我们仍然能够从一些鲜为人知的文献记录中找到大量证据，证明这些战略规划确实存在。这些文件大多来自日本政府内部、军部、外务省和一些前日本殖民地的代理人，且长期以来没有列入有关“欧亚—太平洋战争”的官方史料。在一些标有“最高机密”或是“绝密”的档案资料里，我们仍然能够找到为制定战后生存战略而进行的一些地缘政治分析资料。这些分析资料还可以从日本外务省和日本国防研究所的档案资料里找到，它们往往被收录在诸如“共产主义”、“情报”、“欧战”或者是“日本朝鲜驻屯军”这些看似不相干的目录下。这些档案资料看似很平常，但却有力地说明了当时日本政府和军方对苏联保持中立不抱任何希望。对于苏联在1945年8月8日对日宣战一事，日本不仅早有预料，而且就这一事件对东亚格局的影响进行了评估，这一点与战后诽谤苏联搞“突然袭击”的说法有着本质的不同。

最高战争指导会议的会议记录揭示了当时就苏联参战开展的例行讨论。最高战争指导会议，又名“核心内阁”，在帝国皇宫举行会议，在统一军事和外交战略上发挥了重要作用。委员会一直强调苏联方面在日本战争中的重要性。会议通常包括对外交和军事策略的提案，以及对战争形势的评估与预测的全面报告进行商议。凡涉及关键事务，委员会就会请求裕仁天皇亲自出席，召开御前会议。委员会的会议记录显示，早在1945年6月，裕仁天皇就已经明白苏联极有可能在不久之后对日宣战，而日本对此无力阻止。最高命令（以天皇名义直接下达给帝国陆军的最高命令）和最高指令（由陆军参谋总长下达有关执行最高命令的指令）都体现出了对苏联即将参战的战略预测。从1937年战争爆发开始，到1945年8月战争结束，帝国大本营（确切地说，1944年8月以后是“最高战争指导会议”）颁发了1 392道最高命令，这些命令由梅津美治郎、板垣征四郎、东久迩宫稔彦王、土肥原贤二、山田乙三（关东军司令）、畑俊六、杉山元等日军高级将领联合签署。所有涉及苏联的命令都说明，日本在朝鲜、中国内地和中国东北战场的作战计划都是以苏联加入亚洲战场为前提的。更重要的是，这些命令明确指示日本军队在面对苏联发动攻击时，不得发动全面反攻，而是选择被动防御。

《大本营机密日志》作为帝国大本营最全面的机密文件之一，同样体现了相同的战略原则。大本营参谋部作战课也以手写日志的形式记录了军部日常活动及计划内容，这本日志长期以来被记录者收藏在一个隐蔽之处，因此当时并没有被美国政府没收。今天，由于这本日志，我们得以深入了解 1940 年 6 月至 1945 年 7 月间日本军官们是如何看待苏美关系的。

有人认为这本日志无足轻重，因为记录者随意加入了自己的看法，而且据说当时的陆军军事行动计划处只能有限地获得关于战争进程的关键信息。然而，这种说法是值得商榷的，因为陆军军事行动计划处制定的战略与最高命令和最高指示一致，都是以苏联加入对日战争为战略前提的。日本针对苏联的军事策略体现在这一类高度保密的军事文件中。战时流行的各种杂志和报纸表明，当时的日本政府并没有完全禁止日本民众公开讨论在风云变幻的国际形势下，日本应该如何更好地应对“欧亚—太平洋战争”。阅读战后出版的各种回忆录和精心挑选的日本战争文献集时，我们需要仔细斟酌、辨别，看是否存在删除、改动或虚构历史事实的现象。

战时日本民众对错综复杂的国际政治形势的了解比我们想象中详细得多。他们每天会从报纸上阅读有关中国内战以及同盟国之间，尤其是美苏之间存在的矛盾等信息，他们也会思考日本应当如何在美国、苏联两位巨头的包围之下，在经过重新洗牌的战后世界格局中更好地生存下去。对于日本普通民众而言，要结束战争靠的绝不是一句简单的“一亿玉碎”（即一亿国民光荣地集体自杀，号召全体国民在美国进攻日本本土时慷慨赴死。）的狂热口号。这也引出了本书的一个核心观点，即我们不能仅仅站在少数制定政策的精英阶层的角度来理解“欧亚—太平洋战争”。和少数日本精英阶层一样，普通日本民众在战争中的主张和经历也同样表明，这场战争绝非像传统叙事一样，认为战争仅仅是美日两国之间的太平洋战争。

单边主义和军事侵略的不归路

我们应当在日本殖民帝国兴亡的大背景下来解读这场战争。对于日本发展成为帝国主义强国，西方国家最初表示赞同，甚至为之喝彩。19 世纪末，由西方大国强迫贫弱国家签订了一系列不平等条约，日本加入这一行列后，必须证明它有能力成为帝国主义强国，而这一点正是日本走向现代化和工业化的前提条件。与此同时，美国和英国作为在太平洋地区和中国拥有既得利益的两个头号西方强国，把日本在 1894 ～ 1895 年的甲午战争及 1904 ～ 1905 年的日俄战争中的胜利，看作是日本成功走向现代化的有力证明，而非日本对外侵略的开始。他们着手废除此前与日本签订的不平等条约，并承认日本是亚洲地区第一个，也是唯一的西化（现代化）国家。

之后，日本通过中日《马关条约》占领了中国台湾，接着又在美国总统西奥多·罗斯福的斡旋下，通过《朴茨茅斯条约》吞并了库页岛的南部。依照当时的国际法，中俄美三国承认朝鲜是日本的殖民地。“一战”后，国际联盟（以下简称“国联”）又批准日本接管了德国在南太平洋地区的殖民地，包括卡罗林、马里亚纳和马绍尔群岛。日本的版图扩张行为并没有使日本获得与英美等国平等的地位。与美国在《移民法》上的冲突，以及尝试把种族平等原则写入国联盟约的失败，使当时的日本领导层意识到，种族歧视使日本无法从法律和文化上融入这个由英美主导的世界。

从此，日本尝试以单边主义和军事侵略来挑战英美霸权。这种错误的民族自豪感致使日本将本国的现代化理念和统治方式强加到亚洲其他国家人民身上。从表面上看，日本的这种行为是出于文化和种族上的考虑，是为了去除英美在亚洲的影响力，恢复亚洲本来的文化和种族身份。实际上，和西方列强一样，日本根本无视其他亚洲国家的主权和自治。这样导致的结果是，日本与西方和亚洲其他国家之间距离越来越远，越来越被孤立。

日本帝国踏上毁灭之路是从1931年“九一八”事变开始的，这一事件导致国联开始疏远日本。之后，日本建立了伪满洲国，以确保其“生存空间”，即利用伪满洲国作为保护和扩张其在中国利益的“额外领土”，以缓冲来自苏联的军事和共产主义意识形态的威胁，并在与美国作战时为日本军队提供丰富物资。1933年，日本政府与蒋介石领导的国民政府签订了《塘沽协定》，经历短暂的停火之后，1937年7月日本对中国的全面战争终于爆发。日本对中国的进攻范围逐渐扩大，同时还与以毛泽东为首的中国共产党领导下的游击队进行较量。在此期间，日本退出国联，与德国结成同盟。1940年9月签订的《德意日三国同盟公约》将日本试图建立的“大东亚共荣圈”与轴心国的欧洲战场紧密地联系在一起。欧洲国家在东南亚的殖民地拥有众多天然资源，日本认为它可以从中获取与中国进行持久战的支援，而德国入侵法国为日本挺进法属殖民地印度尼西亚创造了便利条件。应英国的要求，美国要求日本从法属印度尼西亚和中国撤军，迫使日本开辟对抗英美的另一条战线。

从太平洋战争开始，美国和英国就决心摧毁日本帝国。尽管根据当时的国际法，日本对殖民地（伪满洲国除外）的占领并不算违法，但是同盟国已将日本帝国的崛起，看作是日本对其邻邦和西方国家犯下的战争罪行。1943年11月的《开罗宣言》中，美英中三国将1894～1895年的甲午战争定为日本对中国发动帝国主义侵略战争的起点，并要求日本将台湾地区和澎湖列岛归还给蒋介石领导的中国国民政府。

1944年夏天，美国已经把日本所拥有的南海诸岛尽收囊中。1945年2月，美英苏三国签订《雅尔塔协议》，同意苏联收回1904～1905

年日俄战争期间被日本侵占的权益。同盟国的本意并非让那些被他们从日本的统治下“解放”出来的国家实现独立。夺下塞班岛和北马里亚纳群岛（塞班岛和北马里亚纳群岛是日本南海诸岛中的两个“宝岛”）之后，美国并没有将岛屿归还给当地的查莫鲁人和卡罗尼亚人，而是立即在岛上实施军事管制。同盟国对朝鲜也如法炮制，认为朝鲜政治上不够成熟，尚不能自治，从而考虑替代日本成为下一任“监护人”。

日本政府和帝国大本营密切关注同盟国对日本殖民地的处置计划，准确预测了东亚后殖民时代的来临，并制定出相应的应对策略。日本的观察家们仔细研究了中国的内战和朝鲜的民族独立运动，特别关注美苏的干预以及中国与朝鲜的反应。最先开展大规模情报活动的是日本的华北方面军。1937 年卢沟桥事变之后，日本通过整编部分关东军作战部队，正式成立了华北方面军。这支军队很快就能独立完成任务，1941 年 12 月后更是控制了中国华北地区的所有日本陆军作战部队。它预测，中国共产党比国民党有更多的群众基础，极有可能从内战中胜出，进而统一全中国。他们还注意到，毛泽东带领中国彻底摆脱美苏控制实现民族独立的决心越来越坚定。中共与苏联开始出现分歧的时候，日本政府就已经注意，并且认为这种微妙的关系反而有助于实现战后的权力平衡。

日本在朝鲜的总督署早就在研究朝鲜的民族独立运动。他们注意到朝鲜共产党虽占优势，但仍弱小而不得不受制于苏联的情况。这个观点与朝鲜驻屯军不谋而合。朝鲜驻屯军实际上是日本帝国陆军驻扎在朝鲜半岛的军事力量，其首要任务就是保护该岛不被苏联染指，同时镇压朝鲜境内的抗日活动。由于驻屯军司令拥有与总督同等的权力，驻屯军通过同步调查，深刻分析了朝鲜的政治倾向及其与外国势力的联系。日本政府尤其认为苏联对朝鲜半岛的野心日益膨胀，并预测朝鲜半岛在战争结束前将变成美苏争霸的大舞台。

反思殖民帝国的兴亡得失

尽管日本的战争策划者一定不希望苏联替代美国、日本成为“亚洲领袖”，但他们也清楚苏联会影响亚洲地区的权力格局。在意识形态和地缘政治上，日本与苏联的关系存在着重重矛盾，这极具讽刺意味。作为共产主义国家，苏联公开反对帝国主义和殖民主义，这一点颇受整个东亚地区的民族独立主义者，尤其是反日反殖民主义人士的欢迎。苏联具有亚洲国家的文化和种族特质，而这是其英美盟国所没有的，这一区别不太容易引起人们的注意。疆土横跨欧亚大陆的苏联与中国、朝鲜接壤，且拥有亚洲原著居民。反布尔什维克的难民在涌入日本和伪满洲国的时候带来了俄国文化。伪满政府秉承“民族和谐”的口号，允许这些俄国人与当地的日本人、中国人、朝鲜人和蒙古人共同生活在一起。由于没有明确的目标、使命和自我认同，而且其对手和盟友处于不同的地理环境，具有不同的意识形态和文化背景，“欧亚—太平洋战争”逐渐演变成一系列松散的战役。日本在亚洲大陆和太平洋地区的军事行动具有多面性，因而被赋予不同的名称，每个名称都具有不同的意义，如“大东亚战争”、“中日战争”、“太平洋战争”、“十五年战争”、“第二次世界大战”、“美日战争”、“远东战争”、“英美日战争”、“苏日战争”，以及20世纪90年代出现的“亚太战争”。对于日本战争没有一个公认的名称，一方面说明这个民族对“欧亚—太平洋战争”的记忆是支离破碎的，立场是错综复杂的，另一方面也说明很难从世界历史的视野来全面地叙述这场战争。

“十五年战争”强调的是日本侵略的长期性及其造成的巨大悲剧。“第二次世界大战”则强调日本与轴心国之间的关系，并把这场战争纳入到欧洲战争的大背景中来。“太平洋战争”侧重于表述日本战时把美国作为主要敌人而在战后又与之结成盟友。“中日战争”批判日本军国主义对亚洲人民犯下的罪行，呼吁日本与亚洲各国和解，倡导日本民族和亚洲各民族的和谐。“亚太战争”是20世纪90年代造出来的新词，意在反映日本战争的多重性。然而，这个名称却遗漏了日本在欧洲的战场,更重要的是,没有反映苏联与日本在战时的外交关系与军事交涉。

“苏日战争”的说法是1991年苏联解体以后在日本国内兴起的。正因为苏联是日本在亚洲和太平洋两大战场的关键纽带，对这个纽带避而不谈会把这场战争从一个本来错综复杂的整体简单地划分为各不相干的两个部分，同时也模糊了那些造就日本殖民帝国的地缘政治和意识形态因素。

在美国的军事占领下，官方的历史记载中，日本战争的复杂性消失得无影无踪，而当日本人民开始进入战后反思时代之际，民众反思日本仅仅被美国打败，觉得这真是不幸中的万幸！虽然日本政府在1956年宣布反思时代结束，然而这种反思状态一直在持续。即使是1989年裕仁天皇的离世也没有终结这种反思。日本仅仅对美国投降这一叙事，没有结束日本作为殖民帝国的历史。相反，这一不完整的叙事反而阻碍了日本殖民帝国历史的终结。而日本人民仍然必须面对由他们所发动的战争带来的后果，因为现在的东亚，例如中国两岸分治和朝鲜韩国分裂，恰恰反映出他们战时的战略思考所造成的后果。太平洋战争叙事的局限性，使日本不愿意正视它的殖民历史。要想从战争的阴影中走出来，首先应该充分发掘日本战时制定的面向整个欧亚大陆和太平洋的战略思考和规划。

IMPERIAL ECLIPSE

第一部分

“二战”前复杂多元的对苏战略观

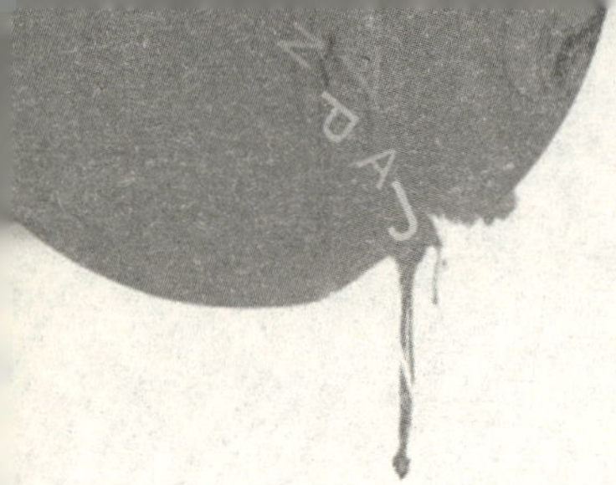

第1章
寻求主导地位：向左苏联，向右美国

十月革命爆发后，日本和西方国家一道派出军队企图将新生的苏维埃扼死在摇篮中。但出乎世人意料的是，在短暂的冲突之后，日本和苏联的关系却前所未有地融洽起来，特别是日本的共产主义者，更是将莫斯科当作崇高的圣地。

今天的日本政府声称，“在世界历史中，很难再找到像日本和美国这样的例子，可以在经历战争交锋后，又迅速建立起强有力的伙伴关系”。美国政府也同意这一观点，认为“二战”后日本成了美国在东亚地区安全的基石，同时也是美国的重要经济伙伴。如此牢固的纽带关系，令日本看似无需再制定其他的战后发展战略。这一章着重阐述这种可能性和合理性。“欧亚—太平洋战争”期间，日本政府的战略制定者及有识之士都认为，战后的日本有可能投靠苏联，因为后者在地理上与日本靠得很近，同时又是冷战期间美国最主要的对手。

《苏日中立条约》：企图改变东亚格局的战略性目标

“二战”后期，少数观察者认为，战败的日本会立即摆脱与亚洲、苏联的关系，转而投靠美国。迪克西使团（即“美军中缅印战区驻延安观察组”，简称“美军延安观察组”，代号“迪克西使团”。——译者注）曾于 1944 年与毛泽东在延安会面，该使团的成员约翰·埃默森不假思索地断言，“从根本上来说，日本人更加偏向美国，而不是俄国”。凭借自己担任过多年东京大使馆专员的经历，埃默森很自信地认为：日本一旦战败，就绝不会再站在俄国一边。如果埃默森所说的“日本人”单单是指能在美国市场谋取大量利益的那一小部分人，如商人、银行家、金融家和贸易商等，那他可能是对的。1945 年 2 月 14 日，近卫文麿公爵在他的备忘录中向昭和天皇裕仁指出日本投靠苏联的潜在危险：莫斯科的最终目的是将日本转变成共产主义国家。近卫文麿认为，共产主义革命今后将扩散至整个东亚，从延安、东北、中国台湾到日本，甚至影响日本军队。裕仁天皇应在苏联对日本开战前就与美国达成和平协定，以阻止共产主义风行整个东亚。

埃默森和近卫文麿并非未卜先知的预言家。战争期间，人们对日本的战后规划有过许多设想，埃默森和近卫文麿的设想仅是其中两个颇有争议的代表。战争结束后，由于这两种设想恰好符合美国占领日本期间塑造的历史，它们似乎因此而成为不言而喻的真理。在这种由美国灌输的战后历史记忆中，日本与世界之间复杂且微妙的关系以及日本的“帝国梦”被大大地淡化了。事实上，战争期间的日本领导层和广大民众都对俄国人和苏联怀有敬意。尽管两国之间存在竞争和敌对关系，许多日本人仍希望能与苏联合作。若不能认识到这种关系的复杂性，就很难理解日本在“欧亚—太平洋战争”中的本质。

在 1904 ~ 1905 年的日俄战争中，日本与俄国首次因朝鲜和中国东北发生冲突。1907 年，关东军的一个师被派往中国，保卫南满铁路（中国东北的一条铁路，原属于 1897 ~ 1903 年由沙俄所筑中东铁路南下支线的长春至旅顺段。——译者注）和辽宁半岛。自 1920 年开始，关东军在满洲地区的政治决策中扮演着越来越重要的角色。从这时起，关东军开始密切监视中俄边境及后来的苏联军队。从现实政治来说，苏联从军事和意识形态上对日本帝国构成了双重威胁。但由于日俄两国都崇尚实用主义，这一点为这两个相邻的国家提供了和平共处的契机。

1925 年与苏联建立外交关系时，日本政府宣布，在国内打击共产主义和与苏联保持友好关系完全是两码事，不能混为一谈。苏联也认为，与日本的友好关系是以相互尊重各自的社会政治制度和互不干涉内政原则为基础的。在这种情况下，当日本媒体声称日本共产主义政党和苏联政府之间存在经济联系时，驻东京的苏联大使馆深感不安，而日本政府则认为这是共产国际或第三国际所为。

1932 年伪满洲国建立，其北部边境与苏联领土直接接壤，这迫使日本从战略上对苏联进一步妥协。在 1938 年 7 月的张鼓峰事件（张鼓峰事件是指 1938 年 7 月末 8 月初，日、苏两国之间围绕着中俄交界的张鼓峰、沙草峰这两个高地进行的一场军事冲突。——译者注）和 1939 年 5 月的诺门坎战役中，关东军都损失惨重。但日本政府仍不愿进一步激怒苏联，而继续采取“保持和平、维持现状”的政策。加上后来签订的《苏日中立条约》，日本对苏联的和平战略一直持续至“二战”的最后阶段。

正如 1936 年 11 月日本与德国达成的《反共产国际协定》所描述的那样，消除共产主义在东亚的影响是日本自愿接受的任务。日本政府自认为是世界第三股政治力量，既反共产主义又反资本主义，致力于创造自给自足的殖民帝国，不受苏联和英美的控制和影响。在中国，日本同时对蒋介石领导的国民党和毛泽东领导的中国共产党发起战争，证实了日本既反共产主义又反资本主义的立场。从战略上来说，日本不可能同时对美国和苏联发动战争。因此，1941 年 4 月，日本与苏联签署了《苏日中立条约》，这一条约为日本向美国开战提供了决定性的前提条件。在中国战场陷入困境时，日本与苏联结盟。不过，一方面日本与苏联维持和平、保持现状，另一方面又不断地审视苏联在未来东亚格局的重大变革中可能产生的影响。

日本政府内部对《苏日中立条约》存在分歧。此条约不仅是出于军事和地理上的考虑，还反映了日本企图彻底改变东亚格局的战略性目标。20 世纪 30 年代之前，有关日本和共产主义思想的广泛讨论开始出现，这一战略目标从那时起就开始酝酿。随着中日战争的爆发，日本国内不少政治领导人和知识分子开始探寻东亚新秩序下共产主义思想和日本革命之间的关系。昭和研究会是 20 世纪 30 年代一个非正式组织，知识分子们在这里讨论政治和经济的改革。该组织设计出一种新型世界秩序，在这一新秩序中，苏联将挑战英美国家的政治和经济制度。外相松冈洋右在签署《苏日中立条约》时也表达了这一观点。本章通过追溯日本如何将苏联当作榜样，又如何结成盟友这一历史过程，阐明 1938 ～ 1940 年是日苏关系的分水岭，从此日苏关系开始好转，并在 1941 年达成《苏日中立条约》。

近代日本：激进思想和革命运动的交汇

和领导阶层一样，日本普通民众对苏联的看法也不一致。日本有很多人，特别是那些参与反政府和反帝国主义活动的人，很早就受到其欧亚邻居苏联的启发，其中有一些甚至与莫斯科有直接接触。他们的活动使日本和苏联的关系变得更加复杂。

19 世纪末，当日本明治政府在全国范围内强制实施一项工业化和帝国主义性质的改革时，近代日本人开始追寻乌托邦社会。反政府人士的目光开始投向日本以外的国家，并向它们学习。日本人从美国和俄国（及后来的苏联）的经验中学习。从历史上来说，日本人究竟更加青睐美国还是俄国（或苏联）？这一问题本身容易误导人。在思考什么样的变革适合日本社会时，日本人有选择地大胆吸收了这两个国家的经验和传统。在这一过程中，日本成为全球范围内两种截然不同的激进思想和革命运动路线的交汇点，其中一条路线穿越西伯利亚，另外一条路线跨越太平洋。

人们习惯认为是美国海军将领马休·佩里“打开”了日本国门。然而，乔治·萨姆森认为，“美英历史学家……忽略了俄国在促使日本开放的过程中所起的重要作用”。日本和俄国的外交史可追溯到 17 世纪。当时的欧亚帝国——俄国横跨鄂霍次克海和日本海，是在地理和文化上与日本最接近的西方国家。1638 年，俄国帝国扩张至太平洋后，俄国探险舰队和渔船时不时会在鄂霍次克海遇到日本遇难者，包括商人、渔民和游客等。由于俄国沙皇政府想和日本开通贸易，了解日本的风俗、习惯和语言，日本遇难者获救后就被舰队带到圣彼得堡。这方面最早的文字作品记载了日本商人但北的故事。他来自鄂霍次克海，于 1695 年遭遇海难，1697 年在堪察加被一支哥萨克军队救起，1702 年见到了彼得一世。但北后来一直留在圣彼得堡，成为专门研究日本的专家。俄国一所日本语言学校成立于 1735 年，附属于科学院。另外一所于 1786 年在伊尔库茨克建立，两所学校均由遭遇海难后被救起的日本人教授日语。其中最著名的是大黑市川，他在遭遇船难 10 年后，即 1793 年返回日本，向日本武士政权德川幕府比较全面地介绍了俄国的情况。

沙皇俄国继续将势力范围扩张到中亚以外的地区。1689 年，俄国与清朝签订《尼布楚条约》，确立了两国之间的边界。随后，中俄两国之间主要通过旅行商队开始有限的贸易往来。19 世纪初，俄国对太平洋地区的野心日益膨胀，于是开始与英美竞争，企图成为第一个打开日本港口进行贸易的国家。俄国舰队几乎与美国海军准将佩里的舰队同时到达日本，但未能携带足够的武器。佩里拒绝与幕府政权协商，并下达最后通牒，要求日本签订协议，承诺一年以后向美国开放几个港口。

相反，就在佩里通过炮艇政策到达日本浦贺一个月后，1853 年 8 月俄国海军上将叶菲米·普提雅廷进入长崎港口，进行外交协商。这是日本为有限的国外贸易正式开放的唯一港口。1853 年 12 月开始，普提雅廷率领的使团与幕府进行全面的外交协商。由于俄日在库页岛和千岛存在领土争端，双方一直僵持不下。1854 年 1 月初，普提雅廷暂时离开长崎，但要求日本一旦与其他国家签订商业条约，俄国即使不在场也能获得相同的权利。同年 2 月，佩里率领一支由 9 艘军舰构成的强大军队返回神奈川，迫使幕府于 3 月 31 日签订条约。同年 12 月，普提雅廷与幕府签订了一个与之类似的友好协定。

俄国和美国为日本知识分子敞开了两扇大门，使他们有机会见识外面的世界，思考日本的未来。日本武士革命者吉田松阴曾试图藏身在佩里的船只上偷渡美国，这反映了日本人希望了解美国的早期愿望。罗伯特·路易斯·史蒂文森在一篇有关吉田松阴的文章中高度赞扬了他的英勇行为。然而，值得注意的是，吉田松阴选择美国而非俄国实际上是个意外。吉田原本打算藏在俄国船只上前往俄国，但由于错过了在长崎的俄国军舰，他只好利用佩里 1854 年返回江户湾的机会前往美国。

鉴于吉田熟悉美国和俄国，他很可能非常了解箕作省吾 1845 年的作品《坤舆图识》(*Kon'yo zushiki*)。这部作品描述了华盛顿驱逐英国殖民者，带领美国走向独立的英雄事迹。与此同时，俄国大帝彼得一世通过引进欧洲的技术，在短时间内将俄国从一个“长期落后的国家”转变成为一个令人尊敬的大国，这给吉田的导师佐久间象山留下了深刻的印象。尽管美、俄两大帝国都对日本构成了极大的威胁，但吉田和佐久间象山都认为俄国在短时间迅速发展成为现代强国的经验更适合日本借鉴。由此，吉田最初的打算是前往俄国学习。

1868年，日本开始明治维新，废除了武士政权，迅速建立起现代化（即西方化和工业化）国家。当时的目标是修改与西方国家签订的不平等条约，保护自己不受西方帝国主义的进一步侵略。当时，由于美国忙于内战，英国成了日本最主要的贸易伙伴。日本新政府和人民从英国人的描述中得知，俄国由于沙皇腐败陷入极端贫穷的困境，因此沙俄在日本的声誉迅速下降。当时日本政府派往西方各国学习的学生和官员中，前往俄国的学生只有9名，而前往美、英、德、法的学生分别为149、126、66和42名。美国帮助日本在基础教育、农业科学甚至殖民企业等方面实现现代化。美国上将查尔斯·李仙得曾担任日本政府的顾问，指导日本在19世纪80年代针对中国台湾的军事活动。日本人学习俄语，大多只是为了外交和商业协商。

相比俄国制度，一些知名的日本学者更偏爱美国制度。作为学者、教育工作者和19世纪80年代的民权运动的提倡者，福泽谕吉推崇英美共和制，对沙皇俄国的立宪绝对主义嗤之以鼻。福泽认为俄国叛乱的根源是贫穷，而叛乱又将招致更多的镇压。相反，福泽高度赞扬19世纪60年代他在美国视察途中看到的“先进的”生活水平。他钦佩美国东海岸富裕家庭的独立精神，声称这些“开明的”公民共同遵守其建国原则，才能不断推动国家进步。福泽强调大量财富对美国的民主发挥了稳定作用。

那些反传统的知识分子也从美国民主政治中得到鼓舞。到19世纪80年代，由于日本新政府将建设基础设施和扩充军事力量置于改善民生之上，一些持不同政见的日本人发起了“自由民权运动”，提倡主权在民和言论自由。亚历克西斯·托克维尔的《美国民主》（*Democracy in America*）和弗朗西斯·列贝尔的《论公民自由及自治》（*On Civil*

Liberty and Self-Government）通过翻译引进日本后，更激励着持不同政见者奋起反抗压迫人民的日本政府。他们还认为，美国是政治逃亡的理想去处。福泽谕吉的一名学生马場辰猪于 1881 年建立自由党，1886 年逃亡美国并最终在费城去世。1888 年 1 月 7 日，大约 30 名政治流亡者（其中多数是做劳工的学生）在旧金山建立了爱国者联盟，推动他们在国外开展的反政府运动。作为自由党的共同创立者，植木枝盛赞扬美国和法国，认为这两个国家的人们能勇敢地为自己的权利战斗，并最终取得胜利。1881 年他写了一部人权法案，宣称人民应该拥有武装反抗的权利。

小室信介是一位记者和古典诗人，他在 1882 年写的一首诗中描述了美国人民为了自由而进行的政治斗争，歌颂那些离开欧洲前往美洲这块新大陆追求自由的人们。他们为反抗英国压迫、争取独立而坚持斗争达 7 年之久，并最终建立了一个繁荣富强的国家。日本本土也于 1885 年出版了一本类似的政治小说《偶遇西方佳人》(*Kajin no kigū*)。小说中的日本主人公在费城遇到两位西方佳人，从她们那了解到美国的独立战争。得知最近世界各地爆发的革命运动后，这位主人公对这些为正义而战的人民抱有深深的同情。

同时，关于沙皇政府的讨论越来越激烈，因而引起了日本的兴趣。不同于一个世纪前美国发生的独立战争，俄国的革命运动就在日本积极分子眼下展开。1861 年，距佩里和普提雅廷首次达到日本 8 年后，俄国无政府主义者领袖、马克思理论的反对者米哈伊尔·亚历山大罗维奇·巴枯宁从西伯利亚监狱逃到横滨，继而启航前往美国，然后横渡大西洋，并最终在伦敦见到卡尔·马克思。

“自由民权运动”中的一些异议人士并不赞同福泽对俄国动荡局面的评价。他们从在日本工作的俄国人那里了解到一些革命思想，例如俄国无政府主义者列弗·梅奇尼科夫，他从 1873 年东京外国语学校创立之初就在此教授俄语。在这些异议人士看来，俄国的民粹主义运动体现了受压迫者对自由的渴望。这些日本人还通过阅读在日本出版的英语报纸来了解俄国最新的政治动向。他们读了谢尔盖·斯特普涅科的《俄国的地下革命》(*Underground Russia*)和其他描述俄国恐怖活动、政治暗杀和叛国罪审判的作品。政治小说《虚无党实传记》(*Kyomu-tō jitsuden-ki kishūshū*)描述了1885年俄国无政府主义者党派的真实故事，体现出异议人士对俄国革命运动的狂热。这部小说讲述了主人公索菲亚·佩罗夫斯卡娅与沙皇政府官员斗争的故事。内田良平是一名有着“帝国”梦想的“爱国”政客，他于1901年出版了《走向末日的俄国》(*Doomed Russia*)。在此书中，他根据其1898年在俄国的所见所闻预言道：“在俄国，一场废除沙皇制度和挽救社会不公的革命不可避免。”

日俄战争期间，一些流亡国外的俄国政治犯试图向在日的俄国战俘宣传反沙皇专制，将其动员起来。美国驻日战地记者乔治·凯南就是反沙皇革命的坚定支持者，他曾尝试帮助这些被流放的俄国人。凯南将一名流亡国外的俄国人尼古拉·苏济洛夫斯基(又名尼古拉斯·拉塞尔）邀请到日本，后者曾在夏威夷从事政治活动。得到日军元帅寺内正毅的批准后，苏济洛夫斯基访问了俄国战俘营，并在战俘中传播革命思想。就这样，在这次特殊的俄美协作之下，第一面反沙俄专制的革命红旗在日本国土上飘扬起来。到了战争末期，沙皇政府怀疑日本政府管辖下的大约4.6万名俄国战俘已发展成一股强大的革命力量，因此要求日本政府不得将这些人同时遣返符拉迪沃斯托克(即海参崴)。

全球思潮的合流令美国的影响得以广泛传播。在这种影响下，日本社会主义者、共产主义者和无政府主义者的队伍逐渐发展壮大。美国经济学家德怀特·惠特尼·勒尼德是第一位在日本讲授共产主义和社会主义学说的大学教授。他的导师吴尔玺从1846～1871年担任耶鲁大学校长，著有《共产主义和社会主义的历史与理论》(*Communism and Socialism in Their History and Theory*）一书。1878 年，勒尼德被安排与美国公理会差会一起来到东京。在日本最高教研机构同志社大学执教期间，勒尼德鼓励学生翻译吴尔玺的作品。尽管翻译质量欠佳，但在《共产主义和社会主义的历史与理论》日文版的前言中，编者赞扬了勒尼德在日本传播共产主义和社会主义新思想的远大抱负，并指出：虽然这些新思想没在美国扎根，但却已在西欧各国迅速传播开来，因此希望其在日本发扬光大。

日本早期的工人运动后来发展成具有美国特征的社会主义和共产主义运动。1886 年，年轻的日本企业家高野房太郎来到美国旧金山，立志在商业上开创一番事业。读了乔治·麦克尼尔的作品后，他认识到劳动者福利问题的重要性，因而与其他几个日本移民在 1891 年共同成立了“日本劳动总同盟”，主要研究美国工会制度及其如何应用于日本社会等问题。1896 年，高野回到日本，次年和片山潜一起本着美国劳工联合会（简称 AFL）的精神将钢铁工人和铁路员工组织起来。幸德秋水是日本早期社会主义运动的积极参与者，他在寻找能让日本走向社会主义的捷径过程中，越来越关注俄国的无政府主义者彼得·克鲁泡特金以及美国的工联主义。在其与美国加州无政府主义者阿尔伯特·约翰逊往来的信函中，幸德表达了从海外推翻日本政府的宏愿。1906 年 6 月，幸德成立社会革命党，吸收了大约 40 名来自伯克利地区的日本党员。这个政党主张消除民族和种族偏见，与中国移民工人一起建立国际兄弟会。就像俄国革命者把瑞士作为基地一样，社会革命党也以旧金山作为日本社会主义运动的后勤基地。

从片山潜身上，我们可以看到日本共产主义者与俄美两国之间的种种联系。片山潜出身于日本的农民家庭，1884 ~ 1896 年先后就读于格林内尔学院、安多佛神学院和耶鲁大学神学院。作为一名基督教社会主义者，他回到日本后成了工会运动的领袖。1901 年，片山与幸德、安部矶雄、河上清及另两人共同创立了社会民主党。该党的八项基本原则包括：废除种族歧视、实行非军事化以实现世界和平、废除等级制度、土地和资本公有化、交通运输系统公有化、平均分配财产、平等参与政治以及教育费用全部由国家支付。1904 年日俄战争期间，片山作为日本代表参加了“第二国际”在阿姆斯特丹举行的第六次代表大会。他与俄国代表进行会晤，并强调双方的反战立场。1906 年，他参与创立日本社会党，但持续时间很短。

在遭受日本政府的一系列监禁后，片山于 1914 年回到旧金山。1916 年秋，美国最早的马克思列宁主义者之一 S.J. 拉特格斯资助他移居纽约。在那里，片山与托洛茨基、布哈林、柯伦泰夫人等一些流亡在国外的俄国革命者相识，并成为一名马克思列宁主义者，他所居住的西 56 街小公寓成了日本年轻激进分子的聚会场所。1919 年 7 月，片山用英文发表《日本的劳工运动》(*The Labor Movement in Japan*)，次年加入新成立的美国共产党，并在美国建立日本社会主义者协会，这是日本共产党的前身。之后，片山一直积极参与美国共产党的工作，甚至前往墨西哥帮助组织共产主义活动。直到 1921 年，片山前往莫斯科担任远东人民代表大会主席。1922 年，日本共产党在共产国际指示下成立。由于片山为此付出的巨大努力，他成为当时唯一被任命为第三国际主席团委员的亚洲人。

苏联成立后，日本和美国政府正式确立了他们的反共立场。1918 年 8 月，应华盛顿方面的邀请，日本政府出兵西伯利亚，与美国、英国、法国和加拿大联合破坏俄国革命。日本政府认同威尔逊主义，尤其是关于建立世界市场和开展资本主义和工业主义活动的主张。在他们看来，威尔逊主义是建立世界秩序的理想途径。

随着日本的经济和金融体系融入全球市场，日本商界领袖赞扬美国人（清教徒）勤劳节俭、崇尚竞争和任人唯贤的优点，欣赏美国通过建立社会慈善制度使资本家与社会保持和谐，同时向往它的科学管理方式。日本商界领袖试图将这些先进思想带到日本。和福泽谕吉一样，这些曾在美国名校学习商业与管理的日本人都向往美国的财富。因为在这里，任何人只需有钱，就可以进入上流社会，因而美国社会阶层之间始终保持着流动性。然而，支持美国经济制度的人并不一定赞同美国的政治制度。作为日本 20 世纪 20 年代的自由主义者，吉野作造谴责美国的“民主是暴力政治”：民主等同于无政府主义和社会主义，民主给日本帝国带来的将是混乱和分裂。

日本社会党早期已分裂为支持议会制的“温和派”和要求直接行动的“极端派”，但其中一些社会主义者仍然重视与美国的联系。1911 年 1 月大批社会主义者被捕，随后 12 名无政府主义者被处死。友爱会是日本的一个基督教社会改革组织，在社会主义者被打压的情况下，它打着“维持企业主与劳工之间的和平共处”的口号，选择与企业主妥协。也正因为友谊会采取温和、保守的态度，其成员迅速增加。该组织还帮助女职工加入工会。1915 年，友爱会的两名代表前往美国，与美国劳工联合会、加州劳动联合会的代表会面，其中一名代表就是塞缪尔·龚帕斯。友爱会并没有因为美国劳工联合会排斥亚洲人而停止向美国工会学习。

在“一战”前后，日本在寻求理想社会模式的过程中，把目光投向全世界，而不只是美国或俄国。它希望寻找到那些正在尝试将解放、自由和平等的观念付诸实践的领袖人物。1918 年，东京帝国大学学生组织新人会提出鲜明口号，倡导有文化、讲文明的民主政治。他们还为日本探寻务实的改革方案，创办《民主》杂志，讨论一些思想家的民主政治思想，包括让 - 雅克·卢梭、埃玛·戈尔德曼、卡尔·李卜克内西、列夫·托尔斯泰（被称作“解放之父”）、彼得·克鲁泡特金、马克思、亚伯拉罕·林肯和列宁等。日本的女权主义者也在世界范围内寻找支持。从19世纪80年代开始，日本上层女性和工人阶级女性开始接受瑞典人爱伦·凯、英国人奥利芙·施赖纳和M.G.福西特以及美国人夏洛特·帕金斯·吉尔曼等人的思想。一部分人同情西方基督教社会的女权主义运动，另一部分人则拥护无产阶级、社会主义和共产主义，要求从资本主义压迫中解放。就这样，日本自由派和激进派纷纷按照自己的意愿将美国和俄国的政治理念渐渐结合起来。

19世纪20年代，无产阶级运动在文化领域内全面展开。在学术和文学领域，大量风华正茂的日本学生着手研究苏联和俄国。历史学家、经济学家和其他社会科学家则与日本共产党及其反对派托洛茨基分子展开了一场历史性的大论战，论战的主题包括日本社会本质、现代化、资本主义和未来的革命机制。通过这场辩论，无产阶级文学杂志《播种人》(*Tanemaku Hito*)诞生了。这份杂志创建于1921年，主旨与早期的自然主义运动颇为相似。

一些日本马克思主义者和左派人士相信，美国的黑人民权运动为无产阶级革命做好了准备。许多日本马克思主义者曾设想并规划了如何与美国黑人结成同盟，共同反对帝国主义和殖民主义。与一些美国社会主义者和共产主义者一样，日本的马克思主义者将被压迫的黑人看成世界无产阶级运动的先锋队。1923年，批评家赤松克麿在《改造》(*Kaizō*)中预言，作为种族运动和无产阶级运动的一部分，美国黑人最终将帮助他们推翻日本帝国主义政府。《改造》月刊成立于1919年，备受日本读者青睐，是人们讨论国内和国际事务的平台。1930年《美国先锋文学集》(*Collection of avant-garde American Literature*)出版，其中包含了几位美国黑人作家的作品。书籍的编委们将其当作为解放被压迫的美国人民而奋斗的灯塔，从而使这部作品充满了马克思主义使命的色彩。

这些政治运动皆由旅居美国的一部分日本移民开展，体现出全世界人民都在反对日本帝国主义。片山潜帮助美国共产党招募党员，并在洛杉矶、旧金山和西雅图建立了一个日本劳工的联络网。在他们早期开展的反帝、反法西斯和反战争的运动中，有一项专门针对日本海军学院的精英学员，这些人每年都会随日本海军的访问舰队被派往美国、欧洲和澳大利亚。美国的日本共产主义者向这些年轻的日本学员散发传单，告诉他们俄国波坦金战舰起义标志着 1917 年俄国布尔什维克革命（即十月革命）的开始。他们得到了水手和其他舰船工作人员的大力协助，向日本运送期刊、时事通讯及宣传小册子。直到太平洋战争爆发为止，共有 100 多种不同的共产主义期刊、时事通讯以及宣传小册子通过伪装成普通出版物从美国偷运到日本，并在大街小巷传阅开来。这些出版物呼吁日本工人通过罢工等活动与美国工人合作，改善自身的工作和生活条件。有时候，美国的共产主义刊物上还能读到日本读者写给编辑的信。

由酒井常二、乔·古井出和卡尔·米田等人领导的美国西海岸日本移民团体与日本共产党的创始人之一，同时也是共产国际执行委员会成员的野坂参三取得了联系。1906 年，卡尔·米田出生在美国加州，1913 ~ 1926 年赴日本学习，回国后加入美国共产党。米田担任美国共产党刊物《日本劳动新闻》的编辑，同时也是工业组织大会代表及国际码头工人及货仓工人工会的成员。1905 年，宫城与德生于冲绳，1919 年和父亲一起来到美国西海岸，开始了他的绘画生涯。在那里，宫城与德饱受种族歧视，导致他放弃绘画，转而研究马克思主义，后来成为美国共产党日本支部的一员。1933 年，宫城与德收到第三国际的指示，前往日本为佐尔格间谍组织工作。

由日本移民团体组织的政治运动并非没有遭到美国和日本政府的镇压。1931 ~ 1934 年，美国政府根据《犯罪帮会法》，将 17 名日本共产党人驱逐出境。1932 年 1 月，所谓的“长滩事件”导致 100 多名共产党员被洛杉矶警察局情报处逮捕，其中有9名日本人。这些面临被美国政府驱逐的日本人为了逃避日本当局的逮捕，选择在美国共产党的帮助下转移到莫斯科。日本政府当时已经发现，海外日本共产主义组织通过分布在美国各地的联络基地，将反政府和反战争的宣传册子和出版物偷运到日本本土。1938年夏天，日本外务省驻美国办事处已查出至少400名疑似日本共产主义者以及几名中国和韩国共产主义者，其中仅南加州就有约200名日本共产主义者。

许多美国东海岸的日本移民对共产主义和美国产生了一种特殊的情感。1924年美国政府通过排日移民法案后，仍有2 000名日本人留在美国，其中大多数是非法移民。这些人当中，一半是外交官、驻美武官、银行家、商人和记者，另一半是学生、艺术家、厨师、服务员、佣人及下层工人。1929年，后一半人中的部分成员组建了日本工人俱乐部，并且加入美国共产党的日本分部。在20世纪30年代新政文化的鼓舞下，他们将美国和苏联的共产主义理念融合在一起，对和平、民主和自由形成了自己独特的看法。他们当中的大多数人都与纽约市的约翰·里德俱乐部有密切联系，被其他日本人称为“市区红色”。

预判战后地缘格局的洗牌

尽管存在意识形态的差异，日本和苏联仍积极加强两国人民之间的联系。然而，苏联并没有放弃它的革命目标。在未经日本政府许可的情况下，它吸收了一些日本工人阶级学员来东方劳动者共产主义大学学习。1928年，据日本外务省估计，有1 000名20～32岁的外国学生在此就读。其中中国学生人数达到400人，占据多数，其次是苏联的少数民族学生，约350人，另外还有30～40名是日本学生，日本外务省已经查明了其中 21 人的身份。他们住在同一宿舍，由日本共产主义者高桥贞树、山本悬藏及几名俄国人教授他们共产主义理论。爱罗先珂是一位盲人诗人，1916 ~ 1921 年曾在日本盲人学校求学，他负责教授学生俄语。除共产主义理论以外，这些日本学生还学习经济学、世界革命史、列宁主义、哲学、工会理论和日本学等课程。除了两个学生是农民出身以外，其他的日本学生都是工人出身，包括金属制造工、车床机械师、打印店员工、海员、电影院工人和鞋匠等。日本共产党成员德田球一帮助招募和派送日本工人至东方劳动者共产主义大学学习，中途经过上海和符拉迪沃斯托克。

1924 年，列宁去世之后，斯大林和托洛茨基爆发激烈争论，标志着新一届苏联领导人对世界革命的理解产生分歧。斯大林的胜利确立了他“一国社会主义论”的合法地位，结束了托洛茨基提出的“共产国际应该号召全世界更多的国家发动共产主义革命”的要求。日本观察者认为，斯大林更加注重国内的经济和工业发展，而不是世界范围的共产主义革命。

苏联优先发展国内经济的战略，这从它于 1928 ~ 1930 年与日本政府的外交互动中可以窥见一斑。当时日本政府大规模逮捕共产党人，并怀疑苏联政府对日本共产党提供经济援助。然而，苏联驻东京大使馆称这种怀疑毫无事实根据，并声称苏联政府一直严格遵守莫斯科和东京之间的协议，尊重彼此的政治和社会制度，不可能资助像日本共产党这样可能颠覆日本社会现状的政治组织。

苏联大使馆在一份书面声明中指出，第三国际已经受过沉痛教训；他们曾在一些貌似共产主义者身上浪费一大笔钱，但这些人后来却被证明是一些既无奉献精神又无工作能力的游民。在中国哈尔滨发行的一份俄文报纸揶揄地指出：既然莫斯科不承认与日本共产党的关系，日本还不如接受莫斯科的说法，以便与苏联更好地发展外交关系。日本政府也确实这样做了，它选择了务实的外交政策。

1925年，日本政府承认苏联的主权后，迅速建立日俄协会，并得到日本商人的热烈支持，因为商人们希望通过改善俄国与日本之间的关系以促进两国贸易。然而，仅仅一年前，美国通过立法禁止日本移民，从而引发日本民众的强烈反对。日俄协会总部设在东京，在日本各地有几个分会。该协会通过一些重量级的成员来促进两国之间的相互理解。首届会长是闲院宫载仁亲王（后来为参谋总长），理事会成员包括一些知名人士，如前外相和枢密院的成员石井菊次郎子爵、国际商人和慈善家涩泽荣一子爵、农商大臣高桥是清子爵、安田财团首脑安田善三郎、“水泥大王”浅野宗一郎，以及时任南满洲铁道株式会社社长的松冈洋右。

该协会最重要的成就是建立了日俄协会研究所，即后来的满洲里哈尔滨研究所，旨在促进对俄国和苏联地区的研究。该研究所的办学理念、组织机构和管理模式都与上海的东亚同文书院十分相似，旨在通过为期3年的课程学习，将日本学员培养成苏联问题专家，学习内容包括俄语、苏联商务和商业惯例、俄国历史、地理、风俗和文化。截至1929年，共有91名学生入学，其中89名学员获得了政府提供的奖学金。研究所由9名日本人、1名中国人和8名俄国人执教，另有1名俄国和3名日本员工协助日常管理。外交官杉原千亩也曾在这家研究所教习俄文，他后来因拯救立陶宛犹太人而被誉为“日本的辛德勒”。

虽然有一些日本人对莫斯科的真正意图表示担忧，但其他人却持乐观态度。后来，一位日本分析家提出，莫斯科最初与日本和平共处，其背后有两个因素：一是苏联仍需要与资本主义国家进行贸易往来和技术转让；二是肃反运动时期的苏联国内政治因素极不稳定。他指出，美苏关系的改善再次体现了苏联为谋求经济增长而与资本主义（和帝国主义）国家并存的意愿。诺门坎事件（诺门坎事件，或称诺门坎战役，是第二次世界大战时日本及苏联在远东发生的一场战争。战事于 1939 年在当时满洲与蒙古的边界诺门坎发生。——译者注）发生后，《报知新闻》（*Hōchi*）在 1939 年 10 月 28 日的社论中写道：

> 我们必须记住，即使日苏两国在各自宣称的国家意图上存在差异，我们必须尊重彼此作为邻国的共同利益。

在日语中，所谓“宣称的意图”常常暗示与真实意图完全相反，带有讽刺意味。社论还暗示，苏联宣扬在世界范围内开展共产主义革命只是表面现象，在追求国家利益层面，它与日本并没有太大的不同。

苏联的文化吸引着日本人，这种情况始于沙俄帝国时代。俄国文化是距日本最近的西方文化，从 19 世纪晚期开始就为日本带来了现代文化的浪漫思想，这与美国所提倡的思想截然不同。俄国东正教传教士的传教对象是日本北部贫困地区的村民，而美国新教传教士的传教对象则集中在城市里受过良好教育的上层日本人。1888 ~ 1889 年，伊凡·屠格涅夫的《猎人笔记》（*Hunter's Sketches*）被翻译为日文后，俄国文学几乎成为最受日本各阶层喜爱的外国文学，读者不分男女、阶级。20 世纪二三十年代，苏联成为日本作家、艺术家、评论家和知识分子的“北极星”。日本人热切追随从沙俄向苏联体制过渡时期出现的前卫派艺术、音乐、诗歌、文学和戏剧。20 世纪 20 年代日本未来派艺术、插图和建筑设计就受到了苏联艺术家的巨大影响。谢尔盖·爱森斯坦的电影艺术长期以来对日本电影艺术有着显著的影响，他曾解释说：“日本艺术的传统表现形式如俳句，与我的蒙太奇理论很相似。”

日本读者渴望了解苏联的社会、文化和民族，从而诞生了许多相关刊物。日本与朝鲜以及中国台湾和内地等地区的书店都销售一份广受欢迎的《俄国月刊》（*Gekkan Roshiya*），该刊于 1935 年首次由日苏通讯公司出版。《朝日新闻》一直在头版为该月刊打广告，直到“二战”接近尾声才停止。这说明该月刊在当时受广大日本读者欢迎，同时也说明战时的日本对月刊中描绘的未来是认同的。

根据《俄国月刊》的描绘和分析，苏联既是一个有着特殊文化魅力的邻居，又是一个与日本休戚相关的军事和外交大国。同时，该杂志还刊登一些针对当代问题的学术分析，如苏联的战时经济规划、军事实力及对亚洲（包括中国共产党）的战略，甚至涵盖《苏日中立条约》这一敏感议题。艺术和娱乐栏目报道了有关苏联社会、妇女、工人和农民的生活方式以及城市和乡村生活之间的差异，以此描绘一个友善且充满活力的社会。月刊还报道了戏剧艺术、音乐、烹饪和旅游等方面的内容以及俄国诗歌、短篇小说、戏剧和小说片段的翻译作品，体现了当时各种不同类型读者的多种需要。

相比之下，日本对于美国的认识是模糊且支离破碎的。一方面美国象征着严厉和冷漠的新教，这一点体现在人数不多却颇有影响力的传教士阶层以及那些皈依新教的日本精英身上。他们领导了一些社会改革运动，如禁酒、废娼及创办针对孤儿和残疾儿童的特殊教育。尽管这些被皈依的日本人拥护崇高的事业，但似乎并不热衷于解决社会的贫困问题。

另一方面，好莱坞电影和爵士乐体现出来的炫耀和享乐主义，导致日本人认为所有美国人都拥有汽车，喜欢看电影、跳舞、喝酒、抽烟，追求感官刺激。在当时，普通日本人肯定难以理解这些活动象征着个人和社会自由，更别提要体现美国的进步和民主了。

1945 年以前美国文化就已经渗透和影响日本社会，但 1983 年出版的一本介绍美日文化交流的刊物只用了很少篇幅列举这一时期影响日本的美国文化元素，如面粉、土豆、福特汽车、家电、交谊舞、广播、网球、棒球和 20 世纪 20 年代的“摩登女郎”等。虽然美国和日本甚至在“二战”之前就已经是重要的贸易伙伴，这种商业上的来往仅限于少数富裕的日本人，大多数日本人很难接触到美国和其他西方文化。战前，超过80%的日本人生活在远离西方化城市的地方。占日本人口 40% 的农民只能勉强维持生计，根本没有机会接触到西方的奢侈品。

日本通过研究发现，拥有巨大财富的美国希望将政策转向日本和东亚。1941 年 5 月，南满洲铁道株式会社研究部公开发表了一份长达 91 页的有关美国远东政策的机密报告，这是一系列关于地缘政治研究报告中的第一份。该报告反复强调，美国高度发达的垄断资本主义及前所未有的财富积累使美国有能力成为世界霸主，并使世界政治朝有利于美国资本主义的方向发展。

一直以来，美国为其资本主义扩张寻找外交政策上的合理解释，认为其外交政策是基于意识形态的考虑，而不是出于经济扩张的需要。美国人自以为是，认为美国的主要人种盎格鲁—撒克逊人是上帝的选民，他们的民主体制和人文主义是全人类的典范。基于这种排他主义的思想，美国的目标是建立最有利于自己的国际政治和经济制度，以确保美国的霸权地位。美国已经加大了对远东地区的干预力度，因为他们确信自己有义务监管远东地区落后的人民。报告还指出，既然美国吞并夏威夷、菲律宾和关岛主要是出于军事目的，那么它对远东地区的干预，即引起美日两国冲突的根本原因，就是为了确保在该地区推行美国的体制。

在日本人看来，相比贪得无厌的美国，共产主义苏联更有吸引力，连对日本军国主义感到失望的日本军人也被其折服。近卫文麿担心，日本军官容易受共产主义意识形态的影响而发动革命，因为大多数军官出生于经常忍饥挨饿、贫困潦倒的中下层家庭。

事实上，不少军官和新征入伍的士兵感觉到自己被日本政府的持续扩张政策欺骗了，因为该政策并没有像当初承诺的那样，让他们的家庭摆脱贫困。1929 年 9 月，日本帝国陆军的一些共产主义者在日本组织成立了反帝国主义联盟分会，试图推翻帝国军队，并在日本士兵中兴起一股革命热潮。尽管很多革命领袖在 1933 年被捕，新征入伍的士兵仍然继续组织志同道合的士兵开展破坏帝国军队、宣扬共产主义的活动。

据资料称，在 1933 年 3 月，日本共产党员、关东军士兵伊田助男将 10 万发子弹捐赠给中国共产党游击队。这一说法缺乏军方文献的记载，因而未能得到证实。

1931 ~ 1942 年，有 99 位日本士兵逃跑后加入苏联军队或中国共产党军队。在此期间，日本秘密警察破坏了至少 16 起由帝国陆军军官组织策划的共产主义革命计划。被逮捕的共产党员中，一部分人有着日本军方背景，其中影响最大的是佐尔格（理查·佐尔格是 20 世纪著名的反法西斯红色间谍。——译者注）国际间谍组织成员小田井义信。1935 年从明治大学法律系毕业后，小田井义信入伍从军，先后在中国东北和朝鲜驻守。从 1939 年退伍到 1942 年被捕，他一直为理查·佐尔格提供日本军队方面的情报。

苏联在“二战”中获胜的谣言在日本城镇和乡村传播开来。秘密警察的调查报告显示，日本人民，包括农民、工人和知识分子都赞同马克思主义对战争的解释，并对日本政府持批判态度。1937 年，来自大阪一所小学的一名社会科学老师被捕，理由是他在课堂上给四年级和五年级学生灌输共产主义价值观。他在课堂上说：

> 在共产主义国家，国家控制所有的生产资料，对产品实施平均分配。共产主义国家没有贫富差别。工人和农民不受压迫，相反，他们是国家的主人。当老百姓生病了或上了年纪，国家会义务赡养他们。

一位鞋匠对邻居说，日本应该效仿苏联的计划经济模式，赡养国家的每一位公民。他还说，一旦日本战败，他那位从北方来的“老同志”将给他和大家带来幸福。就因为这番话，他也被逮捕了。一位会计师对寺庙的和尚说，如果日本向美国投降，劳动人民的地位无论如何都不会有多大提高。一位补锅匠与邻居谈论苏联不可战胜的理由。他说：“日本无论如何都赢不了苏联，因为苏联政府得到了代表工人和穷苦农民利益的共产党的庇护，而我们日本政府却没有得到共产党的庇护。”为此，这位补锅匠受到军方的质问。

一位店主对村民说，目前的战争是一场侵略战争，仅仅维护日本资本家的特权，为军工业集团谋取利益。一位公交车司机也曾对同事诉说，这场战争是如何利用工人阶级为资产阶级牟利。在日本北方的一个小村庄，宪兵队在铁路轨道上捡到一顶军帽，军帽内衬写有如下的文字：“我是一个国际主义者……共产主义万岁……我不畏惧死亡……只有世界太平，才可能真正和平。”军队一路调查，发现该帽子的主人刚刚应征入伍，并已派往中国北部战场前线。在前线，从名牌大学应征入伍的学生们可以阅读陀思妥耶夫斯基、高尔基、马克思、列宁等人的著作。东京帝国大学的一位经济学专业大学生写道：

> 最近在轻井泽（日本富人旅游区，19 世纪晚期最初由西方人开发，供西方人娱乐，上层日本旅居者住在此地。——译者注）目睹了那些富人的生活方式，那些人自以为和军人、官僚及资本家一样，主宰着整个世界，这令我感到十分恶心。然而，我想总有一天，他们的幻想会破灭的。

这位大学生最后加入冲绳的神风突击队并在战场牺牲。另一位来自东京帝国大学的学生写道：

> 大部分就读于东京帝国大学的学生比较保守，他们只在乎获得成功，哪怕是迎合资产阶级的需要。

一位物理学专业的学生写道，透过战争带来的混乱，他发现阶级社会充满矛盾。他同情无产阶级，因为他们享受不到奢侈的文化，也无法从痛苦寻找快乐。

一位士兵在给朋友的信中说到，出于对知识的渴望，他正在阅读俄国共产主义领袖和共产主义理论家尼古拉·布哈林的作品。在过去的4个月里，日本士兵的疯狂杀戮使他对阶级社会深恶痛绝，他希望回国后能为贫穷的无产阶级效力。

在公共厕所、神龛、寺庙的墙壁上、学校的黑板上，甚至火车站的布告栏上，到处可以见到赞美共产主义的口号。有时支持共产主义的书信会寄到高层军官甚至宪兵队手里。这些口号疾呼：

> “相信共产主义”；“为了我们的幸福，与苏联携手”；“为了国际共产主义革命，加入苏联”；“打倒日本帝国主义，保卫苏维埃政权”；“以列宁的名义拒绝这份起草文件”；“起来，所有无产阶级”；“放下武器，回国发动革命”以及“将这场侵略性战争变成一场共产主义革命！”

一位在电影剧院工作的年轻技术人员被逮捕，因为他在厕所墙壁上写了一段话：

> 给我们自由，解放生产资料，废除资本主义，建立共和制共产主义，建立新社会、新文化，让妇女参与社会主义建设，获得同样的工资，男女共同努力，建设社会主义社会。

与此同时，亲美的日本学者未能说服日本社会亲近美国。美国惠特沃思大学毕业的清泽洌是一位深谙美国事务和美日关系的记者，他 17 岁就已赴美求学。他在战争时期就主张自由主义思想，在他死后这种思想依然受到人们赞扬。在 1942 ~ 1945 年写的《黑暗日记》(*Ankoku nikki*）中，清泽洌表达了他既不支持资本主义，也不支持马克思主义的立场。相反，他主张每个人都应该完全有自由选择的中间立场。他赞扬美国教育体制推崇的“独立自主地思考”，但对美国的欣赏也仅止于此。

清泽洌在两则日记中提到美国教育的优点：其中之一提到他认识的一位曾在哈佛大学上学的日本青年，会亲自打理自家在轻井泽的花园；另一则日记提到这个青年在修理他的华夫饼烤模、冰箱和其他家用电器。清泽洌认为，接受美国式教育的学生务实、真诚、谦恭有礼且富有责任心。然而在其他方面，他就不那么看好美国了。

尽管清泽洌是以劳工移民的身份前往美国，但他却蔑视那些与他同样出身底层的日本人。

他鄙视轻井泽地区那些粗鲁、卑微的劳动者，同情没有仆人的知识分子，嘲笑出身中低层家庭的军官不够老练，也轻视那些无知的老百姓，因为他们认识不到高尔夫球的重要性。在他看来，即使在战争期间，高尔夫球也是知识分子重要的休闲娱乐活动。

如果这些未受教育的农民和蓝领工人继续反抗政府，清泽洌担心会有一场“封建性质的”共产主义革命。当他表现出这种阶级意识时，也充分体现了以他为代表的日本精英的傲慢，其特点就是物质上富足，精神上也自觉高人一等。

战时日本政府不仅需要提防共产主义革命，也担心亲美精英分子可能会制造事端，但它认为亲美草根阶层不可能发起叛乱。战争前夕，日本并不认为美国的自由和民主是解除贫穷和饥饿的途径。尽管清泽冽等日本精英分子强调美国价值观的种种优点，但这些优点很有可能没有得到普通日本民众的认同。

邀请苏联加入“轴心国”新秩序

日本企图同苏联结盟以阻止英美进入亚洲，这一设想源于日本的大陆政策。

日俄战争爆发后不久，日本对朝鲜实施殖民主义政策的始作俑者伊藤博文和后藤新平提出一个包括苏联在内的亚欧大陆联盟计划，以此阻止美国以泛亚洲主义干涉日本。由此，日本在 1941 年签署的《苏日中立条约》未必是其外交政策的失败，而是一个可以理解的结果。尤其重要的是，日本认为苏联的共产主义革命虽然会危及到国内的稳定，却可以有效遏制英美统治势力的扩张，从而使日本在新的世界秩序中占有一席之地。

1940 年 9 月，松冈洋右代表日本政府与德国、意大利签署《德意日三国同盟条约》；1941 年 4 月与苏联签署《苏日中立条约》，使苏联成为一股牵制英美势力的潜在力量。松冈洋右年轻时曾移居美国西海岸，感受过美国的种族歧视。1912 年下半年至 1913 年下半年，松冈居住在圣彼得斯堡，在此期间他发现俄国人民热情友好，尽管他曾预言罗曼诺夫王朝即将终结。

从外交生涯的早期开始，松冈洋右就将俄国视作一股潜在的制衡力量，日本可以借此维护自身在欧亚大陆的利益。1894 年，中日甲午战争爆发，这时松冈洋右作为年轻的学生来到美国仅 1 年。松冈密切关注三国干涉还辽事件，并希望英日联盟能抑制沙俄的威胁。10 年后，日本在日俄战争中获胜，作为战利品的一部分，日本占领满洲南部。年轻的外交家松冈设想，与俄国结成联盟能阻止美国大陆扩张的野心，保护日本的利益。据说，1907 年秋天，松冈与枢密院议长山县讨论过一个方案，即按照前面提及的后藤新平计划与俄国结成联盟。当时，美国企图通过门户开放政策购买南满洲铁路，使伪满洲国保持“中立”，从而获得“平等”贸易和商业的机会。松冈提议与英国、日本、俄国、法国和德国组成大亚洲主义联盟，以此抵制美国在亚洲大陆的影响。

俄国脱胎换骨成为苏联后，松冈仍然没有放弃他的设想。他先后担任南满洲铁道株式会社的部门主任和副总经理，而其维护日本在亚洲大陆利益的责任愈发重大。

1932 年 9 月上旬，《李顿调查报告书》（《李顿调查报告书》是由国际联盟的李顿调查团在 1932 年发表的报告，用以协助调查及解决 1931 年的日本及中国之间发生的“九一八”事变。——译者注）发布后，松冈所率领的日本代表团前往国际联盟，在莫斯科与外交人民委员马克西姆・李维诺夫和副外交人民委员列夫・加拉罕会面。根据松冈的回忆录，在莫斯科停留的 5 天里，松冈、李维诺夫和加拉罕三人讨论了签订日俄互不侵犯条约的可行性。在松冈看来，日本政府成立的伪满洲国是对国际联盟领导的世界秩序的挑战，但苏联并不承认这个世界秩序，因此苏联应该能够接受伪满洲国的存在。尽管松冈从未肯定共产主义信念，但他仍称赞苏联“为人类进行一次伟大的实验，而西方文明正走向衰败”。

1933 年 3 月，日本退出国际联盟，以此抗议国际联盟对日本非法占领满洲的谴责。仅仅 8 个月后，华盛顿承认苏联主权。1934 年 9 月，苏联加入国际联盟。日本和苏联在世界舞台上的角色转换如此迅速，日本官员开始怀疑苏联并未真正融入国际联盟，并且认为英美接受共产主义国家进入自己的圈子别有用心。尽管苏联军事实力强大，但与之前的日本一样，苏联在西方世界同样处于无足轻重的地位。苏联在国际联盟的边缘化一直备受日本人关注。

1939年是日苏关系的转折点。9月“二战”在欧洲爆发以来，日本分析家预测苏联将会把重心转移至欧洲前线，试图避免与日本冲突。同年4月，日苏签署协议，解决了日俄关于捕鱼权的激烈纠纷。5～8月，日苏两国爆发诺门坎战役，9月双方签署停战协议。同年12月31日签订《日苏渔业协定》，正式重新确立了相邻水域的捕鱼权，并清算了苏联在伪满洲国的债务赔偿。东京政府开始仔细考虑与苏联缔结“激进”联盟，昭和研究会对此予以支持。

1937年，中日战争爆发，昭和研究会开始关注日本外交政策。内阁总理大臣近卫文磨受其影响，在1938年9月发表《大东亚共同宣言》。近卫文磨认为，东亚新秩序将促进日本、伪满洲政权和中国在政治、经济和文化上相互支持与合作，从而确保地区的持久稳定。英美国家并不认可日本在军事、政治、经济和种族上与他们享有平等地位。对日本人来说，遭受英美排斥使其泛亚主义更加合乎“道德”，泛亚主义旨在使亚洲摆脱英美帝国主义的影响，在日本领导下重新定义亚洲的现代地位。

为实现地区稳定，研究会设想出一系列对抗大国力量的战略计划。很明显，苏联被视作东亚的一部分。该计划首先要求驱逐英国在亚洲的势力，并随之削弱美国与法国在亚洲的力量。加强与德国的联系，同时竭尽全力避免与苏联爆发战争。民主社会主义的主要支持者蜡山政道将《德苏互不侵犯条约》看成为创建区域集团迈出的重要步伐。纳粹德国和苏联不满“一战”后建立的威尔逊式世界秩序，一致同意建立一个全新的政治经济秩序。鉴于这些共同利益，蜡山政道预测德国和苏联将形成“新的帝国主义阵营”，以反对“旧的帝国主义阵营”，而这个新的帝国主义阵营有希望与日本的泛亚主义共存。

日本之所以邀请苏联加入轴心国的“新秩序”，是因为日本相信苏联会支持日本对英美世界的主导地位发动“革命性”挑战。与德国签订《德意日三国同盟条约》前夕，松冈承认该条约是与苏联结盟的前奏。松冈提议建立一个由日本、德国、意大利和苏联组成的亚欧集团，遏制英美联盟。该集团的亚洲势力将会抑制美国对中国的影响。

1939 年 7 月，越来越多的日本领导人支持这一提议。前内阁总理大臣近卫文磨、日本驻意大利大使白鸟敏夫及日本驻德国大使大岛浩都赞同日本、德国、意大利和苏联结成联盟。受到德苏签署互不侵犯条约的启发，日本帝国海军的主要策划者高木惣吉综合考察了多边外交政策的几种可能性之后，提出了最符合日本利益的四国联盟建议。1940 年 10 月，《改造》杂志上刊登一篇持同样观点的文章，并预言《苏日中立条约》会成为《德意日三国同盟条约》的续篇。1941 年 5 月这一期刊登有四篇文章，专题介绍《苏日中立条约》，其中两篇文章强调该条约与《德意日三国同盟条约》之间的关联。通过《改造》杂志上刊登的文章及其他新闻渠道，日本民众得知日本政府企图利用苏联牵制英美的全球主导地位。

斯大林似乎也希望同日本保持中立关系。1941 年 3 月下旬，松冈访问苏联、德国和意大利，再次肯定了轴心国之间的结盟。据称，当松冈邀请苏联加入轴心国同盟，共同应对英美资本主义的时候，斯大林感到十分高兴。斯大林首先考验松冈，让他转告德国外交部长约阿希姆·冯·里宾特洛甫“盎格鲁—撒克逊人从来就不是俄国的‘朋友’”。结束对德国和意大利的访问之后，松冈经西伯利亚铁路回国，中途停留莫斯科。他详细描述了苏联怎样与日本签署互不侵犯条约，从而加入三国联盟。《苏日中立条约》专门针对领土主权问题，包括苏联的外蒙古和伪满洲国，作为《苏德互不侵犯条约》的补充，《苏日中立条约》将避免苏联在亚洲和欧洲两个战场同时作战。最终，斯大林决定签署中立条约。

苏德战争爆发后，日本政府遵守《苏日中立条约》。当德国请求日军进攻苏联时，日军没有答应，而是选择南下进攻法属印度支那，这一行动导致日本与美国发生正面冲突。1941 年春天，日本驻美大使野村吉三郎与美国国务卿科德尔·赫尔进行非正式会晤，美国政府要求日本撤离法属印度支那和中国，并以石油禁运相威胁，这标志着美国正式干预东亚事务。松冈曾希望借助四国联盟和轴心国联盟的力量给美国施加压力，迫使其同意与日本谈判。

据说松冈听到“珍珠港事件”的消息后彻底绝望了，因为该事件摧毁了日本与美国和解的最后希望。尽管如此，在帝国军队和外交部的支持下，德日苏结成联盟的计划仍然有效。在日本看来，同苏联签署的中立条约能挫败反法西斯大联盟。从更微妙的层面来说，日本法西斯主义与苏联共产主义结成同盟，动摇了反日本帝国主义的亚洲共产主义运动在意识形态上的合法地位。

证据表明，太平洋战争期间，日本民众始终认为，大联盟中的苏联和美国始终意见不合。共产主义者中野五郎曾移居美国，1942 年夏天被当作敌国国民驱逐出境。

1944 年 6 月，中野五郎在杂志上发表一篇有关战争时期美苏文化关系之谜的文章，阐释了他对大联盟的怀疑。美国人认为苏联人都是肮脏的工人和农民阶级组成的革命人士。德国攻打苏联时，美国人眼里的苏联人又变成了纳粹主义可怜的猎物，丧失了一切杀伤力，从而越来越得美国人的支持。

然而，支持的背后隐藏着许多潜在的分歧。中野引用华纳兄弟影片公司在 1943 年所拍的电影《莫斯科使团》来描述这个现象，该影片真实地刻画了一些政治人物，如斯大林和丘吉尔。《生活》杂志认为这些苏联人看起来像被美国同化了，感觉他们是住在堪萨斯城。以美苏外交关系为主题来制作商业大片，这本身就是美国特色的风格和品味。用美国人的方式来再现苏联，体现了美国人典型的自负和自满。美国公众只会接受那些表现美国生活方式比苏联优越的作品。因此，中野认为，美国与苏联在文化和意识形态上的差异，使得两国之间很难缔结牢固可靠的联盟。

甚至在太平洋战争爆发后，日本媒体，特别是代表进步分子的月刊《改造》仍然从正面评价苏联和共产主义。由于媒体缺乏统一的管制，民众可以相对自由地讨论共产主义话题。由于内务省、日本内阁情报局和战时内阁情报部等机构采取不同的审查制度，获得内务省批准出版的文章，出版后仍然可能受到战时内阁的审查。但在此之前，日本读者仍然有机会了解当时世界“帝国主义”和“共产主义”的状况。

横滨事件中，数十名记者和研究员被横滨特别高等警察（特别高等警察是日本帝国的秘密警察组织，以“维持治安”的名义，镇压社会主义、共产主义等危及日本社会体制活动的思想，其属性算是政治警察。——译者注）逮捕及严刑拷打，随后亲共产主义媒体开始受到严厉镇压。1942 年 9 月，《改造》杂志在内政部及日本内阁情报局的准许下刊登了《日本历史及世界历史的趋势》（*Sekaishi no dōkō to Nihonshi*）。作者细川嘉六号召日本向苏联学习，支持奉行全民独立自主的原则，使东亚新秩序获得真正的繁荣。陆军新闻处公然质疑《改造》杂志编辑部，认为刊登如此亲共产主义的文章是愚蠢的。随后细川嘉六被捕，接受调查。与此同时，南满洲铁道株式会社研究部门接受专门调查。两次调查结果表明，包括细川嘉六在内的共产主义支持者正在策划重建日本共产党。

斯大林公开否认与日本共产主义者有任何联系。斯大林急需重申与罗斯福、丘吉尔之间的盟友关系，于是他在 1943 年 5 月宣布，苏联的战略重心是参与反纳粹联盟，而非煽动世界性的革命。斯大林承认，各国的社会矛盾不同，因此各国处理劳工运动的方式也不同，苏联不可能将全世界所有的共产主义者联合起来。他解散了共产国际，因为它只会阻碍国家工人党的发展壮大。这使得日本政府在横滨事件后得以继续与苏联维持中立关系。战时日本与苏联的多方面外交往来说明，共产主义意识形态并没有妨碍两国之间的外交关系。

对日本来说，苏联是一把双刃剑。一方面，日本政府认为共产主义意识形态危及其国家政体，另一方面日本人民憧憬苏联革命带来的社会进步。如果日本能够利用这个潜在的敌对邻国，它们或许可以携手共同充当亚洲的守护者。如果简单地认为战前日本是反共产主义和反苏联的，只会使日本的“欧亚—太平洋战争”性质变得更模糊。

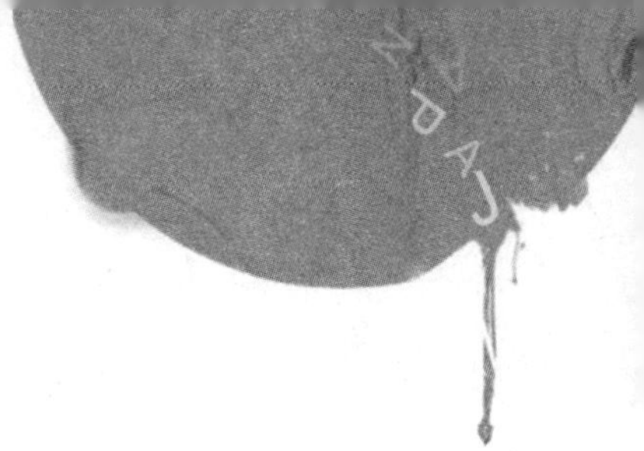

第2章 “大东亚”精神：占领亚洲的理想蓝图

很少人知道，20世纪上半叶旅居日本的美国人是备受歧视的。相反，共产主义的苏联倒是让日本充满复杂的情感，到底应该和俄国发展怎样的关系？弥漫全日本的泛亚主义又把俄国定位成什么？

战争爆发前，多数日本人无论从种族、心理还是文化上都对亚欧大陆有一种归属感。相比纽约和华盛顿，莫斯科和柏林离日本更近。在日本的殖民统治之下，横跨朝鲜和伪满洲国的铁路网已经建立，并与西伯利亚铁路相连。日本人乘坐火车前往欧洲的速度比海上航行快3倍。从1911年起，日本开始出售西伯利亚铁路的火车票。从1927年开始，日本游客能够在殖民帝国的主要火车站，包括东京、横滨、大阪、釜山、平壤和大连等地，购买到欧洲城市的国际火车票。莫斯科是战前日本通往欧洲的门户。1937年，日本游客花上10～11天就能从东京到达莫斯科，13天则可到达柏林，14天到达巴黎。从横滨经檀香山到达美国西海岸的主要港口城市，则需要航行大约2周；之后从西海岸乘坐火车途经芝加哥到东海岸，还需要2天或者更长的时间。

三条虚线是连接日本和亚欧的渡轮航线，途径港口分别是大连、釜山和符拉迪沃斯托克。人们可以从莫斯科坐火车到达巴黎、柏林、罗马、斯德哥尔摩、维也纳、伦敦（从法国加来坐轮船），甚至可以到达君士坦丁堡（即现伊斯坦布尔）。

拉拢俄国人实现泛太平洋理想

在民众心理和政权组织形式上，日本都与俄国更为相似，所以它更加希望与俄国一起建立东亚秩序。相比之下，日本与美国的文化、社会接触较少，与美国建立跨太平洋联盟来扩张日本殖民帝国似乎不太可能。日本一直在宣传日本与俄国文化的相似性，即使在战争时期也未停止，因为日本从未想过要以泛亚洲主义之名将俄国从亚洲剔除。

普通民众和学者都认为俄国的人口和文化是多民族的，这促使日本对俄国产生一种亲近感。与战后日本完全不同，战前日本帝国对民族的多样性十分宽容，并接受日本国民与殖民地人民联姻，许多日本女人嫁给了殖民地的男人。

1941 年 4 月 13 号，《苏日中立条约》签署，这对日本而言不仅仅是一个军事条约，更是日本殖民帝国实现世界主义梦想的保障。据说，在签署该条约后，斯大林拥抱了日本外相松冈洋右，称赞日苏两国根系亚洲。斯大林还提及自己的故乡格鲁吉亚，强调苏联人也属于“亚洲人种”。一些日本领导人，尤其是东久迩宫稔彦王，强调日苏同样是亚洲成员，因此应该团结起来，共同抵制英美入侵中国。具有讽刺意味的是，这样的种族观念也体现在纳粹分子的宣传资料中。纳粹分子指责俄国人为“亚洲人”和“蒙古人”，称其“天生的野蛮”，导致了他们对共产主义的狂热。和犹太人一样，俄国人属于“劣等民族”。正是由于俄国人的“白种人特征”相对少一些，日本将俄国人纳入了“泛亚洲人”。

签署《苏日中立条约》时，日本政府称赞苏联是一个多民族国家，没有种族歧视。相反，它从未看好另一个移民国家美国。日本民众认为，黑人、犹太人、美洲印第安人以及亚洲人将永远被美国社会排斥在外。他们认为种族歧视削弱了美国的力量。相反，日本认为苏联与亚洲有着历史渊源，而美国没有，因此对两国得出的评价截然不同。日本外务省情报部门在其国际关系的每月分析中，正面报道了莫斯科的亚洲特征。太平洋战争爆发后，《苏联月刊》也时不时会提及苏联与亚洲的历史渊源，描述 13 世纪时还是蒙古附属国的俄国，是如何在 14 世纪吞并金帐汗国，最后在 16 世纪成为横扫西伯利亚的强大力量。《苏联月刊》声称，突厥各民族构成了苏联的历史、种族和情感基础，这些民族包括吐库曼人、乌兹别克人、塔吉克人、哈萨克人和吉尔吉斯人。上述文章还称，苏联建国过程中的种族融合使得苏联人具有亚洲人的某些特征。

日本中央大学教授小野信尔认为，与其他欧洲人相比，苏联人之所以对非西方民族更加宽容，较少出现大国沙文主义，是因为斯拉夫民族长期居住在亚欧大陆。

在共产主义思想的影响下，崇尚种族、文化平等的传统得到进一步巩固。但研究匈牙利语和芬兰语的语言学家今冈十一郎认识到，苏联内部也存在过国家及种族之间的冲突。斯拉夫民族和俄国民族在发展过程中对俄国内部的其他亚裔少数民族也有过迫害及歧视。泛图兰主义（泛图兰主义是阿姆河以北民族图兰人的极端政治运动，指在成立一个从日本至匈牙利的大图兰国。——译者注）研究专家今冈声称，苏联需要不断应对亚洲裔少数民族提出的保存自身语言、文化、风俗和生活方式的要求，这使得它比其他欧洲政府更了解亚洲人民对解放和自治的期盼。今冈总结道，这段历史让日本人觉得苏联能够理解他们的泛亚主义。

东久迩宫稔彦王与石原莞尔、小矶国昭、久原房之助、后藤隆之助一起，提议要使俄国人意识到自己的亚洲人身份。整个战争期间，东久迩宫稔彦王都表达了他对该提议的大力支持，他在日记中写道：

> 日本必须使苏联意识到自己是亚洲的一员，这样苏联就永远不会站到白人那一边（1942 年 4 月 14 日）；斯大林已意识到自己是亚洲的一员，并对此感到骄傲，因此有必要使苏联人民也有同样感受（1944 年 9 月 27 日）；必须设法帮助苏联人民确立亚洲人身份，这样两国人民才可能携起手来对抗英美（1945 年 5 月 15 日）。

1944 年 5 月，《外交评论》杂志上刊登了一篇匿名文章，文章认为苏联是一个地理和种族上具有欧洲和亚洲双重特征的二元国家；现代日本也一样，既保留独特的亚洲特征，又吸收西方文明，这有利于两国外交在平等和互利的道路上不断前进。20 世纪初，日本实行大陆扩张政策期间，日本人与俄国人的交往却日益密切，这证实了俄国人对亚洲人的宽容。十月革命兴起之后，数以千计的俄国政治犯在日本本土或殖民地定居。移民美国的日本人频繁引发外交冲突，而移民到日本的俄国人几乎没有与日本人产生文化上的摩擦，即使战时也是如此。但事实上，移民到日本的俄国人远少于移民到美国的日本人。从大正时代（日本大正天皇在位的时期，即 1912 ~ 1926 年，是短暂而相对稳定的时期。——译者注）的世界主义政策到 20 世纪 30 年代的孤立主义政策，俄国文化在日本一直备受青睐。伪满洲国建立后，旅居日本帝国的俄国人被视为日本与西方世界联系的宝贵纽带。日本政府将“种族和谐”作为国家的口号，赋予俄国居民合法权利，允许他们与日本人、中国人、朝鲜人和蒙古人共同生活在一起。

通过比较日本人与旅日美国人、俄国人之间的交流，可以看出美国人根本不会试图去消除种族隔阂。相反，战前的各种文献记录证实，对日本来说，相比遥远的美国，俄国是更加亲近的邻居。战争时期，日本有理由继续将俄国视为同盟，并且有理由视其为东亚的一员而非外来的入侵者。

国际社会的“名誉白种人”

谢尔盖·G. 叶利谢耶夫（1889 ~ 1975 年）出身于俄国圣彼得堡一个富商家庭。他是首位被东京帝国大学录取的全日制西方白人学生，后来在美国成为日本研究的奠基人。

叶利谢耶夫主修日本经典文学，并在 1912 年以优异成绩获得学士学位；1914 年，他获得硕士学位，之后返回俄国；1921 年，叶利谢耶夫为了躲避布尔什维克革命逃至法国，在巴黎大学教授日本文学；1932 年，受邀到哈佛大学讲学，直到 1955 年返回巴黎，期间他一直默默地推动日本研究在美国的发展。

尽管叶利谢耶夫促进了日本、俄国和美国之间丰富而繁荣的文化交流，但日俄与日美之间的文化与种族关系存在显著差异，这些差异构成了日本发动亚欧—太平洋战争微妙的心理因素。叶利谢耶夫沉浸于日本文化，他与日本同学一起学习、游玩，住日本传统风格的房屋，同日本文学界人士交往。和叶利谢耶夫一样，成千上万的俄国移民与日本人生活在一起，而美国西海岸的美国人却非常歧视居住在当地的日本人。

更糟糕的是，侨居日本的美国人并没有被日本同化，而是住在与世隔绝的高档社区里，过着高人一等的生活。这只能让日本人更加确信：白人有着明显的种族优越感，并对其他民族抱有歧视。

20 世纪初，美国颁布一系列反东方移民及侨民入籍法。这些法律原本针对中国劳工，但很快波及其他亚洲人，严重伤害了日本的民族自豪感。日本人强烈意识到，美国人是根据肤色来区别看待他们的。

作为一个蒸蒸日上的帝国，日本认为，自己仅被西方列强当作另一个亚洲国家是不体面和有失尊严的。由于移居美国的日本人这一特殊情况及美国在国际社会的政治地位，日本人为自己创造了双重种族身份。日本认为，美国政府应该把日本民族看作国际社会中的“名誉白种人”民族。但由于美国社会严格制定了反种族通婚法、移居法和入国籍法，限制不同肤色的人种之间的交流，它不可能将所有普通的日本移民当作名誉上的白人。更糟糕的是，尽管日本政府从 19 世纪晚期就做出种种努力，但美国政府最终还是将日本移民称为“非白人种族”中不受欢迎的群体。美国一方面在外交上把日本看作名誉上的白人国家，另一方面依然把日本人看作非白种人，这种矛盾一直存在。然而，1924 年美国颁布的排日法案表明，它最终选择拒绝处理这一矛盾。这让日本民族主义者下定决心与美国疏远，进一步促进了日本走上泛亚主义道路。

表 2.1　1876 ~ 1937 年间各国旅居日本人口数量

年份	中国	美国	英国	德国	俄国	法国	总数
1876	2 449	274	1 279	231	51	260	4 972
1895	3 642	1 022	1 878	493	222	391	8 246
1905	10 388	1 612	2 114	616	58	531	16 558
1911	8 145	1 762	2 633	815	112	530	14 970
1924	16 902	1 870	1 848	930	818	398	24 122
1932	17 819	2 015	1 969	1 040	1 537	462	26 885
1937	15 526	2 347	2 360	1 959	1 590	583	30 838

从 19 世纪晚期到战前这段时间，旅居日本的美国人数量稳步上升，

且一直高于德国人。即使到 1936 年，日本与德国签署《反共产国际协定》成为同盟国后，情况依然如此。然而，日本民众对美国越来越反感。旅居日本的美国人自命不凡，觉得自己肩负着崇高的使命，且具有财富上的优越感，而其他西方人却并非如此。即使在日本，美国人的白种人特征也成为一种特殊的种族和文化现象。

从人口统计来看，美国居民是日本最“孤立”的西方人，他们在日本从事的职业范围非常狭窄，多半是传教士和教师。而英国居民中，商人所占比例最高。尽管法国居民中传教士和教师所占比例更高，然而在绝对数量上，美国人超过了法国人。

表 2.2　1924 年旅日美国人、英国人、德国人和法国人的职业

美国		英国	
（总人数：1 870 人；有工作的人数：922）		（总人数：1 848 人；有工作的人数：810）	
基督传教士	359（38.9%）	商人	432（53.3%）
教师	243（26.3%）	基督传教士	150（18.5%）
商人	220（23.9%）	教师	124（15.3%）
工程师	47（5.1%）	工程师	60（7.4%）
政府官员	33（3.6%）	政府官员	33（4.1%）
记者	14（1.5%）	记者	8（1%）
医师	6（0.6%）	医师	3（0.4%）

德国		法国	
（总人数：930 人；有工作的人数：434）		（总人数：398 人；有工作的人数：269）	
商人	230（53%）	基督传教士	118（43.9%）
教师	74（17.1%）	教师	101（37.5%）
工程师	66（15.2%）	商人	34（12.6%）
基督传教士	49（11.3%）	政府官员	11（4.1%）
政府官员	11（2.5%）	工程师	5（1.9%）
记者	2（0.5%）	记者	0（0%）
医师	2（0.5%）	医师	0（0%）

1924年，日本共有基督传教士775人，其中美国359人，占46.3%；英国150人，占19.3%；法国118人，占15.2%。而旅居日本的美国人数所占比例还要更加庞大，因为他们当中多数人拥有家庭。相比之下大多数法国传教士是天主教神父，一般都是单身。同年，日本有外国教师661人，其中美国243人，占36.8%；英国124人，占18.8%；法国101人，占15.3%。到20世纪30年代，各国从事不同职业的分布图仍然保持这种倾向。1932年，2 015位美国居民中，734位有工作，1 281位是他们的家庭成员。在有工作的美国居民中，传教士246人，占33.5%；教育工作者255人，占34.7%；商人171人，占23.3%；工程师39人，占5.3%。同年，在881名旅日外国传教士中，美国传教士246人，所占比例为27.9%；英国传教士163人，所占比例为18.5%；加拿大传教士117人，所占比例为13.3%。美国居民中从事教育行业的人数占据所有旅日外国教师的33.6%，其次是英国人149人，占19.6%；法国人112人，占14.8%。

表2.3　1924年外国人从事的各种职业

基督传教士（共775人）		教育工作者（共661人）		商人（共3 399人）	
美国	359	美国	243	中国	2 060
英国	150	英国	124	英国	432
法国	118	法国	101	德国	230
加拿大	49	德国	74	美国	220
德国	49	中国	38	印度	114
		俄国	26	瑞士	46
				葡萄牙	37
				法国	34

埃德温·赖肖尔（1910～1990年）是哈佛大学的日本研究专家，他曾于20世纪60年代早期担任美国驻日本大使。他的自传描述了日

本的美国传教士家庭与日本民众隔离的生活方式。1910 年，赖肖尔出身于日本的美国传教士家庭，在成长过程中，两个来自基督教家庭的日本女仆与他关系亲切。日本女仆习惯称他为“小主人”，称他的哥哥为“年轻的主人”。赖肖尔的家人礼貌、平等地对待这两位日本女仆，或者用他自己的话来说是“带有过多的美国平等主义”。他承认，这两位日本女仆是生活中对他影响最大的日本人，因为他几乎没有接触过普通日本人。平时乘车往返于家与国际学校时，他和他的西方同学非常喜欢捉弄售票员。西方小孩不会受到官方的训斥。赖肖尔没有与日本小孩一起玩耍，这是因为日本人总是歧视白人。不过他也承认，父母有阶级意识，不希望自己与下层社会那些无知的日本小孩混在一起。因此，赖肖尔所接触的日本人仅限于父母同事的小孩、国际学校的同学以及在高级避暑胜地轻井泽的网球场认识的那些来自上层日本家庭的孩子。12 岁时，赖肖尔曾给一个日本小男孩教授英语，然而他“这个年龄不太懂得如何教育其他孩子，因此课堂显得枯燥乏味，也没能与那名日本小男孩培养真正的友谊”。

另一个加深日本人对美国人消极认识的群体是日本新教徒。19 世纪晚期，日本新教徒通过旅日美国传教士与美国教会建立联系，组建了一个连接太平洋两岸的社团。该社团规模不大，却很有影响力。日本新教徒吸收了一些美国式爱国主义元素，这种爱国主义带有一定宗教狂热色彩。他们像美国传教士一样对待日本异教徒，希望将日本建设成一个和新教式美国一样的自由、民主的优越国度。

早年，新教徒内村鉴三认为美国受到上帝的眷顾，其自由和人道主义水平达到前所未有的高度，且它的共和制度孕育了伟大的文学和艺术。

新渡户稻造认为，马修·佩里的探险队到达日本是上帝的意志：将美国精神传播到世界各地。而日本应该第一个接受美国使命，帮助亚洲实现美国梦的国家。新渡户的门徒高木八尺坚信，美国新教传统，尤其是他们崇尚的个人主义，是美式民主赖以生存的基础。新渡户认为，要让日本发展为一个自由、民主的国度，日本人首先要奉行新教精神。这一观点本身存在问题，因为它为实行美国民主设定了一个道德前提：如果日本人不接受新教教义，他们就不够“善”，因而无法理解美国民主。按照这样的标准，日本新教徒必须与他们的日本同胞划清界限，这进一步加剧了美国人在日本人眼中的排外形象。

由于美国政府发现，日本人根本无法被美国社会同化，它决定禁止一切日本人移民美国。这一举措动摇了日本新教徒对美国的认同。日本新教徒的领袖们意识到，在美国种族主义者眼里，他们和非新教徒日本人没有任何区别。新渡户决定，除非1924年制定的移民法案被废除（日本人称之为“1924年《排日法案》”），否则他再也不会踏上美国的土地。在他看来，这时的美国腐败不堪，已经没有像林肯那样的救世主了。由此，他坚持认为，只有日本才能给亚洲乃至全世界人民带来精神上的指引。种族主义标志着美国人民的道德水准已经下降，不再是曾经依靠信奉上帝、正义和全人类来建立美国的清教徒。内村还说，该是日本基督教徒切断与腐朽的美国基督徒的联系，独立信奉上帝的时候了。为实现这一目标，内村提议采取5个反美行动：不移民美国、抵制美货、不接受美国援助、不阅读美国作品和不去美国人的教堂。这些极端的提议说明，当内村要求与“优越的”美国人取得“平等”地位的愿望落空后，他曾经对美国理想的执著追求是如此不堪一击。

一些基督教徒为挽救美日泛太平洋友谊做出了努力，例如西德尼·吉利克、贺川丰彦甚至新渡户稻造，但这种努力的局限性从高木八尺身上可见一斑。高木八尺是内村的学生，在美日关系尤为关键的时期，他在日本开创了美国研究，成为当时日本的美国研究之父。他的父亲是一位曾在安玛斯特学院学习的前日本武士学者，后来成为学习院大学的英语教授，该校是一所专门为贵族和富人家庭设立的教育机构。高木童年时就开始从父亲那了解美国，他自己所信奉的美国新教传统，尤其新教中主张的赋予个体意识，是美国民主的精神依据。

1916 年，高木从东京帝国大学毕业，获得法学学位，之后进入帝国财政部工作。1918 年，美国立法者、银行家 A. 巴顿 · 赫本出资帮助东京帝国大学设立美国研究的教授职位，学校聘请了高木进行相关研究。后来学校又送他去哈佛大学进修，取得美国历史硕士学位。从托马斯 · 杰斐逊和特纳提出的边疆假说到美国经济史，高木在哈佛研究的课题十分广泛。

1924 年，35 岁的高木回到东京帝国大学，开始教授美国宪法、历史和外交关系方面的课程。20 世纪 30 年代，他撰文记述了《排日法案》和美国激进主义，并加入太平洋关系学会，担任两国的亲善大使。虽然他与美日一些重要学者、政治家和商人有着十分深刻的友谊，但无论从主题还是理论上，他的学术著作未能始终保持一致。他对美国的研究过于分散，无法清楚地表明他对美日关系的看法。难道泛太平洋关系就只属于那些有权势的人吗？由谁来界定和描述这种关系的性质呢？高木这样的日本新教皈依者吗？尽管高木致力于促进美日间的友好关系，但他的学术著作从未回答过这些问题。

1924 年，《排日法案》通过后，美日两国之间的友谊沦为了上流社会的笑话。富人依旧热衷于促进美日两国的贸易，对美国的反日本移民政策不屑一顾。新教传教士追求泛太平洋友谊的热情已经被资本主义的利益（包括帝国主义企业的利益）取而代之。

与约翰 · 道尔所说的一样，1932 ~ 1942 年担任美国驻日大使的约瑟夫 · 格鲁虽然旨在发展美国与日本的友谊，但他其实只是将日本的上流社会当成“真实的”日本，将美食等同于民主。格鲁热爱交际，尤其喜欢结识上层贵族、中产阶级及西化了的日本人，包括天皇、王室成员、“年老的自由派人士”和“和平主义者”。对上层社会生活品味的向往和追求使日本上层社会希望与美国朋友建立良好的关系。美日友谊变成了少数上层日本人的特别待遇。

美国居民与上流社会日本人的联系在轻井泽体现得淋漓尽致。19世纪后期，美国和加拿大的传教士将这个优美的山区变成了避暑胜地。轻井泽俨然是一个完整的西方社区复制品，只是规模相对小很多。自19世纪90年代起，轻井泽逐渐吸引了日本顶级富人，他们崇尚西方的生活方式，且喜欢与西方人打交道。到20世纪早期，轻井泽成为了麦加（麦加是伊斯兰世界最神圣的城市，部分宗教圣地非穆斯林不得进入。——译者注）一样的地方，除西方人外，只有包括贵族、王室成员及政府高官在内的上层社会的日本人才能住在那里。

美国人主导着整个轻井泽社区。1932年，外国人一共拥有1 096栋度假别墅：其中美国人拥有525栋，占47.9%，英国人拥有236栋，占21.5%；德国人116栋，占10.6%。而外国人拥有的217栋住房中，有116栋属于美国人，占53.5%；51栋属于英国人，占23.5%；25栋属于德国人，占11.5%。居住在轻井泽的美国人有525名，其中101人是传教士，占轻井泽西方传教士总人数的56.1%；61人是教育工作者，占轻井泽外国教育工作者总人数的54.5%。在那里，美国人的精神信仰与美国人的物质财富相伴而行。

威廉·梅里尔·沃瑞斯的生活进一步见证了美国人对日本大众的疏远态度。沃瑞斯是一名基督传教士，于1905年来到日本，在滋贺县的一所公立高中担任英语老师，后来与一位日本子爵的女儿结婚，并于1941年1月加入日本国籍，成为日本公民。

然而，沃瑞斯一直没能适应日本人传统的生活方式。学校因其在任教期间宣传基督教思想而将他开除。之后，沃瑞斯开始了自己的传教和商业事业。他的朋友贺川丰彦称他为“典型的美国佬”。沃瑞斯创办了近江社区，后来改名为近江兄弟股份有限公司。这是一个自给自足、有着美国殖民主义风格的社区，位于古都京都郊区的琵琶湖畔，拥有一间建筑公司办公室，一间美国商品进出口贸易办公室、一家制药厂、一所疗养院、一家医院、几所学校和基督教青年会大厅等许多机构。该社区与周围日本社会没有明显的联系。与轻井泽相比，它更像一株移植在日本土壤上的美国植物。

沃瑞斯是日本许多著名建筑的设计师，例如山顶酒店、轻井泽网球会所、东洋英和女子高中、明治学院以及同志社大学等。明治学院和同志社大学都由美国新教传教士创办，迎合了中上阶层日本人的品味。他还为日本客户设计了 400 多栋西式建筑，包括大厦、避暑别墅和现代住宅。他的客户包括大财阀之一的三井家族、致力于日本本土西方音乐发展的赞助人德川赖贞侯爵、帝国人寿保险公司总裁、日本网球协会第一任会长以及东京扶轮社的发起者朝吹常吉。

作为战前最亲日的美国人，沃瑞斯以通过他的建筑风格宣扬“人道主义思想”而闻名。他融合美国的实用主义，强调家庭与个人主义，并兼备优良的采光与通风性，尤其注重设计的朴实无华。这些都与日本上流社会的价值观不谋而合，而那些买不起豪宅的普通家庭根本不在他的考虑范围之内。

从对待通婚的态度可以看出，美国人在种族隔离方面比其他西方人更为苛刻。1927 年，一项对 400 名旅居日本的美国及其他欧洲国家的传教士进行的调查显示，虽然仅 20% 的人认为“白色人种是最优越的人种”，但大多数人表示反对异族通婚，认为那样会导致人种退化。美国人与日本人之间的通婚率远低于其他西方人，这一点与美国严格的异族通婚法律相称。

到 1938 年，兵库县（国际化港口城市神户坐落在该县）有外国居民 7 577 人，其中中国 3 384 人，占 44.7%，英国 843 人，占 11.1%，德国 620 人，占 8.2%，苏联 425 人，占 5.6%，美国 420 人，占 5.5%，法国 137 人，占 1.8%，加拿大 90 人，占 1.2%，意大利 69 人，占 0.9%。

1935 年的统计结果显示，分别有 16.5% 的法国人（16 人）、13.3% 的瑞士人（13 人）和 11.6% 的英国人（93 人）与日本人建立了婚姻关系。相比之下，只有 3.4% 的美国人（13 人）的配偶是日本人，比率略高于中国人的 2.4%（132 人），但比德国人的 8.1%（41 人）低很多。美国女人和日本男人之间不存在婚姻关系，但在法国人和日本人的婚姻中，法国女人和日本男人的通婚比率占到 37.5%。同样，在德国人与日本人的婚姻中，德国女人和日本男人的通婚比率占到 17%。此次调查中，有 626 个混血儿，其中 324 个有中国血统，75 个有英国血统，61 个有德国血统，20 个有美国血统，18 个有法国血统，14 个有瑞士血统，12 个有荷兰血统，2 个有意大利血统。关于他们的生活状况则没有更多详细记载。

表 2.4　1935 年兵库县各国公民与日本公民通婚的百分比

国籍	总人数	有日本配偶的人数	通婚比例（%）
菲律宾	36	9	25
法国	97	16	16.5
瑞士	98	13	13.3
英国	805	93	11.6
德国	508	41	8.1
印度	328	15	4.6
荷兰	177	8	4.5
美国	381	13	3.4
中国	5 443	132	2.4
俄国 / 苏联	406	8	2.0

“珍珠港事件”爆发前，伊利诺伊州的罗伯特·克劳德在日本九州一所重点高中教授英语，他描述了美国人在国外为自己建立独立社区的趋势。搬到日本之前，克劳德在朝鲜平壤教英语。在那里他写道：

> 我在一个安静美丽的小城市从事教育事业，这里的学校和教职员工完全照搬美国人的模式。招收的学生也是如此，大多数学生都是美国传教士或商人的孩子。学校生活非常愉快，每一位教师都致力于教育孩子和转变当地人的信仰，使其皈依新教。我们根本意识不到朝鲜当地的文化与艺术。有时候，我觉得自己仿佛生活在我的家乡小镇，伊利诺伊的贝萨尼。

从他的自传可以看出，克劳德与九州的日本同事、学生以及邻居的关系非常友好。日本偷袭珍珠港的那一天，警察护送他到大街上时，店主们都站在门口向他鞠躬道别。

几个月后，他被拘留在一所停业的麻风病院，学校的一位日本同事从栅栏外递给他一个盒子，里面装着他珍藏的金袖扣。关于他与日本人的友谊，克劳德提供的例子并不多。1943 年，他回到美国，之后就再没有去过日本。

直到太平洋战争期间，日本的美国研究才刚刚起步，还不足以构成一个专门的学科。当时，一本名叫《美国精神与美国的基督教》（*Amerika seishin to Amerika Kirisuto-kyō*）的书备受普通读者青睐。作者阿部行藏是一位基督哲学家，他认为美国人都觉得自己是上帝的选民，这一点驱使美国进行全球扩张。阿部认为，尽管每个民族都认为自己独一无二，但只有美国人视自己为弥赛亚（弥赛亚，出自《圣经》，即上帝选中的人，具有特殊权力，是一个头衔或者称号。此处，“弥赛亚”意指受上帝指派，来拯救世人的救世主。——译者注）。

美国人信奉清教思想，认为自己是上帝的选民，已经得到上帝的恩赐而被救赎。而其他国家的人，除非得到美国人的救赎，否则就都是注定要灭亡的罪人。

换句话说，美国人把自己看作救世主。他们将自己与其他民族在政治、外交和文化上的交流看成是他们在拯救罪人，是实现上帝意志的使命。因此，美国人将自身的一切行为合理化。阿部声称，这种认为自己是“上帝的选民”的思想失去了宗教原本的圣洁，堕落为盎格鲁—撒克逊人至上主义思想。美国正是以此为借口，发起了物质至上主义的全球扩张。

美国人排外、孤立的生活方式印证了这些观点。旅居日本的美国人表明，他们无法与日本人融为一体，这种情况与美国西海岸的如出一辙。即使好莱坞电影、音乐剧、爵士乐和棒球在日本的城市居民中非常流行，也没能缩短两个民族之间的距离。

《喀秋莎》风靡日本

在日本唯美派文学大师谷崎润一郎看来，俄国人与美国人是两种截然不同的白人。在他的早期作品中，欧美的西方白人被描绘成毒害日本人肉体及文明的破坏者。

在 1943 年出版的《细雪》（*Makioka Sisters*）中，谷崎润一郎刻画了日本主人公与神户的俄国移民之间的友谊。这些俄国人不是后来所谓引诱日本人无条件投降并对苏联无限崇拜的骗子。作品中，日本主人公与俄国人自由平等地交流。俄国人并没有因为自身的白人身份而歧视日本人，也没有因此产生道德上的优越感，这拉近了俄国人与日本人的距离。

并不是所有俄国人都对日本抱有好感。19 世纪后期，德国皇帝威廉二世和俄国沙皇尼古拉二世的交谈中首次提出“黄祸”（“黄祸”是殖民主义时期美国和欧洲殖民主义国家煽动对亚洲民族，尤其是对中国具有偏见的一个用语，1899 年的义和团运动导致这个词在西方世界广泛流传。——译者注）这一概念。日俄战争时期的俄国文学作品一方面将日本人描述成眼睛斜视、满嘴龅牙、胆小如鼠的类人猿，另一方面又将日本人描述成具有高尚审美趣味、有追求且工作勤奋的人，最重要的是他们“与俄国人相似”。

“露助”（最初该词并没有贬义，但在日俄战争、八月风暴行动后，这词变成了具有歧视性的民族差别用词。——译者注）是日本人对日俄战争中战败的俄国人的蔑称。

然而，不同于美日关系，俄日之间并不存在种族歧视问题。日本的俄国移民没有自己独立的社区，也没有与日本居民隔离，因此相对轻松地融入了日本社会。他们可以自由地信奉基督教，他们的孩子也可以和当地的日本小孩一同上学。

20 世纪早期，日本入侵中国增加了日俄居民之间的直接联系。1917 ~ 1921 年，近 200 万俄国人由于十月革命离开了祖国，其中 60 万人逃至德国，40 万人逃往法国，剩下的前往波罗的海国家、巴尔干半岛国家、美国、加拿大和澳大利亚等地，其中数千俄国人选择移居日本。

首批记载前往日本寻求庇护的俄国人是 5 个海军学员，他们于 1917 年 12 月逃离了一艘在长崎港抛锚的巡洋舰，乔装打扮成平民搭乘火车前往东京。1922 年，国际联盟开始发行南森护照（一种国际公认的身份证，用来紧急救助那些无法获得普通护照的俄国难民。——译者注），日本及世界上其他 30 个国家都认可这种护照。

根据外务省的记录，截至 1924 年，已经有 1 167 名反布尔什维克的“白色”俄国人定居日本。1930 年是俄国移民的高峰时期，有 1 666

名俄国难民居住在日本本土，实际人数可能比官方数据还要更多，可能达到 2 000 人。另外 1 500 名俄国人，包括斯拉夫、乌克兰、白俄罗斯、鞑靼、塞尔维亚、波兰、罗马尼亚的俄国人以及犹太人的后裔遍布整个日本帝国，从朝鲜、南萨哈林到伪满洲国。俄日战争结束后，萨哈林岛的南半部变成了日本殖民地，除了政治流亡者，还有将近 200 名俄国人选择留在当地。

俄国人移民日本时，恰逢大正文化发展的鼎盛时期。由托尔斯泰的小说《复活》(*Resurrection*) 改编的话剧在各个剧院成功上演，其主题曲《喀秋莎》风靡整个日本。那时的日本人对俄国人的形象已经有了积极的认识。由于俄国移民带来了西方文化，日本人亲切地称之为“蓝眼睛”，由此确立他们在日本的独特地位。

1917 ~ 1923 年的第一波俄国流亡者大多有沙俄时期的资产阶级背景，有些甚至来自贵族家庭。1923 ~ 1945 年的第二波俄国移民则大多是平民，包括农民、零售店老板和小摊贩，他们来到日本后从事与原来相似的职业。

这些不同性质的移民给日本带来了两种不同类型的俄国文化：一种是代表圣彼得堡和莫斯科令人眼花缭乱的贵族文化，这种文化淋漓尽致地体现在芭蕾舞、歌剧和古典音乐中；与之相对的是俄国工人和农民，他们展现了俄国民族谦卑、勤劳的一面。相比孤傲的美国人，俄国人通过与不同的社会和经济阶层的日本人进行交流，呈现了一个更加广阔、更加丰富的西方社会。

叶卡捷琳娜和她的日本爱人

在日本，俄国人成了著名艺术家和表演家。他们为日本观众演奏钢琴和小提琴，并为日本培养未来的艺术家。埃玛纽埃尔 · 迈特担任大阪爱乐乐团的指挥，培养了许多日本指挥家和作曲家，例如朝比奈隆和服部良一。宝冢歌剧团成立于 1914 年，剧团全部由女演员组成，聘请流亡的俄国音乐家和舞蹈家担任演员和教师。

然而并非所有生活在日本的俄国人都是流亡者。安娜·斯拉维娜及其两个女儿叶卡捷琳娜和尼娜都有沙俄时代戏剧和电影艺术的背景，她们为日本现代戏剧和电影的诞生做出了卓越贡献。1917 年，在朝鲜南部釜山的一次国际巡演中，日本著名女魔术师松旭斋天胜发现了安娜·斯拉维娜，并聘请她们加入剧团。安娜和女儿叶卡捷琳娜作为松旭团的新成员来到日本后，又创建了斯拉维娜剧团，在日本各地演出西方的戏剧和舞蹈。

叶卡捷琳娜在日本电影史的早期就成为一个著名的白人影星。由这样一位西方人饰演电影主角在当时具有划时代意义，在此之前，日本电影都是由日本演员戴着假鼻子和假发来扮演西方人。她操着一口流利的日语，在多部歌颂国际友谊和爱情的电影中担任主角。

情景剧《一个站在灯光下的女人》（*Hikari ni tatsu on'na*）讲述了一个逃亡的俄国女演员的故事。动作电影《矿山的秘密》（*Kōzan no himitsu*）讲述了一个发生在东京附近的劳资纠纷的故事。还有《超越曙光》(*Kyokkō no kanatae*),讲述的是发生在白雪皑皑的堪察加半岛上，一个日本拓荒者和一个西方女人之间的爱情故事，这部电影的结尾部分,叶卡捷琳娜和她的日本爱人(由当时日本最红的演员诸口十九饰演)亲吻，共同庆祝他们的美好未来。

尽管最后一幕只能隐隐约约地看到两个人在雪地上亲吻的轮廓，但它仍然是第一部出现吻戏的日本电影。1945 年日本战败后有一种错误的看法，认为美国军事占领日本后给日本电影带去了吻戏，使日本人民摆脱了压抑的社会风俗。事实上，早在“二战”之前，俄国女演员就朝这个方向迈出了一步。

1923年，叶卡捷琳娜和妹妹尼娜在喜剧《假小子》（*Otenba musume*）中饰演主角，讲述了一对西方姐妹和一对粗鲁的日本姐妹之间发生的冲突。前者的行为举止很像传统上层社会的日本女人，后者则很喜欢捉弄别人。电影评论家们高度称赞叶卡捷琳娜两姐妹在饰演大和抚子时表现出的精湛演技，认为她们无论从外表上还是从内在气质上，都完美地再现了典型的日本女性。

叶卡捷琳娜于1926年获得了日本的合法居住权，之后开始学习日本传统舞蹈，成为第一个获得正式许可教日本学徒的西方人。同时，日本著名的电影制片厂松竹株式会社于1920年创建了一所电影表演学校，聘请叶卡捷琳娜的母亲安娜担任校长，同时教授日本演员如何模仿西方人的言行举止，包括走路、用餐甚至如何穿着西方的服装走来走去。

1921～1922年，由安娜自制、自导和自演的电影《莎乐美》在著名的明治剧场上映。后来日本新剧运动先驱岛村抱月和日本女演员松井须磨子从中获得灵感，改编了这部作品，并于1931年在帝国剧场上演，获得全国观众的一致好评。俄国流亡者还带来了西方食品。中村雅是位于东京繁华的商业区新宿的一家高档面包店。那里的店主们经常资助作家、艺术家甚至是来自国外的政治流亡者。中村雅面包店雇用了俄国糕点师，其中一位曾在沙皇宫廷里任职。他们将俄国的蛋糕、面包和皮罗什基（一种馅饼）介绍到日本。

不二屋是日本全国连锁的西式甜品店和餐厅，创立于1910年，由于该店聘请的俄国糕点师手艺精湛，它到今天依旧生意兴隆。马卡洛夫·贡查洛夫曾经是沙皇俄国罗门诺夫王朝时期的糕点师，1923年，他在神户开了自己的甜品店神户工巧房，并将生意扩展到整个东京。

在尝试迁回西雅图失败后，莫罗佐夫一家也在1925年来到神户。瓦伦丁·莫罗佐夫在日本推广巧克力、糖果和其他西式甜点，使它们成为日本新城市文化的一部分。他们做的一种夹心巧克力"宝贝棒"，夹心部分含有花生、蜂蜜、蛋白、小米冻和糖，在整个 20 世纪 30 年代都深受日本消费者们的喜爱。如今，贡查洛夫和瓦伦丁·莫罗佐夫的甜品店在日本依旧享有很高的知名度。

体育方面，战前日本最著名的俄国职业运动员便是维克多·斯塔凡，他是日本顶级棒球队东京巨人队的投手。1925 年，他随家人一起来到日本，并在日本读完中小学。尽管他的学校及当地粉丝热切希望他能为早稻田大学的球队效力，但他还是加入了东京巨人队。他是当时最优秀，同时也是最受欢迎的职业棒球手。

1935 年，他作为东京巨人队的一员来到美国，共参加了包括与 AA 组、AAA 组球队甚至业余球队在内的 110 场比赛，赢 75 场，输 34 场，平 1 场。斯塔凡身材高大、金发碧眼，操一口地道的日语，吸引了包括美国媒体记者在内的无数人的眼球。太平洋海岸联盟的旧金山任务队曾试图运作过斯塔凡转会，但没有成功。

1939 和 1940 年，他连续两年被评为年度最佳球员，他的职业生涯于 1944 年结束。在北海道，另一位俄国难民的儿子 A. 沃罗比约夫成为早稻田大学一名明星摔跤手，并于 1936 年赢得日本中量级摔跤冠军。

俄国人在日本的社会经济地位与其他西方人形成鲜明的对比。大部分俄国移民处于社会中下层，有些甚至从事底层工作。这对其他西方人，尤其是美国人而言是不可想象的。仅有 25 名俄国人会定期去轻井泽度假，但也只是住在最不起眼的农舍式小别墅。其他俄国人更多是在东京附近的居民区如镰仓、三浦、叶山、小田原、足利等地方度假，这些都是普通日本民众能够支付得起的短途旅行地。

俄国人民朴实的形象与其东正教会从事的活动是相当吻合的。自 1861 年第一个俄国传教士抵达日本后，俄国东正教在日本北部贫困的村庄尤其活跃，吸收了约3万名教徒。而美国新教教会往往只在日本大城市的中上阶层中传播福音，这构成了美俄之间又一次鲜明的对比。自1907年以来，美国卫理公会教堂与俄国东正教教堂的日本信徒个人捐款比大约是9∶1。日本的美国教会学校强调英语教育，而由尼古拉斯创立的第一个俄国东正教教会学校则开设有关日本历史及中国文言文的课程。

对俄国人在日本的生活状况的具体统计数据，可以进一步证实其朴实生活的多样性。

1924年，818名俄国人在日本拥有合法的工作，其中多数育有后代。其中，教育工作者26人，工程师8人，商人14人。其余的人分散在日本各地，从事低薪工作，如面包师、小贩、裁缝、店主、牧场主、渔民、艺人、音乐表演者和仆人等。俄国移民从事的典型职业是兜售，他们背着拉沙绸，挨家挨户地走在城镇和村庄之间，甚至在东京也可以看到他们的身影。拉沙绸是一种毛织物，可以用来做夹克、外套和披肩等冬衣。他们擅长凭借自己外国人的迷人外表及流利的日语招揽生意。这些小贩装成是行家，推销纺织品、手表和化妆品等现代西方商品。

在库页岛南部，日本的作家和记者被这些俄国人深深吸引，因为他们的出现使得这个原本无人知晓的地方充满了国际大都市的气息。

北原白秋和岩野泡鸣等著名日本作家，在作品中写道俄国儿童提着篮子在火车站兜售甜面包的场景，仿佛是安徒生笔下的童话故事，深受广大日本人民的喜爱。

太平洋战争期间，多数俄国人仍从事着工人阶层的职业。根据1942和1943年的东京外国人口数据统计，约57名俄国人在东京从事裁缝、美容师、毛皮商人、工厂工人、糕点师以及门卫等工作。另有

4 名俄国人分别在日本帝国大学、日本齿科大学、早稻田大学及东京慈惠会医科大学学习。

俄国人生活方式丰富多样，这一点可以从北海道的函馆市可以看出来。函馆是 19 世纪中期日本最早对西方开放的贸易港口之一。

1917 年，仅 10 名左右的俄国人居住在此，至 1925 年，官方统计数字已增加至 157 人。函馆是许多外国人的避难所，他们通常乘坐渔船和制罐船偷渡到这里。人数最多时，有将近 300 名俄国人居住在函馆及周围的地方。

大多数俄国人从事渔业，一些俄国女人嫁给了日本商人和渔民。附近的汤川村和钱龟泽村住着一些俄国的旧礼仪派教徒，他们仍遵守着 17 世纪俄国东正教会改革前的教规。由于受到沙皇政府的迫害，许多旧礼仪派教徒在 18 世纪逃到远东，其中一些人到达函馆并定居，成为自给自足的农民或养蜂人，将自制的面包和野草莓酱卖给当地的日本人。

俄籍移民并没能摆脱日本政府的监视，因而并非完全自由。岐阜县县长曾经交给特别高等警察一份报告，该报告记录了一位从事炊具贩卖的 37 岁白种俄籍移民。他于 1934 年 11 月 29 日抵达中津川，这是江户时代的一个邮镇，并且是当地重要市场和零售中心。官方对他的背景进行了如下详细介绍：

> 这位俄国移民出生于喀山，即鞑靼斯坦邦的首府，曾在沙皇军队服役。在十月革命中，他失去了家人，于是逃到中国，在那儿兜售锅碗瓢盆。1927 年抵达日本后，他继续在日本从事商贩活动。2 个月前，他离开东京，来到长野，后来途径木曾郡来到岐阜（1 年前他曾两次来到这个地方）。结论：关于他的身份及从事的活动，没什么特别值得怀疑的。

表 2.5　俄国移民 1924 ~ 1938 年在日本本土的职业类型

1924 年 总人口：818 人	1932 年 总人口：1 167 人	1937 ~ 1938 年 总人口：1 385 人	
教育者 26	传教士 17	传教士 2	护士 1
学生 4	教育工作者 17	教育工作者 8	演艺人员 4
工程师 8	银行职员 50	学生 11	女装裁缝 1
商人 50	工程师 4	记者 3	制革工人 1
银行职员 14	音乐家 15	雕刻家 1	毛皮商人 1
和服小贩 32	女装小贩 133	作家 1	女装店员 8
织物小贩 209	和服小贩 55	公司雇员 9	杂货店员 3
农场工人 10	织物小贩 81	售货员 1	面包师 2
渔民 5	女服裁缝 29	办事员 1	化妆品店员 2
演艺人员 5	面包师 5	打字员 2	珠宝店员 1
舞蹈者 3		棒球手 1	女装小贩 79
音乐家 15		音乐家 2	化妆品小贩 12
仆人 17		男按摩师 2	织物小贩 6
		毛毯小贩 2	食品小贩 1
		女装裁缝 5	仆人 2

* 以上职业类型并不全面，且统计数字不包括职员的家属在内。

甚至在其他西方人眼中，俄国移民也是与众不同的。埃德温·赖肖尔回忆他在东京度过的童年时期时这样写道：

我记得五岁时，我们的船停靠在旧金山，从甲板上往下看，居然可以看到有白人混杂在黑人中间当搬运工！当时在日本的西方人几乎只有传教士、教师、外交官、商人和临时的游客。我从未见过其他白人干过体力活，除了偶尔能看到流亡的俄国难民，一边在东京街头艰难地走着，一边叫卖扛在肩膀上的大包衣服。

在日本的殖民地，俄国人与其他西方人之间的这种反差也是存在的。1936 年，有 698 名西方人在朝鲜境内从事工作，其中人数最多的是美国人，共 322 人；其次是英国，共有 122 人，这二者远远多于苏联人的总和 112 人。生活在朝鲜的美国人中，166 名是基督传教士，占朝鲜西方基督传教士总人数的 47.7%。其余美国人有教师 66 人、商人 44 人、医生 22 人、护士 12 人和工程师 11 人，另还有 1 名政府官员。英国居民的就业情况与此大体相似。截至 1936 年，在中国台湾工作的 203 名外国人中，有英国 108 人、美国 16 人、俄国 12 人。他们从事传教士、教师、银行高层职员、医生、护士及政府官员等职业，没有一个从事琐碎、卑贱的体力劳动。

俄国移民在日本殖民统治区域从事各种类型的职业。1937 年，关东州（关东州，1898 ~ 1945 年中国辽东半岛南部的租借地，包括军事和经济上占有重要地位的旅顺口港和大连港。此地曾先后被迫租借予俄国和日本。——译者注）共有 1 808 名外国人，其中俄国人 1 197 名，苏联人 136 名，二者占据所有外国人的 73.7%。白领工作者中，俄国东正教传教士 17 人、银行高级职员和商人 65 人、工程师 18 人、南满洲铁道株式会社员工 22 人。除此之外，还有音乐教师和语言教师 17 人、音乐家 6 人、舞蹈演员 18 人、商店职员 84 人、餐厅服务员 24 人、保安 41 人、理发师 1 人、美甲师 5 人、推销员 24 人、甜食制造商或销售商 9 人、食品经销商 7 人、餐馆老板 6 人、厨师 3 人、房东或旅店老板 40 人、小贩 5 人、家禽饲养员 6 人、奶农 5 人、男女裁缝 29 人、罩子经销商 3 人、皮革商 24 人。居住在关东州的 58 名美国人中，白领工作者 31 人，其中基督传教士 8 人、政府官员 4 人。

1937 年，居住在南库页岛的 327 名外国人中，有俄国人 167 人，其中农民 50 人、商人 9 人、临时工 7 人、狐狸饲养员 6 人、服装零售商 5 人，其余包括街头小贩、鞋匠、糕点师、学生及失业人员等。即使在塞班岛，也能看到一些俄国流亡者在那兜售剃须刀、发剪、化妆品和衣服，其中一人是沙俄前警察局局长。十月革命后，他与家人一起来到神户，后来独自一人搬至塞班岛。他从当地一个查莫罗家庭那里分租到一间房，经常光顾由日本人开的咖啡馆和面包店，还非常喜欢和当地人聊天。

伪满洲国的俄国人口数也在增长。1933 年，伪满洲国包括关东地区，共居住着 85 044 名西方人，其中 43 051 位是俄国人。1935 年，苏联承认伪满洲国并承诺不干涉其事务之后，后者对俄国移民敞开大门。他们当中一些没有国籍，一些具有中国国籍，这为伪满洲国的社会文化生活增添了西方色彩。1936 年，西方移民的数量降至 67 355 人，而俄国移民的数量却增加至 53 603 人。苏联公民与俄国流亡者共同生活在一起。1933 年，两者的总数为 38 396 人，1936 年为 10 168 人。

日本人与俄国人之间的平等关系让伪满洲国的美国游客感到震惊，因为这颠覆了他们对种族关系的理解。在伪满洲国，白种人的收入比黄种人低；在哈尔滨的酒店里，俄国男孩做着电梯操作员的工作，彬彬有礼地迎接日本客人。20 世纪 30 年代，越来越多来自美国大陆和夏威夷的日裔美国人认为，移民到伪满洲国可以获得更好的就业前景。他们在那儿不仅可以摆脱白人的统治，甚至还能凌驾于白人之上。

在伪满洲国，日本男性与俄国女性之间发生性关系并非禁忌。哈尔滨城内，金发碧眼的俄国女孩操一口流利的日语来欢迎日本客人，人们对此司空见惯。受过美国教育的记者清泽洌在 1926 年出版了散文集《现代女孩》（*Modan Gāru*），他在其中一篇文章中描述了美国妇女的生活方式，表达了他对女性主义的崇敬。

在另一篇文章中，他描述自己陪朋友去哈尔滨俱乐部的经历。在那里，招待他们的人当中除了犹太女人、日本女人外，还有皮肤白皙的俄国舞女、女招待及咖啡馆女服务员。尽管多次强调自己反对卖淫，但他仍然觉得在哈尔滨能享受到一种难以言表的自由。这里没有令人窒息的盎格鲁—撒克逊道德约束，俄国人、日本人和中国人可以轻松地交流。

虽然日本与俄国之间并没有禁止通婚，但在日本本土，几乎没有俄国人与日本人结婚，因为大多数来到日本的俄国流亡者都带有家眷。根据 1935 年兵库县的统计数据，406 名俄国居民中，仅有 8 人与日本人结婚。在伪满洲国，日本人及日裔美国人与俄国白人之间通婚的现象并不鲜见，而这在当时的美国是不允许的。

1942 年，一位日本作家在关于北满洲里的游记中写道，这也许是因为日本掌握了俄国语言与文化，并认为这是日本进行大陆扩张的一种迹象。

俄国家庭欢迎这种跨种族婚姻，是出于对社会稳定及经济发展前景的考虑。尽管对日本种族和文化与其他种族和文化之间的杂交表示担忧，但这名作家还是亲切地描绘了俄裔日本儿童与满族孩子一起玩耍的场景，并祝愿他们的未来更加美好。

伪满洲国的“哈尔滨组织”

“珍珠港事件”以及神风突击队自杀袭击事件是日本反美主义的集中体现，但人们也因此误认为日本在战争中一直持绝对的反西方和反白人立场。日本的大东亚战争针对的是英美民族，它是一种种族与文化冲突，是日本与英美国家之间的一种民族主义竞争。直到 1944 年，日本政府才开始在国内禁止一切美国乐器，诸如吉他、班卓琴和尤克里里等。

同年10月，日本的大东亚交响乐团在东京市中心的日比谷公共礼堂演奏了巴赫的小提琴协奏曲，以及比才的《卡门》和《阿莱城的姑娘》选段。可见日本人反对的并不是西方文化本身。

日本与德国及意大利结成轴心国联盟，这显示了日本在战争期间的文化适应力。英美人声称西方国家团结一致，为民主而战，日本政府则强调其欧洲盟友跟他们一样对极权主义抱有极大热情。日本并非希望排斥西方的一切、建立一个“纯正”的亚洲，而是希望证明他们可以建立一个融合东西方文明的欧亚帝国。

如果日本能与俄国合作，这种希望实现的可能性就会大大提高，并推动实现日本的泛亚细亚主义（亚细亚主义，又称泛亚主义，是日本及其他亚洲诸国团结来反抗西方霸权的理想或运动。在19世纪三四十年代被日本政府当作政治宣传，借此对付欧洲及美国帝国主义，来助长自己的大东亚共荣圈政策。——译者注）。“珍珠港事件”不久后，一位名叫瓦伦丁·莫洛索夫的糖果店老板在神户发表爱国演讲，他的演讲内容被日本警方引述如下：

> 经历了经济制裁与心理战争带来的萎靡不振之后，日本终于决定发动战争了，这让我仿佛沐浴在日本灿烂的阳光里。之前，英美一直向我们吹嘘新加坡和珍珠港是不可战胜的，然而就在昨天，他们的基地已被日本强大的海军力量摧毁，听到这个消息时我们都欣喜若狂！

这究竟是真诚的情感表达，还是经过精心设计，以表明他对日本政府忠心的政治言论，我们不得而知。太平洋战争一爆发，日本当局就怀疑北海道的俄国流亡者背叛日本，充当其他国家的间谍。居住在日本长崎的一些俄国人，仅仅因为接待了从哈尔滨过来的同胞，就被日本警方质问和囚禁。尽管如此，战争期间流亡在日本的俄国人依旧被视为日本社会宝贵的财富，因为他们为日本的泛亚主义增添了世界大同主义的色彩。他们的白种人身份与日本声称的战争目标十分相宜。事实上，日本政府从俄国艺术家那里得到了大量的帮助，促进泛亚主义计划的实施。

叶连娜・帕夫洛娃和奥尔加・撒菲儿这两位俄国芭蕾舞演员，将日本的泛亚主义思想融入到了其舞蹈作品中。叶连娜・帕夫洛娃是“日本芭蕾舞之母”，她出身于现在的格鲁吉亚共和国首都第比利斯的一个贵族家庭，并于 1919 年随家人一起来到日本。凭借出演卡米尔・圣桑的《垂死的天鹅》一夜成名后，她又在基辅歌剧院和圣彼得堡马林斯基歌剧院演出。她在镰仓附近创办了日本第一所古典芭蕾舞学校，培养了一批训练有素的日本舞蹈演员，这些舞蹈演员后来都成为日本杰出的舞蹈家。

与此同时，她还积极地参加舞蹈和编舞活动。业余时间，叶连娜游览了日本、中国台湾和朝鲜。她喜欢穿着和服在公开场合露面，以表对日本文化的认同。虽然效忠于沙俄，但叶连娜也十分尊重日本天皇，并于 1931 年申请了日本国籍。

1937 年，她和她的家人全部加入日本籍，她还给自己取了一个日本名字——桐岛绘里子。1937 年 11 月 2 日，为了庆祝入籍，叶连娜在帝国宫殿附近的士兵纪念馆举行了一场个人芭蕾舞表演会，并承诺继续把自己的才华奉献给日本帝国。从这个时候开始，她开始尝试将西方舞蹈和日本舞蹈融合在一起。1938 年 11 月，在日本民族乐器和西方乐器伴奏下，她用日本风格表演了原创作品《梅花》。1940 年 1 月与 11 月，叶连娜创作了另外两支新舞，即《东方幻想》和《正义女神》。1941 年，应日本军队的邀请，叶连娜组建了一个由 12 名日本芭蕾舞演员、音乐师和演艺人员组成的剧团，开始在中国北方巡回演出。

叶连娜表演标准的西方古典芭蕾舞蹈，同时也会为日本民歌和儿歌进行即兴创作。据说，观看过她出演《垂死的天鹅》后，日本士兵感动得流下了眼泪。1941 年 5 月 2 日，她因感染破伤风突然去世。作为日本帝国军队的一名文职雇员，她死后获得了日本政府授予的诸多荣誉称号。

奥尔加·撒菲儿曾在列宁格勒国家芭蕾舞蹈学院学习并担任领舞。她在莫斯科遇到一位日本外交官后，于 1936 年以外交官夫人的身份来到日本。结婚之后，她的丈夫放弃了在日本外务省的工作，来到哈尔滨学院进行为期两年的教学。通过婚姻成为日本公民的奥尔加则开始了她在日本作为芭蕾舞教练的辉煌事业，并成为当时唯一一位在东京日本剧场出演的西方人。

作为日本数一数二的舞蹈演员，她擅长俄国古典舞蹈和日本舞蹈。1938 年 5 月，她精心编排和导演了舞蹈《东方印象》。她宣称这支舞蹈能将日本的舞蹈水准提升至西方水平，从而让日本成为名副其实的东方领导者。整个太平洋战争期间，她都定期在日本剧院表演古典芭蕾。1942 年 10 月,她在宝冢大剧院出演《天方夜谭组曲》并担任领舞。这家剧院容纳观众 2 810 人，票全部售完。1943 年秋天，她跳了一支新舞《缅甸的孔雀》，以此来庆祝日本“授予”缅甸独立，这是她在战争时期的最后一次演出。

伪满洲国在口头上支持世界大同主义政策，即满族、汉族、蒙古族、朝鲜族及日本大和民族团结协作。日本官员希望，俄国流亡者能够在这里作为第 6 个民族发挥作用。日本官员和人民都欢迎俄国人为伪满洲国的社会、文化、文学和种族方面带来欧亚元素。

从 19 世纪晚期起，俄国移民就开始开发东清铁路（即满洲铁路）附近的地区，因而这些地区的城市建筑和规划具有明显的俄国特征。哈尔滨就是一个具有典型欧洲氛围的城市。伪满洲国殖民当局打着种族和谐的口号欢迎俄国人的到来，并将其吹捧成日本奉行世界大同主义的有力证据。哈尔滨的明信片上绘有俄国教堂、商店、酒店、俄国的节日、俄国人在公园与河里游玩、日本人与俄国人愉快地购物或在豪华的西式餐馆共进晚餐等场景。选择这些场景是为了展示日本帝国与西方的和谐融洽。

这些地区的日本移民主动接受了一些俄国生活方式。而今，日本人家中很常见的一种俄式壁炉即是日本曾经受到俄国影响的一个例证。一些移居伪满洲国的日本人在战后回忆录中提到与俄国邻居们的友好关系。

一位日本妇女回忆，她每次从后门溜进一对俄国老夫妇家的厨房时，他们总会用一种俄式茶壶沏茶给她喝。另一位曾经移居伪满洲国的日本人讲到两位年轻的俄国兄弟，他们的父亲在长春经营一家餐馆。兄弟两人同在日本人办的学校学习，很受日本同学的欢迎。一位曾经移居大连的日本人记得，他的日本邻居最期待的事情便是在俄国人家里一起庆祝复活节。

日本驻伪满洲国政府欢迎并支持圣咏和哈萨克合唱方面的俄国音乐人才，他们丰富了伪满洲国的社会文化和民族活动。“哈尔滨组织”是由日本关东军扶持的特殊服务组织，旨在加深人们对沙皇时期俄国的怀念之情，煽动俄国移民反布尔什维克的情绪，点燃其重建俄国的愿望。组织成员为流亡者剧院和管弦乐团安排各种艺术和娱乐节目，并通过报纸、杂志和无线电广播进行宣传。

此外，伪满洲国也吸引了大约 8 000 名俄国农民来到外加贝尔地区，其中最有名的是俄国旧礼仪派教徒。20 世纪 30 年代早期，一些旧礼仪派教徒因为不满苏联政府的农场集体化政策来到伪满洲国。在他们建设的社区中，罗曼诺夫村庄取得了令人意想不到的成功。1936 年 11 月，社区建设的准备工作在伪满洲国北部的荒原一带展开，122 名身无分文的流亡者加入了这个社区。1945 年春，社区成员数量增加到 200 多人，村庄拥有恬静淡雅的田园环境，人们过着简朴的生活，每家每户至少圈养着三匹马和两头奶牛。

在建筑、服饰、礼仪、音乐和仪式方面，罗曼诺夫村庄依然保存着中世纪俄国的民间文化，因而它赋予了中国满洲地区一抹远离尘世的风景，日本当局则称其为“亚洲的香格里拉”。旧礼仪派教徒们外出打猎，长期过着一种乡村独有的群居生活，伪满洲国官员们对此赞赏有加。甚至在 1939 年出版的一本关于苏联与伪满洲国边界军事冲突的书也提到了这种生活：农民居住在用桦树建造的小木屋里，俄国的农村姑娘们挤着牛奶，男孩们赶着牛儿马儿回家，教堂钟声的回音萦绕着整个乡村。

当局鼓励一些知名记者、画家、摄影师和作家参观罗曼诺夫村庄，并将他们的所见所闻记录下来，带给日本人民。石桥湛山是一名自由党经济学家和记者，他赞扬了俄国村庄饲养家畜的环境与卫生状况，并建议日本殖民者效仿这些俄国人，学会在有限的资源条件下保持房子的清洁、舒适。

中日战争爆发不久，日本又做了新的努力，试图将俄国居民同化，使他们适应日本人的生活方式。1937 年，日本秘密特务机关成立了俄国白人事务局，这是一个由前俄国军事将领管理的半自治机构，用于观察俄国人的日本化程度及他们在伪满洲国的生活条件。

这个事务局后来变成伪满洲国协和会俄国分支，掌管所有相关行政事务，如居住登记、身份证和护照的发放以及粮食的配给等。更为重要的是，该部门通过教育和出版刊物，增强了俄国人作为伪满洲国成员的意识。

伪满洲国协和会的俄国分支掌管俄国人的学校，俄国人可以在课堂上使用俄语，前提是在其他与伪满洲国、蒙古、朝鲜学校采用同样的课程计划和教学大纲。例如，俄国学生必须用俄语写以“伪满洲国的种族和谐”为主题的俄语作文。

一些俄国学生选择日语高等教育。旨在培养伪满洲国未来领导者的新京国立大学每年只招收 5 名俄国学生。日本的武术如柔道、剑道都纳入了体育课程计划。

1938 年，哈尔滨医学院鼓励俄国学生报名，从他们当中共招收 10 个全日制学生。哈尔滨医学院的医学教科书来自苏联，其中所有宣传共产主义的内容经日本审查后全部被删除。1944 ~ 1945 年，有 6 名俄国学生毕业并取得了行医执照。

1924 年出生在哈尔滨郊区的尤金·阿克塞诺夫医生就是其中一员。他入学时，伪满洲国刚刚建立，日语课成了一门强制性课程。之后，他进入一所由基督传教士建立的寄宿学校学习，获得到东京一所医学院公费留学的机会。

在早稻田大学学习了一年日语之后，他于 1944 年进入东京慈惠大学医学院学习，并最终获得在日本行医的执照。战争期间，日本秘密警察聘请他帮助日本电台用俄语播送针对俄国居民的节目。然而，他拒绝了这个报酬丰厚的邀请，因为他坚信，日本和德国很快就会败下阵来。之后，他又涉足了娱乐圈，在著名的榎健绿波喜剧公司出品的影片中扮演外国人，通常是外国间谍。在医学院学习期间，他还在电影《马来西亚特工》（*Harimao of Malay*）和《一位来自上海的人》（*A Man from Shanghai*）中饰演过不太重要的角色。

诗人长谷川龙生相信，伪满洲国的文学与伪满洲国一样具有世界性意义，应当彻底摆脱以西方为中心的文学规范，培育以亚洲为中心的精神世界。他喜欢采用的伪满洲国文学主题包括三河地区的哥萨克村庄、西伯利亚原始森林嚎叫的狼群以及风味独特的伏特加酒，他宣称这些是构成理想中伪满洲国最基本的元素。

1938 年，文学杂志《满洲传奇》（*Manshū Rōman*）创刊，旨在培育具有伪满洲国特色的文学。许多俄国、中国内地及伪满洲国作家都应邀为杂志撰稿。

尼古拉·A. 拜科夫以西伯利亚荒原为背景，描写了当地的野生动物和狩猎人，在日本读者中颇有名气。他最受欢迎的著作《大王：一只西伯利亚虎的故事》（*The Great Wang:Story of an Amur Tiger*）于 1936 年出版，讲述了一个兽王统领西伯利亚森林的故事。1943 年出版的小说《母虎》（*The Tigress*）讲述的是西伯利亚狩猎人娜塔莎的丈夫被一只老虎杀害后，最终决心饲养一只幼虎的故事。他的作品翻译到日本后大受日本人追捧，并因此受邀参加 1942 年 11 月在日本东京举行的大东亚文学大会。

一些反映伪满洲国世界大同主义性质的文集也开始在日本出版。伪满洲国 1940 年出版的一本文集选用了 2 篇俄国作家的作品。3 年后，流亡伪满洲国的俄国白人作家的 9 篇短篇小说集结出版。小说抒发了流亡者对沙皇俄国的思念之情，以及他们身在国外感到的绝望、孤独和焦躁不安。俄国作家描写了流亡者们在伪满洲国与世隔绝的生活，他们仅仅和几个朝鲜人、中国人关系密切。俄国作家在作品中很少提到日本人，这与一份有关俄国人与日本人积极交流的官方报告相矛盾。这份报告宣称，由于俄国人的文化程度和生活水平更高，他们在与朝鲜人、中国人交谈时，总摆出一副高人一等的样子。

来访并定居伪满洲国的日本作家借用这些俄国人来宣传他们的世界大同主义。诺贝尔文学奖得主川端康成赞扬了北村谦次郎 1942 年出版的小说《春联》，称其为最优秀的伪满洲国文学作品。

小说描写一位日本移民建设伪满洲国的传奇故事。这位日本移民与中国爱国人士争斗后逃脱，被一位俄国牧场主和他的仆人娜塔莎拯救，最终安全返回。小说主人公被俄国人的善良感动，开始关注俄国流亡者的健康与幸福，并着手为这些流亡者建造第一个村庄。

其他一些日本作家描写了生活在伪满洲国的俄国人如何应对艰难困苦。1941 年出版的由日向伸夫创作的小说《道岔八号铁路》（*Dai-hachi-gō tentetsu ki*）获得了首届伪满洲国文学奖。小说讲述了一个人建设南满铁路的故事。在铁路控制权移交给日本后，主人公艰难地开始适应日本生活方式。他的俄国妻子曾经是他一个俄国同事的遗孀，尽管生活极其艰苦，求生的决心他最终活了下来。

竹内正一在《瓦解》（*Ryūri*）中记录了一个俄国犹太人家庭的衰落。他们不仅放弃了资产阶级的生活，在日本人侵占哈尔滨后，他们失去了整个家庭。吉野治夫的小说《伊凡的家》（*Iwan no Ie*），透过一位租住在他们家的日本移民的视角，描写了一个北满铁路俄国员工及其家庭的艰难困境。

横田文子审视了俄日关系中黑暗的一面。他的作品《风》（*Kaze*）描写了俄国男孩和日本男孩在野外的一场充满危险的游戏。故事的结尾描述一位身体残疾的俄国男孩，手里拿着一只被其他日本男孩玩过后遗弃的死麻雀，却感到欣喜若狂。《一个关于圣诞节的故事》（*Aru Kurisumasu no monogatari*）则讲述了一位年轻的日本妇女和一位孤独地生活在长春的俄国老人的故事。在故事中，这名日本妇女突发奇想，与一位偶然相识的老人共同庆祝圣诞节，她们俩就着烛光闲谈，老人却忍不住落下泪来，哭着哭着就有了些睡意，日本妇女便离开了。她意识到俄国人所经受的孤独是所有流亡到伪满洲国的人的共同命运。

日本驻伪满洲国当局常认为俄国的流亡者既对他们言听计从，又配合工作。1942 年 3 月，由日本驻伪满洲国的军事警察发布的一份报告声称，俄国流亡者与日本的泛亚洲主义很合拍。报告断言，俄国流亡者主动参加日本神道教仪式，甚至为此捐款。他们的行为似乎与日本泛亚主义的目标一致。这份报告确认，流亡伪满洲国的俄国人渴望拥有一个真正的祖国，并且愿意被完全同化。无论喜欢与否，他们都会与日本主宰的伪满洲国合作，因为在当时，那是他们唯一赖以生存的土地。

由于日本战败的结局越来越明显，日本与俄国在泛亚主义下的文化共存越来越渺茫。日本当局担心，一旦苏联发起进攻，散布在大日本帝国的俄国流亡者立即就会背叛日本。

1944 年 3 月，日本警方帮助有经济困难的俄国人解决工作问题，以防他们为苏联从事间谍工作。18 个卖服装的小贩、6 个卖罐头和化妆品的小贩及其他 6 个俄国人被介绍到东京一家小型机器厂工作，每天的薪水适中——4 ~ 5 日元。这样，日本警方便能监视他们的一举一动。

有些俄国流亡者暗中背叛了日本，因为料到日本最终将成为“二战”的战败国，他们设法取得了苏联的国籍。另外一些俄国流亡者则给日本战争捐款，甚至鼓励自己的儿子参加日本军队。在这种情形下，外务大臣重光葵一不做二不休，邀请苏联加入大东亚共荣圈。

1944 年 9 月中旬，在战争最高指导委员会上，他建议研究日本与苏联合作的可能性，希望两国如何共同努力制定出一个类似《太平洋宪章》的欧亚原则，从而建立东亚新秩序。重光葵认为，苏联一旦加入，日本就可以而且应该强调日本和苏联在实现“东亚各民族自由和独立”的原则上的一致。“日本大东亚”精神与苏联共产主义原则完全一样。

1944 年 11 月，斯大林给日本贴上了“侵略者”的标签，文化共存的前景由此彻底幻灭。即使如此，从日本对中国和朝鲜的战略思考看来，苏联仍是日本占领亚洲的理想蓝图中不可或缺的一部分。日本决策者评估了共产主义意识形态对中国和朝鲜民族主义的吸引力，预料到日本帝国主义灭亡之后，苏联会对中国和朝鲜进行强烈干涉。从更加复杂的层面上说，俄国与亚洲之间的密切关系无法否认，任何国家都很难想象一个没有俄国人的亚洲。

战争即将结束时，东京和莫斯科的外交关系变得紧张起来，以致双方越来越多地隐藏各自的真实意图，尤其是针对对方的军事计划。正如日本战争策划者预料的那样，苏联对日本帝国主义发动进攻，直接抹除了关于日本与俄国人民和俄国文化之间交流的那一段记忆。日本与欧亚世界的文化联系被丢失了，这成为日本“欧亚—太平洋战争”中另一个被遗忘的历史问题。

IMPERIAL ECLIPSE

|第二部分|

考量东亚大陆的霸权争斗及其归趋

第3章

在东亚创造权力平衡的理想状态

早在20世纪30年代，日本政府就对中国共产党充满兴趣，帝国军方更试图通过对中共发表的宣言来一窥该“神秘”团体的面貌。与此同时，延安与莫斯科的关系越来越紧张。谁将主宰中国命运，是国民党还是莫斯科，抑或延安？日本的高层认为极有可能是延安。

中日战争（1937～1945年）是一场残酷的战争，并殃及到东亚以外的地区；甚至在太平洋战争全面爆发之前，日本领导人就已预料到这场战争的结果将决定亚洲乃至整个世界的权力态势。日本统治者想知道：如果日本战败，谁将代替日本主导中国的未来？这一主导力量将如何影响战后东亚的未来？长期以来，日本统治者和情报机关密切关注美国和苏联之间的对抗，仔细观察这两股势力为影响中国内战而付出的努力，以及中国不同党派对美苏努力做出的不同反应。如果忽略中日战争中日本领导人的战略思考和战略计划，那么我们就无法透彻地明白“欧亚—太平洋战争”的战略思考。

抗衡国民党—华盛顿联盟

目前国际社会对中日战争的研究主要放在日本与蒋介石领导的国

民党之间的战斗上，很少关注日本对中国共产党的态度，而后者恰恰对日本制定战时决策至关重要。

日本侵华战争通常包括两个部分：一是日本对国民党军队取得的重大军事胜利；二是日本试图通过南京汪精卫傀儡政权，与蒋介石寻求外交解决方案，但没有成功。军事上，日本参与了对中国及太平洋地区的作战，而美军在太平洋地区给予日军的重创抵消了后者在侵华战争中取得的为数不多的胜利。外交上，虽然日本授权汪精卫，希望与国民党政权达成和解，但蒋介石始终拒绝与日本合作。即使与日本达成和解，蒋介石没得到民心，依旧无法实现中国的统一和复兴。然而不仅是民心，蒋介石同样没能取得丘吉尔、罗斯福和斯大林的信任。将注意力仅仅集中在蒋介石领导的国民党政权上，势必会影响我们对中日战争的全面理解。

日本对中国共产党的实力进行了批判性评估，并以此制定战时对华政策。他们认为中国共产党具有改变当下政府体系的潜力，在看到它不断壮大的同时，日本的知识分子既觉得困惑又十分欣喜。由于中国内战进一步升级，而日本侵华战争也陷入困境，日本的中国专家，从学者、记者到日本华北方面军再到南满洲铁道株式会社研究部门，都意识到中国共产党对国民党已渐渐取得优势。1944 年 11 月，汪精卫病逝，日本通过汪伪政权与国民党达成的和平谈判也随之终止，于是日本政府开始试图拉拢中国共产党。由于日本政府越来越相信，最终统一中国的力量是中国共产党，因此它更加关注苏联对中国共产党的影响力。如同在其他战争中一样，对华战争中，日本同样小心翼翼地观察苏联这股潜在的制衡力量。日本帝国灭亡后，苏联很可能在中国扮演十分重要的角色。

1944 年 11 月，《大东亚共同宣言》设计师、日本外务大臣重光葵对日本驻莫斯科大使佐藤尚武说，日本将承认中国共产党在延安的政权，承认其是独立于国民党政权的政府。重光葵随之建议日本媒体不要刊登反对中国共产党的文章。

日本政府对中国共产党政权的重视被看作是拉拢莫斯科，试图巩固《苏日中立条约》。历史学家明石阳至认为，日本政府试图将中国共产党领导下的中国纳入欧亚联盟，以缓和莫斯科、延安和东京之间的紧张局势，从而与国民党—华盛顿联盟相抗衡。

然而，日本之所以承认延安政权，其实还考虑到中国与苏联和美国的关系，并在此基础上对中国的未来做出了更加细致的评估。1944年11月，延安政权得到承认后不久，理查·佐尔格和尾崎秀实由于组建知名的“佐尔格国际间谍组织”被执行死刑。虽然佐尔格是德国驻日本东京大使馆的顾问，但他为苏维埃红军情报部门从事间谍工作，并召集了18名间谍成员，包括居住在日本东京的几个日裔美籍人、一个德国人、一个芬兰人、一个克罗地亚人、一名日本贵族和一名日本关东军人。他们于1933年开始间谍工作，1941年10月尾崎秀实被捕，随后的第三天佐尔格也被捕，在此期间佐尔格一直将从尾崎秀实和其他间谍成员那儿得来的情报转达苏联。这些情报涉及日本的政治经济形势和外交政策，其中最重要的是日本针对苏联采取的军事战略。尽管日本政府承认延安政权，对中国共产党摆出一副友好的姿态，但尾崎秀实和佐尔格的死刑还是给苏联敲响了警钟。东京政府不大可能热情欢迎以莫斯科为首的国际共产主义集团。

1941年夏天，日本国家绝对防御范围内的塞班岛被美国占领。日本决策者意识到，必须在战争结束前完成他们的亚洲使命，即消除英美干涉，让亚洲自我复苏。由于中国共产党拥有最广大中国民众的支持，日本华北方面军猜测它有可能最终统一中国，但没有预料到苏联的影响力会在中国占据主导地位。在本章提到的文献资料表明，日本政府并没有试图通过在外交上承认中国共产党来促进日本与苏联之间的关系。日本华北方面军情报分析员很早就得出结论：中国共产党与苏联共产党的目标不一致。这一观点得到了东京外务省的赞同。他们认为，毛泽东不是苏联的傀儡，他既不依靠华盛顿，也不依靠莫斯科。日本对中国共产党实行绥靖政策，绝非日本向莫斯科摆出一副调和的姿态，而是表明日本认为毛泽东有实力遏制苏联和美国的野心，让亚洲人自己来管理自己。

一方面，日本政府认为苏联能遏制美国在东亚的影响；另一方面，它不希望看到苏联成为泛亚主义旗帜下东亚的最终监护人。相比苏联，日本政府更希望由毛泽东领导的中国共产党来完成中国人管理中国的使命。审视中日战争在“欧亚—太平洋战争”的中心地位，虽然这一中心地位至今仍然没有得到承认，却再次证实了欧亚视角对于战时日本的重要性。

1938 年，一名旅日的中国专家怅然说到：“日本与中国相隔不远，彼此却知之甚少。”在他看来，日本对中国仅只有三种非常极端且简单的看法：一是极端鄙视低人一等的“中国佬”；二是对遭受苦难的中国人民的伤感和怜悯；三是对中国英勇的革命者一知半解的褒奖。他进一步解释说：

> 在未受教育的日本大众面前演讲，你一味地辱骂中国人而表扬日本人，他们会投来雷鸣般的掌声。千万不要批判日本人，否则你会遭咒骂。与此相反，倘若听众是大学生，你批判日本人的种种缺点而详细列举中国人的种种优点，他们会报以热烈的欢呼。那些未受教育的人是自恋狂，而知识分子则是受虐狂，两者都庸俗不堪，并且无可救药地固守着有关中国人的陈旧观念。

这名专家悲叹日本人民对中国人缺乏全面的认识。中日战争开始一年后，他提醒日本读者，中国拥有巨大的革命潜力。

1934 ~ 1936 年，中国共产党领导红军长征取得惊人的胜利后，日本注意到中国共产党有潜力继承孙中山的革命事业，完成其未尽的共和革命。日本媒体报道，在毛泽东的英明领导下，中国共产党的力量不断壮大，并推测它最终将击败国民党，赢得国内战争的胜利。中日战争刚刚爆发，日本帝国大本营、外务省、关东军、南满洲铁路株式会社研究部以及诸多研究机构和组织展开了针对中国共产党的严密调查。他们审视了中国共产党的意识形态目标，研究中国共产党管辖区域的官僚、法律和社会经济体系，甚至分析了全球政治与中国共产党的关系，包括中国共产党与美国、苏联以及亚洲其他共产主义运动的关系。

尾崎秀实是日本首相近卫文麿的政治顾问，也是一位备受尊敬的新闻记者和中国研究专家，其政治顾问一职掩盖了他的马克思主义信仰。他试图向日本大众证明，研究中国共产党对于了解中国、日本、亚洲乃至世界的未来非常重要。他认为，中国的艰难坎坷来自其半封建半殖民主义的双重枷锁。地主、官僚和军阀使封建主义在中国继续残存，而以下三种经济形式又使中国沦为半殖民主义社会：一是由外资控股的重工业；二是受外资操纵的国内金融系统；三是由外资掌控的国内市场。帝国列强之所以保存半封建势力，唯一目的就是最大限度地剥削中国。中国的半殖民主义和半封建主义势力相互勾结、狼狈为奸。尾崎秀实认为，这种状况有希望改变。既然中国农民为铲除封建势力、实现国家统一而战斗，那么他们最终会将所有帝国主义势力驱逐出中国，完成反帝反封建的民主革命，为中国乃至亚洲历史翻开崭新的一页。言外之意是，在中国共产党的领导下，这种彻底的变革完全可以实现。

尾崎秀实的文章中提到，日本学术界对中国的主流看法有褒有贬。

尽管日本泛亚主义者和马克思主义者在意识形态上存在差异，但两者都希望看到中国能够以亚洲的现代化方式复兴。他们密切关注中国共产党的成长和经历，想知道毛泽东是否会成为完成中国复兴使命的人物。日本泛亚主义者曾经对辛亥革命给予过物质上的支持，并在后来持续关注中国共产党是否能成为孙中山的继承者。同时，泛亚主义者和马克思主义者也非常关注中国民族主义运动是否能成为决定中国社会命运的决定性因素。如果答案是肯定的，那么这种运动是否能与日本泛亚主义和帝国主义合作?

现代日本对中国历史的研究是东方历史的一部分。东方历史是一个新的学科，它将日本置于亚洲文化和地理这样一个有机整体中，重写和评估日本历史。这一历史几乎可以与欧洲历史相媲美。白鸟库吉是利奥波德·冯·兰克第一批学生中的一员。

1904 ～ 1925 年，白鸟库吉担任东京帝国大学历史学教授，运用欧洲东方学家的理论框架，展现了亚洲在发展进程中所受的限制和束缚。他小心翼翼地将日本与中国区分开来，声称亚洲是日本的过去，而非日本的现在。他认为，当代日本已经超越亚洲模式，获得成功发展，因而认为日本的发展阶段走在了中国前面。据东京帝国大学汉学家内藤湖南的描述，中国历史经历从汉朝到唐朝的巅峰时期之后，开始走向衰落。中国的辉煌已经成为过去。他将一个民族的历史比作一个人生命周期，20 世纪早期的中国如同一位行将就木的老人。

东方历史学派的学者设想日本是亚洲文明的发源地和亚洲发展的先驱，指定日本为亚洲过去和未来的监护者。相反，他们将中国刻画成一个古老、野蛮和停滞不前的国家。现代日本故意给中国取了一个老气的名字“支那”，这个称呼源自公元 9 世纪早期传入日本的梵文佛经。日本人的使命就是指引这个他们称之为“支那”的中国从古老和野蛮走向现代和文明。

20世纪中国的政治运动常常借助日本才得以发展，尤其是日本培养了大批中国共产党领袖，建立了不少共产主义团体，两国之间成功地实现了“异花授粉”。日俄战争时期，一批中国人通过阅读日本有关现代社会主义的著作来学习马克思主义。日本是中国学习马克思主义的早期阵地。1906年，日本社会主义政党诞生，激发了中国推翻清朝政府的渴望。后来的共产党领导人如周恩来、陈独秀和李大钊都曾在日本学习。1921年，中国共产党成立，共产国际给中国共产党下达了任务，要在远东地区实现共产主义和民族主义。1922年，日本共产党成立，其任务是协助中国和朝鲜共同反抗日本帝国主义。日本马克思主义者并没有低估自己的角色。他们明白，经历了现代化带来的种种问题之后，日本需要寻求一个新的发展方向。令人始料未及的是，一场努力寻找历史发展新阶段的革命运动刚刚在亟需现代化的中国展开，这场运动无论从规模还是从范围上，都可能赶超日本的进步和发展。尽管日本按照现代化的解读，将中国贬为一个停滞不前、落后的野蛮国度，但中国共产主义运动公然反对这种解读，这一点为日本马克思主义者带来了灵感。

尾崎秀实批判日本的中国研究，称其为“东方主义中国理论”。他认为，现代日本开展中国研究是为了实现日本大陆政策和帝国主义。日本有关中国的研究缺乏科学的方法，这反映了日本希望将中国困住，让其永远不再有翻身之地，只有这样，日本才能将自己刻画成东方主义中国的卫士。他写道：

> 要正确了解中国，就要对中国有一个全面而非零散、片面的认识，并且需要对中国进行连续观察。科学的观察固然重要，但实验方法决不能只局限于微小的细节，也不能仅仅为了解剖尸体。

相反，他认为对中国的研究应尝试“活体式解剖”。中国看似长期以来处于奄奄一息的状态，其实蕴含足够的能量。按照动力学原理，这种能量一旦被激发出来，将产生巨大的力量。

日本有关中国研究的不同分支旨在提高跨文化理解能力，而非仅满足意识形态的需要。东亚同文书院为有志于革命事业的日本学生提供受教育的机会。1901 年，一些在中国有军事和商业利益的日本人在上海创建该学院，之后慢慢发展为日本海外规模最大的高等学院。学院创始人希望能振兴中国，巩固中日贸易关系，使双方能最终团结一致，共同抵抗西方帝国主义。他们希望通过一套教育体系来实现泛亚主义梦想，即通过贸易实现共同繁荣。他们设想，这样的课程能让中日两国学生用对方的母语来了解其社会、政治和经济体系。具体说来，日本学生能够用中文来了解中国，中国学生能够用日文来了解日本。日本学生到了日本外务省和帝国陆军的资助，仔细阅读中国书籍，对中国社会开展广泛的实地调查研究。1900 ~ 1945 年，共有 5 000 名日本学生和 864 名中国学生从该学院毕业。

具有讽刺意味的是，作为日本帝国主义在中国的先锋，东亚同文书院却培养了一批对中国革命抱有浓厚兴趣的日本学生。学院的一批日本和中国学生致力于马克思主义研究，并参加了反对日本帝国主义的活动。这种现象自 1925 年初夏爆发一系列工人运动后愈演愈烈。到 20 世纪 30 年代早期，这所学院已经成为招募日本左翼份子的主要基地，同时也是中国共产党和日本共产党地下合作的避风港。

作为日本关东军的智囊团，南满洲铁道株式会社研究部在 30 年代这关键的十年里，从马克思主义的视角来认识当时的中国。1907 年，南满洲铁道株式会社刚刚成立一年之后，研究部开始投入使用，其总部设在大连。在接下来的 38 年里，直至“二战”结束，研究部将其全球性的研究和情报网络延伸至沈阳、哈尔滨、上海、南京、纽约和巴黎，并得出了近 6 200 份分析报告。作为日本帝国顶级研究机构，南满洲铁道株式会社研究部聘请了许多知名的马克思主义研究学者，允许他们利用马克思主义理论来进行社会科学研究。这些学者来自不同的流派，都因为逃避迫害而离开日本，包括具岛兼三郎、伊藤武雄、中西勉、伊藤立和佐野学，尾崎秀实也曾是其中一员。这些马克思主义研究者分析了伪满洲国和中国北方的社会经济形势，认为中国共产党的崛起势不可挡。中西勉曾辍学于东亚同文书院，1934 年加入南满铁道株式会社研究部，成为一名杰出的研究者，并获得中国派遣军（China Expeditionary Army，日本国内称为“支那派遣军”，即侵华日军。——译者注）的信任和自由出入权。他因为从事“中国共产党的研究”而广为人知。他在研究中声称，中国人民的反抗是无法战胜的，因为广大中国民众为实现民族独立越战越勇。这是一个历史发展的自然产物，符合历史发展的必然规律，他们的反抗将使中国从帝国主义的束缚中挣脱出来。

1938 年，东亚研究所在日本企划院的扶持下成立，直接为日本首相服务，负责制定战时全国总动员的各项政策，这显示出日本迫切需要实现在亚洲的战争目标。东亚研究所从许多方面获得了充足的财政预算和极大的帮助，如南满洲铁道株式会社、三菱经济研究联合会、大藏省、外务省、文部省、拓务省以及陆军、海军等。由于行政部门大力发挥军方的影响力，研究所吸引了一些进步学者和研究员。上千名研究者和其他工作人员共同努力，开展了大量以政策为导向的研究，研究主题涉及帝国主义对东亚发起的侵略；中国共产党和苏联之间的关系；东亚革命运动的性质；犹太金融家的现状及穆斯林和喇嘛从事的活动等。研究所取得了许多重要的研究成果，主要包括山本英夫的《基于“三民主义原则”的民族主义理论研究》和酒井忠夫的《中国知识分子的民族主义背后的意识形态研究》。研究所的中文专家还翻译了一些共产主义中文原著，如《记中国共产党的一段十七年的历史》(*A seventeen-year History of the Chinese Communist Party*)、《论中国共产党》(*The Chinese Communist Party*)、《论中华苏维埃共和国》(*Soviet China*)。

中日战争爆发前，日本知识分子对中国共产党渐渐产生兴趣，他们认为中国共产党推动着中国革命向前发展。甚至在南满洲铁道株式会社研究部开始对中国共产党进行马克思主义研究之前，知识界的激进杂志《改造》便常常刊登有关中国共产党最新成就的文章。即使在战争爆发后，这本杂志仍然刊登一些有关中国共产党强烈批判日本帝国主义的文章。1937 年 7 月 7 日，卢沟桥事变爆发，标志着中日战争正式开始。就在 1 个月前，《改造》杂志特载了美国记者埃德加·斯诺和艾格尼丝·史沫特莱分别对毛泽东进行的采访记录。《改造》杂志经常向知名的外国人约稿。斯诺的采访记录显示了毛泽东对于日本帝国主义的强烈指责和批判，以及毛泽东希望美国能够协助中国共产党，共同参加反法西斯战争。毛泽东胸有成竹地表示，如果中国人民形成抗日统一战线，世界人民共同支持被压迫民族获得自由，那么中国反对日本帝国主义的战争将会取得胜利。他还称赞生活在中央苏区的中国人民表现出来的精神力量和军事准备。斯诺的采访记录结尾引用了毛泽东的一句话：中国革命的最终胜利将会点燃其他国家和地区广大人民反对殖民主义的火花，从亚洲的柬埔寨、越南、菲律宾和印度开始，最终蔓延至整个世界。

接受史沫特莱的采访时，毛泽东提出反对日本帝国主义的斗争不同于反对其他帝国主义国家的斗争，因为日本帝国主义对中国的威胁迫在眉睫。毛泽东认为，与国民党建立第二次合作统一战线并不意味着中国共产党赞成资产阶级民族主义，也不意味着中国共产党放弃阶级斗争的目标。他认为，既要考虑全民族的根本利益，也要考虑阶级利益。工人、农民和劳苦大众的力量虽然还不够壮大，影响力还不够强，但他们是中国的栋梁，是抵抗日本侵略，保卫国家的最大阶层。他接着说，中国共产党一贯维护国际利益和国家利益。民心所向的联合政府一旦建立，将提出与日本政府和平谈判的7个条件：

> 第一，中日两国主权完全平等；第二，解散伪满洲国；第三，日本从华北撤军；第四，终止日本在中国的领空权；第五，撤销日本在中国的情报机构；第六，停止日本对中国人民的傲慢无理的态度；第七，禁止日本对华非法贸易。

毛泽东承认，因为日本政府不可能满足以上条件，所以中日战争不可避免。他坚信即使战争爆发后得不到国际援助，中国人民也会依靠自己的力量来抵抗日本帝国主义的侵略，最终摧毁日本的政治、经济和金融体系。采访结束时，他肯定了孙中山先生的三民主义原则，并且重申了自己的坚定信念，认为无论意识形态和宗教信仰的异同，全体中国人民都将团结一致，为实现国家的统一和民族的复兴奠定坚实的基础，只有这样才能构筑中华民族的美好未来。

《改造》这一面向日本知识界的杂志，能在卢沟桥事变后如此短的时间内就中日战争的前景做出一个如此大胆且富有批判性的论断，说明了至少在1942年横滨事件之前，虽然日本官方对共产主义言论审查严格，但媒体依旧享有高度的言论自由。该杂志的编辑得意地宣称，毛泽东是中国西北山区有重要地位和突出才能的杰出领导人，读者可以从该杂志中读到关于毛泽东的生动描述和有价值的信息。该杂志的这一期主要报道了共产主义世界，这一点在由日本陆军上校秦彦三郎所做的一项名为“苏联的沙皇”研究中得到证实。秦彦三郎是日本帝国陆军中最重要的苏联专家，他描述了列宁去世后斯大林与托洛茨基之间的斗争如何使前者变成一位独裁者，以及他的独裁统治如何使苏联的未来扑朔迷离。相比之下，他对毛泽东的描述要温和、亲切得多。在接下来的几年时间里，《改造》刊登了数篇文章来报道中国共产党的激进主义、与国民党的复杂关系以及它如何组织和动员广大农民起来反抗日本的侵略，甚至偶尔介绍中国共产党的重要人物。譬如，1937年7月的期刊就登了周恩来的简介，介绍他如何促成了国共两党再次合作。

1937年8月，《改造》重点刊登了关于“华北事变”的三篇文章（“华北事变”是日本政府对卢沟桥事变之后中日战争第一阶段的官方称谓）。日本记者尾崎秀实描述了国共两党的合作不断深化，并强调中国民族主义和民主化是日本遭遇到的两股抵抗力量。1937年10月《改造》出版了一期“支那事变”特刊，以此正式替代之前的“华北事变”。尾崎秀实在这一期中呼吁日本人民应该严肃关注中国共产党的兴起，提醒日本人民对共产主义的审视不应该停留在学术的、抽象的层面，而应该将之视为中国民族主义运动的现象，谨防中国共产党在抗日战争中不断扩大和走向成熟。同期的另外一篇文章表达了同样的观点，认为中国共产主义是一种真正的民族主义。该文还指出，中国人民正显示出民族主义的巨大爆发力，这种力量将引领中华民族走向前所未有的重建之路。

1937年11月，该杂志特别刊登了由毛泽东口述埃德加·斯诺执笔的《毛泽东自传》的日文译本。同年12月，该杂志又刊登了一位中国记者对八路军的详细报道的译文，描述了士兵们充满活力的军旅生活：学习之余打篮球和网球。通过简化的课程，士兵们了解到什么是“帝国主义”、“殖民主义”和“革命”，很快就能深入讨论政治问题，并提出自己的见解。在这篇报道中，八路军士兵个个士气高昂、严守军纪、满腔热血。最重要的是，平等意识已经深入人心。士兵之间人人平等，军民之间人人平等。该记者解释道，出现这种情形，主要是因为毛泽东、朱德、彭德怀、林彪、萧克、徐海东、周恩来、叶剑英、刘伯承和丁玲等中国共产党领导人物，不仅具有鲜明的个性，而且具有杰出的领导才能，他们领导的事业深得民心。1938 年 4 月，该杂志特别刊登了史沫特莱关于八路军的一则振奋人心的报道，该报道高度赞扬了八路军的自律精神和平等精神。1939 年，该杂志继续刊登关于中国共产党的文章，强调指出共产党胜过国民党，尤其是在动员广大人民群众方面比国民党做得更好。

南满铁路株式会社研究部积极主动地研究了中国共产党。1939 年，伊藤武雄编辑发表了一份题为《有关中国抗战能力的研究报告》（*Shina kōsen-ryoku chōsa hōkoku*）的综合性报告，这篇报告被称赞为当时日本有关中国的最优秀的研究成果之一。它论证了 1894 ~ 1895 年第一次中日战争中，日本的现代战争不知不觉地唤醒了中华民族，尤其是资产阶级。他们意识到推翻陈旧的社会结构迫在眉睫。同时，这份报告强烈地谴责了国民党，虽然在国民党的统治下，中国资产阶级现代化城市不断发展，但中国永远无法获得实现现代化的动力。只要中国资产阶级与把中国变为半殖民地的帝国主义相勾结，无论资产阶级和国民党怎样费尽心血，也不能使中国从帝国主义的枷锁中解放出来，无法使中国实现现代化，更无法使中国获得民族独立。

这篇报告对中国共产党如何在毛泽东的领导下实现党员数量在中国农村地区急剧增长，并且深受老百姓的拥护和爱戴的问题作了一番截然不同的正面评论。中国共产党发动广大人民大众，承诺要实现民主和国家统一，并实现以下三个政治目标：实现民族独立、武装抵抗日本及消灭阶级。报告还建议，日本必须明白：中国的抗日战争是一场为实现彻底的社会变革而进行的人民战争。日本取得的某一次军事胜利绝对无法“解决中日两国间的分歧”。1939 年发表的这份报告得出以下结论：日本在军事上不可能战胜中国，只能从政治方面寻找出路。

丧心病狂的日本兵士及腐败的军事集团

日本人民对于通过这次侵略战争来促进中国现代化有多大把握，这仍然不得而知。中国是不可战胜的，这种“怪异的”观点已经出现在石川达三所著的《活着的士兵》(*Ikiteiru heitai*) 这部小说里，该小说 1938 年刊登在日本核心学术杂志《中央公论》(*Chūō Kōron*) 3 月期刊上。作为 1935 年第一个芥川龙之介文学奖得主，石川达三曾以一名战地记者的身份，于 1938 年 1 月 5 日被派往南京，对南京大屠杀事件造成的后果进行调查。

回到日本后，他揭露了丧心病狂的日本士兵在中国犯下的烧杀抢掠、严刑拷打、强奸和杀害等惨绝人寰的罪行。尽管这部小说从内政部依法获得出版许可编号，但在全国各书店公开发行当天，《中央公论》第 3 期杂志收到全部召回的命令。同时，石川达三被捕，经过公开审判后被判四个月监禁。直到 1941 年 12 月，石川达三才恢复日本海军战地记者的身份。直到 1945 年 12 月，《活着的士兵》完整版才得以正式出版，之前这部经典之作只能悄悄在地下流传。

这部小说其中一个情景讲述的是一级士官平尾从一个报纸校对员成为一名杀害中国人的刽子手的故事。他走进一个富裕的中国家庭遗弃的宅邸，仔细查看房中收藏的许多奢侈古董后，对有着悠远历史的中国发表了一番感慨，尽情地赞美永不败落的中国：

> 这 4 亿中国人如同长江一样伟大、悠久。自黄帝、唐太宗等时代以来，中国一直没有变。中国永远都不会灭亡，尽管蒋

介石吹嘘要革新社会，但他也不能改变中国人。同样，不管我们能不能占领整个中国，要使中国人完全接受日本的统治只是痴心妄想，白日做梦。中国有着自己独特的方式，且这种方式将永久地保持下去。不可思议！真是不可思议！

另外一个情景讲述的是一级士官近藤，他是一位医学博士，在离开南京这个地狱之后，沉溺于上海的一个酒吧。他经常想起身后那些死去的士兵，他还试图将所有的死亡合理化，认为这是人类历史过程中个人主义、社会主义和法西斯主义三股强大唯物主义力量碰撞的结果。不过，“短暂停顿后，突然一阵不寒而栗的感觉充斥了他的身躯”。尽管他试图以无政府主义来麻痹自己的情感，但是从他的身体反应可以看出，他认识到日本对中国的侵略犯了某种根本性的错误。这部短篇小说没有重点描述中国共产党。然而，在日本最终会失败，中国人民最终会取得胜利这一点上，平尾和近藤有先见之明：

谁赢得民心，谁就能领导中国人民取得这次伟大的胜利，但这个人一定不会是蒋介石。

侵华战争早期，日本军队认为中国共产党是对日本利益的威胁。为了消灭共产党游击队的势力，日本军队采取了臭名昭著的“三光”政策——杀光、烧光、抢光。这些政策甚至针对中国的平民百姓，他们被日军毫无根据地认定为共产党的支持者。反共斗争并没有阻止中国共产党实力和影响力的稳步增长。随着该党在农村地区迅速发展，日本军方开始秘密研究，评估它的军事力量及潜力，从而确定日本是否能够最终赢得这场战争的胜利。虽然南满洲铁道株式会社研究部的研究成果带着浓郁的马克思主义阐释学理论色彩，但是帝国大本营进行的研究具有实证性，主要研究对象包括中国共产党的成员、目标、策略、意识形态、哲学思想及其与人民群众的关系。而在北京，日本华北方面军司令部作为中国战区的日本精英司令部，在南满铁路株式会社研究部开始研究之前就已经递交了一系列关于中国共产党的秘密报告。

中国共产党通过大规模的宣传活动号召日本军人支持中国，这引起了日军的注意。1937 年 7 月至 12 月，中国共产党在日本士兵相对集中的战区发放有关日本的宣传单和小册子。但由于这些宣传单和小册子上的日语很多情况下不符合日语语法和习惯，因而没有引起日本士兵的关注。不过 1938 年初，日本当局发现，周恩来发动中国共产党招募一些日本专家，对宣传单和小册子进行了改进，从而提高了宣传的质量。中国共产党的宣传资料很快变得复杂起来。为了使宣传资料的外观设计吸引读者的眼球，他们为日本诗歌、歌曲和漫画附上图片，甚至统计图表。这些资料对日本民间故事及最时新的大众文化有着深刻认识。所以日本当局怀疑，中国共产党的宣传活动已经获得了日本合作者的支持，他们可能是生活在中国的日本人，也可能是曾在莫斯科或哈巴罗夫斯克的共产主义大学学习，之后被共产国际派来帮助中国共产党的日本共产党员，甚至可能是被迫与中国共产党合作的日本战俘。

到 1938 年夏季为止，日本士兵已经完全被中国共产党的宣传单和小册子吸引，他们能从中消遣、消磨时间、了解最新消息，甚至还能启发心智。同年 11 月，日本内阁情报局发布了《反共产主义研究报告》，该报告研究了中国共产党为唤起日本青年共鸣的高超宣传技巧。该报告承认中国共产党的宣传内容丰富，且构思巧妙。为吸引低文化程度和低级别的士兵，宣传册加入了一些低俗的材料；为吸引日本军队内部文化程度较高的人，宣传册也加入了一些复杂、有深度的材料。

该报告称，这明显反映出幕后作者非常熟悉当代日本社会和大众文化。这些宣传单甚至从马克思主义视角来评论最新的日本新闻，说明它们是通过一些地下网络直接从日本偷运过来。日本内阁情报局确信，一定有来自日本的马克思主义者帮助中国共产党进行宣传活动。

反日情绪与民族革命的成功结合

日本当局很快就发现了这些日本合作者的身份。1938 年 12 月，日本内阁情报局获得由一位流亡中国的日本共产主义领导人野坂参三（也称冈野岭进）所写的一篇文章。该文章同年发表在《共产国际杂志》上，呼吁日本人民和中国人民团结起来，共同与日本法西斯作斗争。1939 年春，日本华北方面军司令部获得相关消息称，鹿地亘和他的夫人池田幸子已经成为中国抗日宣传工作的核心人物。1934 年，鹿地亘因积极参与无产阶级文学运动被捕。释放后，他于 1936 年搬到上海，研究并翻译鲁迅的作品。1937 年，他为《改造》杂志翻译了斯梅德利与毛泽东的访谈记录。中日战争爆发后，他躲过了日本当局的抓捕，于 1938 年来到武汉，并加入国民党，开始抗日战争和反法西斯运动。1939 年，他在重庆组织成立了“日本反战同盟会”（日本反战同盟会是一个在华日本人反战组织，由被八路军俘虏后转变立场的日本士兵所组成，被中国老百姓称为“日本八路”。——译者注），邀请丘吉尔、罗斯福、斯大林、毛泽东和蒋介石担任同盟会的执行委员。

野坂参三也很快加入到中国的抗日战争队伍中。1940 年，他离开莫斯科，和周恩来一起来到延安，成立了日本反战同盟会延安支部。由于蒋介石坚决反对共产主义，与鹿地亘的关系陷入了僵局，因此鹿地亘更倾向于协助野坂参三在延安组织的反战运动，将日本战俘的教育课程扩大到中国其他地区。新的教学大纲包括战争与和平的基本概念、马克思主义、列宁主义以及建立新日本的重要性等内容。反战同盟会对日本战俘慷慨大方，并继续在中国其他战场上成立更多的支部。仅仅华北地区就有 223 名日本士兵加入反战同盟会。

由于日本的亲中国共产党分子带来了巨大威胁，日本华北方面军司令部的当务之急就是研究中国共产主义。华北地区靠近伪满洲国，负责供应日本的食品和矿产资源，因此有着极其重要的战略意义。虽然该地区已经深受日本的影响，但日本想要在中国其他地区进行势力扩张，仍需进一步加强对该地区的控制。日本华北方面军司令部特别针对中国共产党进行了研究，并根据这些研究结果发表了一系列机密报告。

1939 年 4 月 5 日，日本华北方面军司令部出版了一份绝密备忘录，阐述了中国共产党高超的宣传技巧。备忘录以一本由八路军政治部出版的一本宣传手册为例。手册为八路军提供了如何吸引日本士兵加入到他们阵营的详细说明。该手册宣称，中国共产党士兵应该认识到，大多数日本士兵是被迫从农民强行编入帝国军队，因此他们是无辜的。中国共产党士兵应该教育这些日本士兵，让他们认识到自己是日本腐败军事集团的受害者，军事集团唯一关心的是在帝国主义世界实行资本主义垄断统治。

手册中还提到，由于日本士兵受到军事学校的禁锢，是军事学校精英教育培养的产物，中国共产党的士兵可以对日本军官们进行再教育。他们一旦了解社会真相，就能渐渐明白日本在战争中所犯的错误。共产主义战士的职责就是要耐心对待日本官员和士兵，鼓励他们看清帝国主义和军国主义的罪恶：日本军事—财政集团希望延长在中国的战争，以两国人民大众遭受的深重苦难为代价，从军工业和战利品中攫取利润。一旦日本军官和士兵了解到这场侵略战争背后隐藏的无耻阴谋，他们将会丧失斗志、无心恋战，希望实现和平。该手册指示，为了达到效果，中国共产党领导的士兵首先应该对日本士兵的思乡之情及对军旅生活的不满表示同情，然后告诉他们，中国共产党将会把日本士兵当成朋友，与他们共同为和平而战。日本军事分析专家认真研究这本手册后，承认中国共产党的心理宣传能够深深地打动日本士兵的心灵。

日本华北方面军发现，中国共产党的优势不仅在于它的宣传技巧以及它对日本士兵的潜在吸引力，还在于中国共产党能够动员广大农民，而后者更让人惊叹不已。日本华北方面军敦促立即调查中国共产党是如何动员中国广大农民与之合作的。1937 年 12 月，日本华北方面军开始实施自己的宣传计划，向日本统治区的中国人灌输日本人的思想和理念。譬如，建立新民会（新民会起源于抗日战争时期，是日本帝国主义在华北沦陷区建立的一个反动政治组织，其主要任务是：防共反共，收买汉奸，搜集情报，宣扬“中日亲善”、“大东亚共存共荣”等奴化思想，直接为日本侵略政策服务。——译者注），通过有关日本泛亚主义的历史和文化内涵的教育，让该地区的中国人明白与日本领袖携手合作、共创亚洲繁荣与和平的重要性。通过出版时事通讯和小册子、播放广播节目、教授学校课程、组织一些活动，日本华北方面军试图说服中国人民，为日军提供帮助、武装反抗国民党和中国共产党。1938 年元旦，新民会向当地的居民分发了一些用红纸条写的宣传口号，让他们贴在门口作为装饰：

> 支持中日友谊；反共救国；祈求世界和平；建立新秩序；一切从头开始；不要改变古老的家庭习俗；新民会为共和国注入新的生命；中日同根同族；团结一致，复兴东方民族；推翻中国腐败的祸害——蒋介石；新民会为中国、日本和“满洲国”建立欢乐谷。

尽管新民会试图关心当地一些传统节日的习俗文化，但很少中国人认同这种强加的和平与友好。

很显然，日本在这场宣传战中即将失败，因此它越来越迫切地想知道中国共产党赢得民心的秘诀。日本华北方面军司令部决定进一步调查中国共产党的组织机构，尤其是它的指挥系统。通过这个指挥系统，中国共产党发动广大人民群众成功地开展了抗日活动。在 1938 年 9 月的一份绝密报告中，日本华北方面军司令部承认，中国共产党已经成功地使用一套非常缜密的方法，来动员和训练广大人民群众参加抗日战争。

日本当局发布的一系列机密报告赞叹了中国共产党高超的战术。1938 年 11 月，寺内部队司令部发布的机密报告称赞了中国共产党在日本军队大本营，即华北晋察冀边区取得的惊人成就。通过一系列复杂的运作，中国共产党正在全力组建一个地方政府，将当地民众编入各个政治单位，并实施一系列提高人们生活水平的社会经济新政策。该报告强调，中国共产主义者将反日情绪与民族主义革命成功地结合起来，将革命的信息直接传递到每个中国人的心中，无论长幼、尊卑和性别。同时，该报告还高度赞扬了中国共产党开展的人文主义活动，其中包括教育活动。

虽然提高大众的受教育水平并不是共产主义议程中不可或缺的一部分，但中国共产党真心实意地关心群众，努力开展扫盲运动。人民群众感受到了中国共产党的诚意，于是积极配合共产党，扫盲运动取得胜利。共产党军队对待村民谦卑有礼、尊敬友爱且军纪严明，因而受到人民群众的爱戴和尊崇。最后，该报告总结，日军应该认真学习中国共产党的这些优点，才能赢得中国人民的真心支持。

东京的帝国大本营必须重视这些从中国发来的机密报告，因为它们都传递了同一个信息，即中国共产党正在努力赢得农村地区广大人民群众的支持。尽管日本陆军制造了南京大屠杀，在中国实施了诸多暴行，但日本官方发动战争的辩护理由是维护中日友好关系，建立大东亚共荣圈。从表面上看，这仍然是利他主义。据说，中国问题专家田中中佐评价中日友好关系的实质说："填饱肚子是中国与任何其他国家保持友好关系的初衷，也是最终的目标。"日军最初的计划就是解放中国农民，给他们提供食物、受教育的机会和其他生活必需品，然后引导他们加入泛亚区域新秩序。然而，在这方面中国共产党比日本人做得更好。

1938 年，即卢沟桥事变后的第二年，《改造》杂志发表了一篇很尖锐的文章。作者杉山平助是一位政治分析家，以言辞犀利著称。与日本人印象中的刻板形象截然相反，中国农民内心成熟，又不乏狡猾精明。他们不可能被任何哲学、宣传、单纯的政治理念或是空洞的政治承诺所迷惑。谁能让他们吃饱，谁就能赢得他们的信任，从而最终确定中国的命运。只要日本最终的企图是控制和支配中国，而不是让中国人吃饱饭，那么日本就不可能在这场战争中取得胜利。

为了得到中国农民对日本泛亚主义的支持，日本华北方面军总参谋部推出了一个效仿中国共产党战略的新项目。1940 年 4 月，日本华北方面军司令部发表了一份绝密报告，并指定一些日本组织进行传阅。该报告指示日本如何比共产党宣传做得更好，同时完全承认，河北省的中国共产主义者已经成功实现乡村管理的政治民主化，并且成功实施农民经济纲领。通过建立地区自治，中国共产党为这个地区带来了和平，恢复了秩序，加强了自我防卫，赢得了人民的支持和认可。为了超越中国共产党取得的巨大成就，该报告提出了日本各组织机构应该实施的一系列计划。除了让农民接受日本文化教育这项计划之外，其他都是照搬中国共产党提出的计划，包括教育、宗教自由以及将乡村重新组织成为自治的政治单位。

1940 年 3 月，东京帝国大本营重新认识了中国的战争，称之为意识形态之战。在日本领事馆警察的协助下，外务省直接通过间谍和情报人员来收集有关中国共产党的信息，这些间谍和情报人员主要包括白种人（尤其是俄国的白种人）、中国人和朝鲜人。中国共产党领导的游击队作战能力不断增强，让日军预测在反对国民党的战争中共产党将取得最终的胜利。1940 年 9 月下旬，日本华北方面军司令部发布了一份有关中国共产主义游击队成功袭击日本铁路和煤矿的绝密军事报告，并敦促认真研究游击队在协调多个行动中展示出来的卓越智慧和能力。

1940 年 10 月 1 日，日本华北方面军司令部发布了另一份关于共产主义在华北地区军事力量的绝密报告。该报告首次强调中国共产党的不断壮大，并承认在毛泽东、周恩来和朱德的领导下，中国共产党完全可能统一中国。它重申了早些时候的报道，指出中国共产党对广大人民群众的号召力在与日俱增，其中包括农民、工厂工人、知识分子及激进分子。

该报告怀疑国民党与共产党形成的统一战线无法持久，甚至推测中国共产党希望抗日战争能够完全耗尽国民党的兵力，以便其更加容易凭自己的力量来统一中国，组建属于自己的革命政府。这篇报告称赞共产党巧妙地将共产主义意识形态与民族主义情绪融合在一起，是日本最早积极评价中国共产党意识形态的文件之一。该报告解释说，中国共产党通过意识形态运动已经使人民群众敏锐地意识到，中国是一个主权独立的民族国家。这是中国共产党的宣传之所以具有精神魅力的根源。该报告的撰写者似乎不太愿意使用“魅力”这个词，所以在后面括号里加了一个问号。也许他觉得这个词来形容中国共产党过于褒奖。但到了后面，他毫不犹豫地称赞中国共产党员当中的中层党员干部，因为他们与日本武士有着相似的品质：严格的军队纪律和自我牺牲精神。这份机密报告的结论部分向帝国大本营提出一个至关重要的建议：绝对不能低估中国共产党通过宣传活动来笼络日本士兵的能力。

1940 年 12 月，另一份秘密报告进一步加深了以上认识。该报告通过与南满洲铁道株式会社研究部上海分部合作而产生，力劝日本政府密切关注中国共产党而不是国民党。报告重点分析了中国共产党如何在毛泽东的领导下成功地将马克思主义和民族主义结合起来。报告分析，中国共产党向中国人民证明了无产阶级可以战胜资产阶级，同时中国可以取得反对帝国主义的胜利，从被压迫的半殖民地角色中解放出来。与 10 月份的密报一样，它认为中国共产党激发了人们的爱国主义精神，这种爱国主义精神使得中国人民更加支持在共产主义思想的指引下实现国家的统一。

报告还提到，如果日本仍然决定按照明治维新时期采用的现代化模式在中国推行泛亚主义，那么日本该如何设法去证明能够领导中国人民走向政治、经济和文化乌托邦的是日本而不是中国共产党呢？它认为，为了证明日本比中国共产党更有能力带领中国走向进步，日本不应该继续将中国仅仅视为一个投资市场，而应该开始要尽最大的努力去赢得中国人民的信任和尊重。只有这样，日本才可能与中国共产党竞争。到现在为止，日本军方已经认识到共产主义已经成为改变中国的潜在力量，甚至已经接受共产党可能在内战中取得最终胜利的结果。“二战”结束后，南满洲铁道株式会社研究部中只有马克思主义学者获得称赞，因为他们在之前提到的 1938 年“关于中国反抗战争能力的研究报告”中得出了相同的结论。

然而，日本军方比南满洲铁道株式会社研究部更早地认识到了中国共产党的全部潜能。此外，日军还无意识地对中国共产党制定的社会经济发展议程表现出认可。1940 年 4 月，日本华北方面军甚至推出所谓的“合作社”行动计划，这个合作社鼓励村民在经济上相互帮助。

1941 年 11 月，南满洲铁道株式会社研究部成员因赞成日本华北方面军推出的计划而在“合作社事件”中被捕。不过，他们被捕是命运的一次大逆转。就在一年前的夏天，东京帝国大本营邀请了几位来自于南满洲铁道株式会社研究部的研究员，让他们为上百名最高级别的军官讲述中国的现状，中西勉便是其中一员。帝国大本营和以马克思主义为指导思想的南满洲铁道株式会社研究部已经开始秘密合作，并相互交流了有关中国共产党的研究成果。即使帝国大本营开始对南满洲铁道株式会社研究部内部的共产党员实行镇压，也仍然设法了解和学习中国共产党。日本军方意识到，这场战争已经不知不觉地激发了中国共产党的能量，动员广大人民群众，努力实现中国的政治和经济现代化。被当作中国共产党精神导师的苏联为中国共产党的抗日战争出谋划策了吗？如果答案是肯定的，那么苏联将给中国提供多大程度上的帮助呢？从以上问题可以看出，日本在制定对华战争计划时，苏联扮演着一个越来越重要的角色。

国、共、苏的三角政治

1941 年 11 月，尾崎秀实在被捕前称苏联是全世界民族主义运动的支持者，并认为莫斯科对中国采取的政策促进了中国民族主义独立和社会主义革命。日本华北方面军认同苏联在背后帮助中国共产党这一观点。一开始，日本政府和帝国大本营坚持认为中国共产党只不过是苏联政治机器的附属零件。然而，通过研究，他们很快消除了之前对中国共产党的刻板印象。1941 年 4 月，《苏日中立条约》签订前夕，日本政府和陆军断定，延安与莫斯科之间的关系不如之前想象的那样亲密。

自 1921 年中国共产党成立以来，日本就已经开始分析中国共产党与苏联之间的关系。日本当局还没有确凿的证据证明苏联是中日共产主义合作的幕后支持者，或是中国反日、反帝国主义运动的精心策划者。1929 年佐野在上海被捕，1933 年退出共产国际，这为澄清中国共产党与苏联之间的关系提供了证据。作为日本共产党的创始人之一，同时也是中央委员会的委员，佐野在 1923 年逃到苏联，然后搬到上海。1925 年，当他回到日本准备重建共产党时，不幸被捕入狱。出狱后，他逃回上海，后来再次被捕，并被带回日本。在狱中，他最终背叛了共产主义，这大大震惊了日本的马克思主义团体。作为佐野的强劲对手，福本和夫强调理论比实践和经验更加重要。1929 年，佐野在监狱里写了一篇报告，描述了他对中国共产主义运动的观察。

根据佐野的描述，中国共产党完全不同于苏联共产党。中国共产党当前的首要任务不是革命本身，而是协调党内关系，这表明党内面临的严重问题是官僚主义和指挥权斗争。虽然佐野承认中国共产党在推动农村土地改革、制定战术及动员群众方面取得巨大成就，但他并不认为毛泽东是个完人。相反，他认为毛泽东在政治决策上也时常犯错，这是由于他出身偏僻乡村，与世界缺乏真实的交流。因为莫斯科希望与日本保持良好的外交关系，共产国际和东亚红色工会国际之间的关系并非十分友好。佐野还补充说，由于日本帝国主义的灭亡意味着中国共产党与日本共产党共同的胜利，因此两者的合作被认为是理所当然的，然而共产国际的文件里从来没有提到过这两个政党之间的关系。1929 年，佐野在狱中忏悔时，向日本政府描述了早期中国共产党与苏联之间出现的紧张关系。后来，他向日本政府提供了更多关于中国共产党的重要情报。

莫斯科一直支持蒋介石领导的国民党，而国民党与共产党势不两立，这一点进一步证实了以上说法。全世界都知道苏联支持的是蒋介石而不是毛泽东，它认为蒋介石才是孙中山的合法继承人。1922 年 1 月，远东劳苦人民大会第一次代表大会在莫斯科举行，来自中国、印度、印度尼西亚、日本、朝鲜、蒙古、西伯利亚的代表参加了这次大会，并通过了一项决议：中国革命运动的第一阶段应该是民主运动而非无产阶级运动，中国共产党应该积极协助国民党对抗封建军阀。只有当国民党领导民主革命取得胜利后，无产阶级才能发动第二阶段的斗争，联合贫农共同对抗资产阶级。

日本媒体为讨论中国与苏联之间的国际政治提供了一个公共平台，帮助分析苏联、国民党与中国共产党之间的三角政治。在中日战争的早期阶段，专家们认为，中国共产党是任苏联摆布的一颗棋子。1938 年 10 月 28 日，张鼓峰事件结束两个月后，报知新闻社刊登了一篇题为《中日战争时期苏联应该放弃对日本的敌视态度》的社论。该社论对苏联热情帮助中国共产党领导的军队并试图将中国西北地区发展为共产主义统治区的行为提出质疑。社论认为，如果苏联继续干涉，将不利于解决苏日边界争端，最终损害苏日之间的外交关系。1940 年 2 月 10 日，诺门坎战役 5 个月后，每日新闻社刊登一篇社论，抗议苏联不断向中国共产党供应大量的武器，使得中国共产党抗战能力不断增强。该社论对在中日战争背景下日本无法操纵苏联的事实流露出一种挫败感，但它暗示，只要苏联为与日本建立更好的外交关系而不再援助中国共产党，苏联就依旧会保有日本对它的信赖。其他主要杂志也刊登了类似文章，都认为苏联对中国共产党的援助是中国走向和平的最大障碍。

《改造》杂志公然质疑毛泽东与斯大林的关系，并极力拆穿“共产主义阵营是个庞然大物”的神话。1937 年 6 月，《改造》杂志刊登了毛泽东与斯诺的采访记录，特别报道了毛泽东风趣幽默地否认中国共产党会放任中国变成苏联的殖民地。毛泽东认为，只要共产主义意识形态有利于激发抗日战争中的中国民族主义精神，那么中国人民就会与苏联人民共同携手与法西斯作斗争。毛泽东向斯诺解释说，苏联关注中国从本质上说仍旧是出于实际和战略的考虑。倘若日本侵占中国，苏联绝不会袖手旁观，它绝不会容忍中国成为日本进一步入侵苏联的前哨基地。毛泽东认为，单凭这个原因，苏联一定会介入中日战争。言外之意是，苏联前来援助中国共产党不完全是为了实现在全世界进行共产主义革命的目标。这次访谈中，毛泽东似乎已经和莫斯科保持了一定的距离。他声称，中国共产党和莫斯科不会单纯地因为意识形态的原因而自动地、无条件地联合起来。

莫斯科为何介入中国以及这种介入的真实原因是什么？这始终是一个悬而未决的问题。1937 年 8 月，《改造》杂志刊登了首相近卫文麿的一篇文章。该文章推测，莫斯科不会迅速出动军队帮助中国阻止日军侵占华北。1938 年 3 月，《改造》杂志上刊登的一篇评论文章认为，苏联并没有明确的对华政策。文章提出，只要斯大林政权忙于应对国内政治和经济濒临崩溃的困境，它就没能力去干预其他国家。但该评论的作者也警告说，只要苏联的生产水平有所提高，并解决了少数民族的问题，对国家实力足够自信，那么它将会在远东地区再次活跃起来。那些关注莫斯科在中国战略利益的人怀疑，虽然苏联与中国共产党并不那么亲密，但出于对自身利益的考虑，它依然会对中国进行干涉。由于莫斯科密切关注着英国在远东地区的政策，苏联甚至有理由与英国合作，以便共同阻止日本对中国进一步侵略。

日本观察者也在思考莫斯科与中国共产党之间的关系是否牢固持久，甚至怀疑莫斯科是否有意支持国民党。他们怀疑莫斯科是想挑起国共两党之间的内战，借此机会扩大自己在中国的利益。1937 年 11 月，《改造》杂志刊登的一篇文章直言不讳地指出，斯大林与蒋介石握手仅仅出于战略上的考虑：阻止日军进入亚洲大陆威胁苏联的利益。自

1937 年秋天以来，《改造》杂志刊登的不少文章都认为，尽管莫斯科支持蒋介石，然而国共两党建立统一战线缺乏慎重考虑。从长远来说，国共统一战线仅利于毛泽东在政治斗争中取得胜利。其中的道理很简单：只有蒋介石不再反对共产主义，才有可能建立统一战线。那么在这种条件下结成的联盟会致使蒋介石向毛泽东投降，从而最终向苏联投降。因此，国共统一战线的建立，意味着蒋介石没有任何机会在一个走向独立的中国取得胜利。1937 年 8 月 21 日，在南京签署的《中苏互不侵犯条约》证明了这种可能性。该条约保证苏联向参加抗日战争的国民党提供军火，与此同时对国民党严格限制，规定蒋介石至少五年内不允许单方面开展任何政治活动。由于无法与日本达成任何反共协定，蒋介石只能在这场抗日战争的泥潭中越陷越深，眼睁睁地看着共产主义在全国发展壮大。几位日本分析家认为，蒋介石选择与莫斯科结盟无异于自我毁灭，这样做只会迫使他渐渐走上穷途末路，并最终为毛泽东创造有利条件。

与蒋介石相比，虽然莫斯科认为与毛泽东结盟更加符合其利益，但这并不保证中国一定会成为一个照搬苏联模式的共产主义国家。一位当代日本分析家解释了其中的原因：

> 自 19 世纪初以来，中国一直处于半殖民地状态。在中国建立共产主义国家，必须着眼于这一特殊的历史环境。甚至可以认为，即使斯大林继续支持蒋介石，毛泽东依然会取得最终胜利，并让斯大林陷入困境。

1939 年诺门坎事件之后，日本和苏联恢复邦交，但苏联仍在日本疏于控制的新疆和内蒙古地区加强了干涉。日本预测中国共产党会借此机会将势力范围扩展到陕甘宁地区，最终进入新疆，但毛泽东显然没有被苏日关系表面上的缓和所迷惑。《改造》杂志刊登的另一篇毛泽东与埃德加·斯诺的采访记录中，毛泽东表示，莫斯科与日本重新建立贸易关系并不意味着苏联纵容日本侵华。当提及美国将继续向日本出口战略物资时，毛泽东对此不以为然。他认为，最重要的是美国是否最终在帝国主义战争，即第二次世界大战中保持坚定的立场。毛泽东用这样的方式提醒斯诺：1939 年 8 月，苏联与纳粹德国缔结了有着决定意义的《苏德互不侵犯条约》。他委婉地补道：该条约至少让斯大林将希特勒“收入囊中”。

不仅普通民众对此议论纷纷，就连日本军方和政府也在怀疑中国共产党是否是苏联的一颗卫星，是否是莫斯科制定的世界革命计划的一部分。1938 年，在一篇有关八路军的报告中，东京日本内阁情报局将中国共产党定性为共产国际的中国分支。1939 年 3 月的一份报告推测，在这场意识形态战争中，日本之所以远远落后于中国共产党，是因为苏联在幕后为中国共产党出谋划策。该报告甚至声称，当前的意识形态战争，即日本泛亚主义对战中国共产主义，实际上是日本与苏联之间的战争。莫斯科早已指示中国共产党向日本士兵灌输共产主义思想，共产国际可能希望通过此次战争为将来在日本进行的共产主义革命做好铺垫。

日本陆军曾一度怀疑中国共产党的军事战略可能是在莫斯科的指示下制定的。1938 年秋，日本华北方面军司令部断定，驻扎在陕西省北部的中国共产党军队已经收到苏联方面的直接指示，要求他们配合驻扎在陕西省北部的另外一支中国共产党军队的军事行动。

日本华北方面军司令部对中苏的宣传活动进行了研究，并于 1939 年 4 月发布了一份长达 52 页的绝密报告。6 年后，近卫文麿的备忘录得出了同样的结论：当前中日战争是一场日本与苏联之间的意识形态战争，苏联应该对中国不断扩大的战争负责。该报告预测，随着中国各地建立越来越多的苏区，苏联会进一步加大对在华日军的进攻力度。该报告还警告称，更为重要的是，苏联试图将革命思想灌输给在华的日本殖民者、士兵，以及日本人统治下的中国台湾人和朝鲜人。苏联企图推翻日本帝国，并设法在整个东亚地区发动共产主义革命。为了阻止苏联的这类企图，日本应该主动开展反对共产主义的意识形态宣传。当时，日本华北方面军尚未断定中国共产主义是民族主义和反帝国主义的一种独特的结合。

之前提到的一份关于中国共产党宣传活动的绝密册子公布于 1940 年 4 月，该册子也提到了日本对抗苏联的意识形态战争，建议日本密切关注苏联公民及在华的反布尔什维克的俄国白人，以防他们进行任何针对日本的颠覆活动。此外，日本应发动一次宣传战，揭露苏联和中国共产党的“邪恶阴谋”。该秘报认为，应该让中国人民知道，只有消灭中国共产党，才能阻止苏联最终占领中国，才能保持中国的主权和领土完整。

随着日本领导人越来越确信中国共产党首先代表的是中国的民族主义，他们很快开始怀疑军方的以上说法。直到签订《苏日中立条约》，日本政府和军方才最终认定莫斯科与延安之间关系紧张。

1940 年 3 月，东京日本内阁情报局发行了一本关于苏联和共产主义国际动态的小册子。册子表明，中国共产党不再被看作任凭苏联摆布的棋子。该册子引用可能是通过情报活动从国民党处获得的信息，称中共内部派系之间的矛盾越来越激烈，并解释说，部分原因是毛泽东对苏联心怀怨恨。报告称毛泽东为典型的“正统派”理论家，他为党组织尽心尽力，赢得了党组织成员的信赖和信心。

尽管毛泽东日益上升的政治地位不断面临挑战，但他将凭借自己的军事领导才能，继续在中国共产党领导团队中稳步高升。他的第一个挑战者是“张国焘派系”（或清算派系），但这个派系在张国焘提出“国共合作”这个冒失的提议后不久便解散了。其次是“周恩来派系”（或“元老派”），其中包括周恩来在黄埔军校的同学及他在法国结识的同志，但该派的影响力在逐渐下降。

最后，毛泽东最大的挑战是由约20位高层干部构成的“亲苏派系”，他们都是曾经在苏联学习过的杰出党员。他们取得了莫斯科共产国际的信任，并且听从苏联的指示，自愿与国民党成员密切合作。如今他们正在培养各自的支持者，使后者将来成为执行委员，并选派其中一些人作为他们的政治代表，加入到红军队伍中。如此一来，他们很有可能对毛泽东的军事地位构成挑战。这个派别背后有莫斯科方面的支持，而且智力超群，力量不可小觑。日本内阁情报局预测，毛泽东与斯大林之间的关系因此会变得更加错综复杂。

7个月后，也就是1940年10月，日本华北方面军司令部发布的最高军事秘密报告敦促重新定义中国共产党，把它当作一个独立代表，而不是一个由苏联创造的傀儡政权。

据说，该报告引用了斯大林在1939年7月的一次大会上无意中发表的一番“轻率的”言论：“（我们的计划是）把外蒙古作为根据地，由此推动伪满洲国和朝鲜的革命，并把新疆作为中国中部地区的革命根据地。”尽管没有足够的证据来证实这番言论，然而密报表明，或许中国共产党根本不是对莫斯科的指示言听计从。它提出了许多关于中国共产党性质的问题。

譬如，中国共产党会配合外蒙古、朝鲜和伪满洲国的国际共产主义势力吗？中国共产党有没有发动不同性质的军事行动，来扩大自身的势力范围，以实现最终统一中国的目标呢？如果答案是肯定的，中国共产党则有可能协助苏联向这些地区扩张，但对于苏联在国共两党内战中向国民党军队提供武器，而在抗日战争中仅对中国共产党军队提供非常少的武器的事实，中国共产党又是如何应对的呢？因此，该密报敦促有关部门仔细调查苏联没有向中国共产党提供足够的军事援助的战略原因。

“佐尔格间谍组织”与“大陆跨越计划”

日本与美国开战时，日本军事和政府部门已确信毛泽东与斯大林之间没有好感。而且他们确信，签订《苏日中立条约》后，虽然日本与苏联恢复邦交，但中国共产党决不会因此认为日本已经向苏联妥协，赞同由共产党来统治日本与东亚。

正好这个时候，日本方面开始镇压日本政府机构内部出现的中国共产党支持者。1941 年 4 月，负责制定战时各项政策的内阁企画院中，17 人因支持共产主义而被捕。1941 年 11 月，“合作社事件”接踵而来。1942 年 9 月～1943 年 7 月，佐藤大四郎和 44 位与他有密切关系的南满洲铁道株式会社研究部研究人员被捕。1941 年 10 月，尾崎秀实因参与“佐尔格间谍组织”而被捕。继他之后，1942 年 6 月，另一位杰出的中国问题专家中西勉被捕，原因是他收集支那远征军高级情报之后，连同他做出的分析一起交给了中国共产党。1942 年 9 月，横滨事件之后，《改造》杂志的总编辑辞职，从此该杂志不再发表有关中国共产党的文章，仅仅对中日战争中国民党的情况加以报导，一直持续到 1944 年 7 月该杂志停刊。1942 年 12 月，帝国大本营于向所有在华的日本军人分发了一份备忘录，指示所有人密切监视日本军队内部所有看似有共产主义倾向的士兵，无论级别高低。

除了反美战争，日本军队在华最高军事目标是消灭与英美正式结盟的国民党政权，但日本政府内部希望与蒋介石通过外交途径来解决双方的矛盾。1940 年 3 月，日本政府扶持以国民党前任领导人汪精卫为首的南京傀儡政权，以此替代迁往重庆的蒋介石政权。1942 年 2 月，应日本驻华大使重光葵的"邀请"，南京政府同意派使者代表日本去重庆进行和平谈判。尽管日本政府知道蒋介石不会愿意与日本进行和平谈判，但它仍然继续通过南京政权试图与蒋介石达成外交和解。1942年12月召开的帝国会议决定废除不平等体制，与南京政府建立平等的合作伙伴关系。1943年1月，南京政府对英美宣战后，日本政府宣布愿意废除治外法权，并向中国归还租借地。这些和解政策的目的都是为了让国民党政权向南京傀儡政权妥协，为中日之间的和平之路做铺垫，从而最终实现日本和英美国家之间的和解。1943年9月，日本政府委托南京政权开展一次针对国民党的"政治和平行动"，南京政权的主要政治人物通过多种渠道，与国民党政权开展直接或间接的个人对话。然而，一切努力都是白费。

1944年4月，日本军方发起了"一号作战计划"，又名"大陆跨越计划"，大规模袭击美军在湖南省的空军基地，美军则通过该基地派遣轰炸机对日本主要城市发起空袭。1944年12月，日本凭借62万大军发动进攻，赢得一连串胜利，威胁到中国—缅甸—印度战场，大大削弱了蒋介石在政治和军事上的公信力。但1944年7月，日本塞班岛沦陷，日军在中国取得的一系列胜利成为泡影。新上任的内阁首相小矶国昭考虑恢复与国民党政权的和平谈判。这次的代表是一位名叫缪斌的权力掮客。缪斌居住在上海，与国民党和日本有着密切联系和往来。1944年7月，缪斌开始行动。1945年2月，一位日本联络员向日本政府提交了缪斌的提议，指出只要日本政府满足以下三个条件，重庆与东京之间有可能达成和解：立即解散南京傀儡政权；国民党政权从重庆迁到南京；日本从中国撤军。只有满足了这些条件，国民党才会考虑提议日英美三国达成和解。外务大臣重光葵、陆军大臣杉山元、海军大臣米内光政和陆军参谋总长梅津美治郎一致反对缪斌提出的和平议案，认为那样风险太大。1945年4月，美国攻击日本冲绳岛仅仅两天后，缪斌行动被迫中止。日本与国民党之间的这段外交插曲就这样无果而终。

缪斌行动期间，日本政府和帝国大本营继续关注中国共产党，并最终在外交上承认中国共产党成立的延安政权。太平洋战争早期，日本政府和帝国大本营大肆镇压国内共产党员，并对中国共产党进行密切监控。他们特别注意到中国共产党开始疏远苏联。在军队和政府的支持下，南满洲铁道株式会社研究部继续出版机构内部的研究成果，同时翻译出版西方学者关于中国共产党的研究成果。

1942 年 5 月，一份由日本驻上海总领事堀内干城提供的密报送到了当时的外务大臣东乡茂德手中。日本驻上海总领事馆曾开展一项专门的调查，试图查明毛泽东开展“整风运动”的目的。整风运动通过强化教育，让共产党统治区域的人民认识到社会主义革命的必要性。这项专门的调查发现，整风运动不仅向人民灌输必须反抗日本和国民党，从而统一全中国的思想，还试图借此清除中国共产党内部所谓的亲苏主义者。毛泽东严厉批评一些共产主义精英分子自以为是地嘲笑当地领导人是“土包子”，不了解莫斯科方面的指导思想。王明是最典型的亲苏主义者，他在共产国际的支持下，与毛泽东争夺中国共产党的领导权。因为共产国际一直不喜欢毛泽东，更喜欢像王明这种盲目服从和执行共产国际命令的人，毛泽东成功地打击王明后，中国共产党内部的亲苏主义者意识到他们没有机会扩大自己的实力。这份密报提到，整风运动显示出毛泽东下定决心粉碎亲苏主义者的野心，巩固自己的政党领袖地位。报告的结论是，当毛泽东最终赢得共产党的独立地位时，苏联不但不会谴责毛泽东，相反，也许不得不承认他是个天才。这一结论显然是在称赞毛泽东。

1942 年 8 月 27 日，另一份由日本驻牡丹江领事馆提供的绝密报告送达位于东京的日本外务省，进一步证实了莫斯科和中国共产党之间的紧张关系。一旦苏联与日本开战，莫斯科和伪满洲国的共产主义势力之间的联络可能会被切断。如果出现这种情况，共产国际将很可能要求中国共产党在大兴安岭建立附属基地，并允许苏联军队使用中国共产党的现有基地。即使这种设想成为现实，苏联军队也难以得到中国共产党的援助，因为恶劣的生存环境和党内阴谋已经使它对苏联不再抱有任何幻想。密报认为，没有合理的证据证明共产国际能够有效地调用伪满洲国南部和中国北部的中国共产党员。果然，到了1943年5月，也就是9个月后，为了巩固大联盟，斯大林宣布解散共产国际。至此，日本对共产主义可能接管东亚的最后一丝担忧也就不复存在了。

毛泽东认为共产国际的解散是一件大事，呼吁各国加强国内共产党的建设。他重申自己的信条：任何国家的革命运动既不能完全照搬他国的模式，也不能完全向他国强加自己的模式。毛泽东宣称，尽管中国共产党得到了共产国际的援助，但其诞生与发展应归功于觉醒的中国工人阶级。换言之，他认为，中国共产党不是由莫斯科，而是由中国工人阶级自己创建的。

1944年，日军在豫湘桂会战中攻陷了国统区大部分地区，但中国共产党对日军发起了更深入的游击战，开展地下组织的抗日活动。日本华北方面军不得不重新重视他们早在5年前就已经意识到的真相：中国共产党不仅从政治和军事上成功地动员了广大人民群众，而且有效地提高了农业生产力，进一步开展整风运动，通过宣传使民众得到教育。甚至日本东京的情报参谋林三郎都承认，中国农民游击队发动战争的能力远远超出了日军的想象。如今，更加明智的战略是放弃“歼灭敌人”，认真考虑之前提出的“赢得民心”。参谋总长声称，要赢得民心，仅仅依靠粉碎中国共产党的军队是不够的。虽然看起来有些消极被动，但对付中国共产党的最好办法，既不是发动战争，也不是宣扬泛亚主义，而是掌握中国共产党的政治和经济基础，弄清楚中国人民为何拥护共产党。不久，日本正式承认中国共产党在内战中占据优势。1944 年 4 月，近藤康男被东京帝国大学解雇 8 个月后，被任命为东亚研究所高级研究员。他因 1939 年出版的作品《过渡时期的农业》（*Tenkan-ki no nōgyō*）而被解雇，该作品指责日本没有通过制定类似于中国共产党农业纲领的方案来解决本国土地私有制带来的问题。

那时，日本华北方面军和帝国大本营的陆军参谋部战争指导班已断定，中国共产党的确是一个独立于国民党政权的政治实体，而日本应该支持中国共产党。

6 月初，日本在豫湘桂战役中取得胜利，占据了北京至武汉的铁路，摧毁了美国在湖南省的空军基地，靠近日本控制下的印度支那（印度支那一般特指属于原法国殖民地的越南、老挝、柬埔寨三国。广义的印度支那半岛即中南半岛，包括越南、老挝、柬埔寨、泰国、缅甸、马来西亚的马来亚部分和新加坡。——译者注）。之后，帝国大本营立刻做出重大的政治转变，进一步削弱国民党。参谋次长秦彦三郎中将命令陆军参谋部战争指导班成员种村佐孝大佐和田中敬二中佐共同起草一份有关如何改善日本与中国共产党之间的关系的方案。计划草案的名称为《中国行动和政府公告的附带宣传计划纲要》，草案最初获得日本陆军参谋次长东条英机的批准，之后又得到了帝国大本营和最高战争指导会议的前身大本营政府联络会议的认可。尽管陆军和海军的几个参谋批评这份草案背离了最初的对华方针，但外务大臣重光葵支持这一方案。

1944 年 7 月 3 日，帝国大本营和政府联络会议正式将此方案列为一项政策，表明日本政府内部在对中国共产党的政策上意见一致。从此，日本承认中国共产党的延安政权，不再给共产主义贴上有损其形象的标签，甚至停止随随便便地将“中国共产党”简称为“中共”。

陆军元帅、陆军第二方面军司令畑俊六与其他一些领导人一样，对新的延安政策倍感困惑。7 月 8 日，他在日记中写道，他知道制定这项新的延安政策是为了赢得中国人民的拥护，鼓励他们与日本合作共建大东亚共荣圈。他推测，这是政府示好苏联的一次简单的尝试。帝国大本营和政府联络会议曾解释说，新延安政策能阻止国民党、共产党、英国、美国和苏联组建反日联盟。战争已经到了那个阶段，畑俊六等人仍然将莫斯科与延安之间的团结合作看作理所当然。8 月 21 日，他在日志中写道，日本在中国战场的局势不断恶化，迫使东京采用各种可能的手段来安抚苏联。还有一些军队内部人士认为，延安政策是一种亲苏行为，是为了实现更大规模的和平行动。在这次和平行动中，日本希望通过莫斯科与美国达成和解。田中敬二中佐在他的回忆录中写道，这项新延安政策不仅仅是为了赢得毛泽东的支持。一旦毛泽东站在日本这边，日本将要求毛泽东请苏联外长维亚切斯拉夫·莫洛托夫出面斡旋，以促成日本和美国之间的和解。

在承认延安政权前后发生的许多事情，说明其中暗藏玄机。为了制定出对付中国共产党的良计，帝国大本营释放佐野学，并派他到上海暗中调查中国共产党。1944 年 3 月中旬，佐野学回到日本，向帝国大本营的陆军参谋本部讲述了中国共产党的现状，其中包括它与美国越来越频繁的接触。日本外交大臣很快得知这个消息。

据说，1944 年 2 月，陆军派出另一位曾经的日本共产党早期领袖锅山贞亲到北京观察中国共产党的活动。他于 4 月回到东京，向军队简明扼要地描述中国共产党是一个独立的新政权。虽然锅山贞亲解释说，中国共产党依然受到莫斯科的影响，但它的意识形态十分微妙，不能算是真正的共产主义。

1944 年 8 月 10 日，继 7 月 3 日政府联络会议公开宣布承认延安政权之后，帝国大本营与日本华北方面军司令部共同商议，宣布日军将中国共产党视为延安政权，并承认其独立于国民党的地方政府的地位。他们宣布，停止使用“反共产主义”（简称为“反共”）和“毁灭共产主义”（简称为“灭共”）之类的口号。宣告解释说，这项新政策将安抚中国共产党，并加深共产党与国民党之间的矛盾，离间中国共产党与美国、英国和苏联结成的抗日联盟。

延安政策的解释非常笼统，这似乎隐藏着另一个目的。帝国大本营在后续附加的评论中说到，延安政权在政治上实际已经成为一个独立的政权，思想上已经从共产主义“蜕变”成为民族主义。这清晰地阐明了帝国大本营对中国共产党的认识。在帝国大本营看来，中国共产党的革命目标是实现民族主义，而不是共产主义，因此它与莫斯科的目标并不一致。为了促进中国工业化的快速发展，国民党被迫与西方列强签订诸多不平等条约，纵容它们在中国耀武扬威。然而，更加注重民族主义的中国共产党对此忍耐度有限。承认延安政权的新政策，意味着帝国大本营已经深刻认识到，中国共产党有能力让中国人民和亚洲人民自己管理自己。

随后，外务省在草案中提议专门与苏联开展外交谈判。这一草案提议使得日本对苏联和中国的政策发挥了协同作用。

1944 年 9 月 4 日，外务大臣重光葵向最高战争指导会议罗列出了一系列日本可能与苏联讨论的问题，同时提出了许多针对这些问题的解决建议。3 天后，来自外务省某部门的匿名官员向最高战争指导会议提交了一份表格，其中提到如果苏联采取有利于日本的行动，日本可能向苏联做出哪些让步。在六种假设的情形中，外务省提议，日本应当认识到，苏联的影响蔓延至包括中国在内的东亚日本势力范围。更为诱人的是，如果苏联同意强化与日本的中立关系或者愿意出面斡旋以促成日本与国民党之间的和解，外务省甚至建议支持延安政权。尽管外务省担心苏联会进攻日本，但它意识到苏联与延安的关系变得日益紧张。东京承认延安政权只是向莫斯科假装示好，但可能使莫斯科担心和怀疑日本到底对苏联和延安的关系了解多少。1944 年 9 月，日本驻莫斯科大使佐藤尚武会见了苏联外务大臣莫洛托夫，后者显然对中国这个话题感到忐忑不安。他告诉佐藤，苏联将继续保持不干涉中国的政策，并继续保持与国民党的关系。

畑俊六最初认为，新延安政策是在战时外交中为了获得苏联支持而采取的一个不明智的策略，后来才知道中国共产党所处的国际政治环境非常复杂。

1944 年 11 月 3 日，畑俊六在日记中写道他对美苏关系的最新认识，认为未来美国与苏联之间的冲突是不可避免的。他断定苏联对中国提供的援助完全是物质上的，而非思想上的。1944 年 11 月 7 日，大东亚联合声明发布一周年纪念日的第二天，外务大臣重光葵在莫斯科致电佐藤大使，告知日本已经承认中国共产党的延安政权。就在一天前，日本政府得知，斯大林在十月革命周年纪念的讲话上把日本称作侵略者。因此，日本承认延安政权，可能是想向苏联表示，日本将支持一个不受苏联影响的、能自力更生的、统一的中国。

在 11 月 7 日的同一份电报中，重光葵指示大使佐藤转告苏联政府，日本泛亚主义全力“支持”苏联政府解放大东亚被压迫民族的原则。倘若苏联信守承诺，为被压迫民族争取自由与独立，那么只要中国共产党是中国取得独立和实现民族主义的先锋，苏联就不可能干涉中国及亚洲其他地区。重光葵既承认中国共产党的独立政权，又认同苏联关于民族独立的原则，因此不能被看作亲共分子。即使这个时候日本战败已是大势所趋，这两份电报分别发往延安和莫斯科，似乎是为了促成该地区的权力平衡。

如今，日本政府相信，中国共产党在实现中华复兴的同时，会与苏联和美国保持一定的距离。日本与苏联签订的中立条约可以使英美势力远离亚洲，而与中国共产党恢复友好关系，反过来可以遏制苏联在中国的野心，在东亚创造权力平衡的理想状态。这样，中日战争与太平洋战争同时进行，共同构成了更大的“欧亚—太平洋战争”。

第 4 章
朝鲜：太平洋与欧亚大陆的战略通道

在长达 30 余年的时间里，朝鲜半岛是日本的囊中物，“欧亚—太平洋”战争爆发后，日本一度气势凌人，可当形势逆转后，日本突然发现，世界强权不仅想打垮自己，更打算瓜分其庞大的帝国。1944 年，它们已经毫无顾忌的“侵入”了朝鲜半岛……

对“欧亚—太平洋战争”中的美苏争霸，日本重点关注它们与日本殖民地之间的联系，尤其是朝鲜。最终，朝鲜半岛并没有爆发战争。然而，当日本决策者们思考战后日本如何幸存时，他们把战略焦点集中在朝鲜的战后地位问题上。

对日朝一体化的“和平试探”

虽然朝鲜是连接太平洋和欧亚大陆的战略通道，但有关日本的“二战”研究很少涉及它。即使 1943 年的《开罗宣言》明确提到同盟国决定击退日本侵略者，摧毁其殖民帝国，太平洋战争叙事也未能给予日本殖民主义足够的重视。毕竟，除了由日本南洋厅（南洋厅是根据《凡尔赛条约》，日本在其委任统治的南洋群岛上设置的行政机关。所在地为帕劳群岛的科罗尔岛。设立于 1922 年，1945 年在事实上消灭。——

译者注）委托管辖的塞班岛和天宁岛等小岛外，美国很少在南太平洋的军事行动中直接“解放”日本殖民地。朝鲜虽不是战场，但它处于中日战争和太平洋战争的交汇处，占据很重要的战略地位。所以，只有纵观整个“欧亚—太平洋战争”，才能凸显朝鲜的重要性。

20 世纪早期，朝鲜半岛成为日本的粮食基地，并在朝鲜北部建立重工业区，计划与伪满洲国联成一体。同时，朝鲜是日本大陆军事行动的后勤基地。1937 年中日战争爆发后，朝鲜总督立即向朝鲜人民强行灌输“日朝一体化”的思想：朝鲜将成为日本不可分割的一部分，朝鲜人也将相信祖国的命运掌握在日本手中。太平洋战争爆发后，《苏日中立条约》的签订让日本不用担心朝鲜会遭受来自北方的攻击。随着日本在太平洋战争中的败局开始显露，日本军方将朝鲜纳入军事防御带，以应对可能与美国进行的决战。如果日本向美国投降，它将请求保留自己的殖民地。由此可以看出，日本的“和平试探”显示了它牢牢控制朝鲜的外交决心。

朝鲜总督府和日本朝鲜军的机密研究和分析得出结论，20 世纪 30 年代早期开始推进的强行同化朝鲜和征兵政策背离了日朝一体化的精神。历史学家宫田节子认为，日本领导人虽然无知且自负，但他们知道日本帝国注定是失败。中国战场和太平洋战场日益恶化的情况放大了这种悲观的论调。尽管如此，日本领导者认为，朝鲜的民族主义运动不会带领朝鲜走向独立。相反，外国势力极有可能利用这一运动来强化他们在该地区的影响力。朝鲜民族主义者中共产主义者占多数，这使日本特别关注他们与莫斯科、国民党、中国共产党及华盛顿之间错综复杂的关系。

要明白朝鲜在“欧亚—太平洋战争”时期所处地位，关键是看日本如何评估苏联和中国对朝鲜半岛可能产生的影响。由于苏联与朝鲜接壤，日本一直密切关注苏联对其殖民统治的暗中干涉。和中国的情形一样，他们既不希望看到苏联在朝鲜的影响力变大，也不希望看到美国在朝鲜的势力变大。

在思考朝鲜半岛的未来时，日本重点关注国际社会如何争夺对朝鲜民族主义者的掌控，并设法推断日本在朝鲜的霸权地位消失后，新的区域秩序将是如何。只有将朝鲜归还给朝鲜人民，日本才最终完成其殖民使命。然而，由于缺乏沟通和交流，日本殖民主义者和朝鲜民族主义者之间的误会越来越深。

"一战"期间，随着日本跻身世界五大工业化强国，朝鲜也经历了全面的工业化，成功创建纺纱和织造公司、氮肥企业和石油公司等现代化企业。到 1936 年，朝鲜重工业占工业总产值的 28%，雇佣的朝鲜人超过 50 万。尽管日本最初并不鼓励朝鲜人接受高等教育，但是它很快意识到，高速的工业化需要大量技术工人。于是在 20 世纪 30 年代中期，日本殖民政府启动了一项提高职业技术教育质量的计划。多数朝鲜工程师只有中学文凭，但有 15% ~ 30% 的朝鲜工程师毕业于职业学校、专科学校或汉城帝国大学。太平洋战争前夕，朝鲜共有工程师 20 000 人左右，朝鲜人占据 1/3 以上。朝鲜青年认为，只有学习和适应日本文化才能在社会上取得成功，于是朝鲜人开始接受日本的学校教育。

1924 年，日本第六所帝国大学汉城帝国大学成立。从此，朝鲜工程师和技术人员有了大专或本科学历，开始走向重要工作岗位。与此同时，朝鲜资产阶级开始兴起，其中包括朝鲜最大的资产阶级——财阀，相当于日本的财团或企业集团。尽管存在社会结构性歧视带来的阻力，朝鲜人仍然与日本殖民者开始合办企业。至 20 世纪 40 年代初，朝鲜人的企业无处不在，从饮料、制药和碾米厂到战争时期开办的金属、化学品和纺织品加工及制造厂，涉及面相当广泛。

除了制造工业产品外，日本还需要朝鲜半岛的后勤工作。朝鲜工业的发展直接关系到中日战争前线日军食品和弹药的采购。平壤和仁川的军需工厂专门为伪满洲国的战争提供军火，朝鲜铁路的建设也支持了日本对华军事战略，每条铁路都是连接日本和中国的纽带。11 位朝鲜总督中，8 位是陆军大臣或陆军将领，这充分反映了日本对朝鲜的军事控制力度。在朝鲜，有武装警察 15 000 人，其中朝鲜人只占 1/3，防御能力相当于日军 1 个师。日本在朝鲜实施军事控制的中坚力量是日本朝鲜军，其总司令拥有与总督平等的权力。

尽管如此，"日朝一体化"（甲午战争至"二战"结束期间，日本政府以及学术界曾推动过的观点以及政策。该理论被日本帝国当局用于理证日本帝国政府在 19 世纪 90 年代在朝鲜所执行的殖民政策，及其后兼并朝鲜的作为。——译者注）的目标从未实现过。20 世纪 30 年代，朝鲜经济的大繁荣并没有让朝鲜人自愿接受同化，也未将他们变成大日本帝国的子民。工业化和城市化迫使朝鲜人民更加急切地寻找自身的现代认同。1934 年，总督宇垣一成在任期间（1931 ~ 1936 年），强迫殖民地学校教授日语、伦理学和历史。自 1935 年起，一项新政策强制学生和政府工作人员出席"神道仪式"。宇垣一成的继任者南次郎（1936 ~ 1942 年）企图加速朝鲜同化的进程。1939 年，南次郎颁布第 19 和 20 条法令，又称为"创氏改名"或"名称次序"法令，要求朝鲜人放弃自己的家族名称，采用日本姓名。截至 1944 年，约有 84% 的朝鲜人登记了日本姓氏。

日本统治者意识到了朝鲜人民的强烈抵触情绪。早在 1933 年 12 月，东京帝国大本营命令朝鲜军参谋部每半年提交一份关于朝鲜动向的秘密报告。到伪满洲国建立后，朝鲜的反抗事件暂时有所平缓。日本官员推测，朝鲜正准备选择与日方合作，以便从伪满洲国的繁荣发展中获利。1936 年，朝鲜军估计，大约有 23% 的朝鲜人是日本民族主义者，其中包括官僚、知识分子和学生，这些人是所谓的支持日本泛亚主义的朝方合作者。但有58%的朝鲜人仍然很容易受到反日宣传的影响，其中绝大多数是农民和工人。据朝鲜军解释，这部分朝鲜人不具备做出理性判断的能力。剩下19%的朝鲜人立场存疑，他们大多数受过教育，在公共场合假装接受日本的民族主义精神，但私下里是坚定的朝鲜民族主义者。他们蔑视日本在中国内地和伪满洲国的政策，将其视作侵略。他们隐藏对日本的敌视态度，知道时机还未成熟。这些人是危险的定时炸弹，而且数量正日益增多。

朝鲜军还发现，工人阶级觉醒运动在整个朝鲜愈演愈烈。随着军工业的蓬勃发展，朝鲜工人要求提高薪酬并改善工作条件，甚至试图发动同事。如果佃户的要求得不到妥善解决，占朝鲜人口80%的农民将参加朝鲜军所称的“动乱”。学生、青少年和基督徒中的左翼分子也是潜在的危险：1936年上半年，朝鲜军收到消息，一群朝鲜在职学生举行集会，抗议日本对朝鲜人民的歧视，要求对军国主义与资本主义社会进行改革。

消极被动的机会主义者

研究这些“反动分子”时，朝鲜军并没有笼统地将朝鲜左翼分子或共产主义者当成对日本统治的直接威胁，真正的麻烦来自于暗中支持朝鲜左翼分子的外国势力。1934年4月，由朝鲜军提交的一份绝密报告解释了苏联和中国共产党等外部力量为何能够影响朝鲜动乱的进程。该报告讥讽朝鲜在历史上曾经被汉族、蒙古和大和民族征服，轻蔑地断定朝鲜民族是消极被动的机会主义者。朝鲜人碌碌无为，总在等待一个改善其国际关系的有利时机。该密报称，一些朝鲜人也许在偷偷地幻想，英国或美国会战胜日本，并将独立作为一份意外奖励“赏给”朝鲜。

朝鲜在历史上曾是中国的附属国，加之朝鲜反抗日本殖民统治的方式，使得日本对朝鲜产生了以上偏见。19 世纪末，日本明治政府对朝鲜的“现代”野心直接威胁了中国在朝鲜的领主地位。

于是，在为寻找盟友的过程中，朝鲜政治家和知识分子中出现了亲日派和亲华派。日本在取得 1894 ~ 1895 年中日甲午海战的胜利之后，朝鲜国王转而向俄国寻求庇护，躲进汉城的俄国公使馆避难，直到 1897 年才露面。1904 ~ 1905 年的日俄战争中，日本击败俄国，并将朝鲜视作其殖民地。随后，美国承认了日本在朝鲜的地位。虽然朝鲜试图求助 1907 年举行的第二次海牙和平会议，希望得到国际司法部门的支持，但为时已晚。朝鲜代表甚至被剥夺参与诉讼的权利。现代朝鲜始终没有寻找到可靠的盟友，世界政治尔虞我诈，没有哪个国家会站在朝鲜一边。

尽管朝鲜民族主义运动愈演愈烈，但由于没能形成一个统一的组织，日本殖民者对此不以为然。从很早的时候开始，朝鲜民族主义者就不得不一边躲避日本的镇压，一边寻找外国盟友和支持者。后来，他们在俄国、伪满洲国、中国内地甚至美国开展民族主义运动。

1919 年，“三一运动”(1919 年 3 月 1 日处于日本殖民统治的朝鲜半岛爆发的一次大规模的民族解放运动。此次运动为朝鲜宗教界人士组成的“民族代表”发起，由开始的和平示威转化为人民起义，席卷整个朝鲜半岛。——译者注）遭到残酷镇压后，运动的主要领导人逃离朝鲜，并在世界各地建立临时的朝鲜政府：3 月下旬在符拉迪沃斯托克建立第一个临时政府；4 月初在上海的法国租界地建立第二个临时政府；4 月 21 日在汉城（今韩国首尔市）建立第三个临时政府。1919 年 9 月，所有临时政府合并为大韩民国临时政府，并于 11 月 4 日在上海召开第一次内阁会议。作为他们的指导者和支持者，中国国民党虽然不承认大韩民国临时政府，但要求它遵循孙中山先生的三民主义原则。由于无法将孙中山的教导与朝鲜的抗日斗争结合起来，上海的大韩民国临时政府变得奄奄一息。

共产主义支持下的朝鲜民族主义运动遭遇了相似的命运。在1919年召开的“巴黎和会”上，威尔逊自由主义对东亚“合作帝国主义”的纵容让朝鲜激进主义分子对其不再抱有幻想，转而将苏联当作反殖民反帝国主义运动的导师。认为上海大韩民国临时政府不够激进的朝鲜人纷纷加入共产主义队伍。与非共产主义者一样，他们也从来没有团结一致，各派都希望获得莫斯科的正式承认。

1921年，两个分别在伊尔库茨克和上海成立的独立团体甚至在西伯利亚发生武装冲突。共产国际随后指示朝鲜共产主义者在朝鲜建立统一战线。于是，1925年朝鲜共产党成立。

然而，1928年，共产国际批评朝鲜共产党未能将无产阶级革命与民族主义社会改良运动区分开来，他们必须完成以下任务：克服党派之争、扩大基层组织的活动、与民族主义者当中的温和派、中立派合作，以及最重要的是服从共产国际的指示。然而，与日本殖民统治作斗争并没有列入他们的近期目标。

尽管如此，朝鲜国内外共产主义者对日本的抵制仍在日益增多。1936年夏，一些伪满洲国军队的朝鲜士兵逃往苏联，抗议日本军官对朝鲜士兵的歧视。朝鲜军发现，朝鲜知识分子越来越躁动，许多人开始对日本人的行为进行马克思主义批判。另外，朝鲜人把1936年发生在日本的“二二六事件”（二二六事件，是指1936年2月26日发生于日本帝国的一次失败兵变，日本帝国陆军的部分“皇道派”青年军官率领数名士兵对政府及军方高级成员中的“统制派”意识形态对手与反对者进行刺杀，最终政变遭到扑灭。“皇道派”因此在军中影响力削减，而同时增加了日本帝国军队主流派领导人对日本政府的影响力。——译者注）看作日本资本主义衰落的标志和日本军队内部出现共产主义起义的先兆。1937 年中日战争爆发前夕，朝鲜军开始监视共产主义在各种运动中的影响，将其作为对朝鲜人思想系统研究的一部分，并每半年准备一份机密报告公布调查结果。每份报告 50 ~ 100 页不等，先用手写，然后油印出来，定期提交东京帝国大本营。所有保存下来的 1936 ~ 1940 年的报告重点分析了共产主义运动。对于其他运动，包括由民族主义者、右翼分子、工人、农民和学生发动的政治运动、反战运动和宗教运动，报告也都有研究。这些报告推测，多数运动都受到共产主义的影响。为了解共产主义思想对反战运动的影响，朝鲜军对朝鲜演讲、电影、戏剧作品、报纸文章甚至广告传单的一些语言表述方式和信息内容都进行了追踪调查。

1936 年上半年的密报表明，朝鲜共产主义者正试图恢复地下活动。期间，共有 906 名朝鲜共产主义者在 40 起不同的事件中被捕，被捕者大多是农民和工人。其中 26 起朝鲜共产主义运动导致 328 名朝鲜人被捕入狱，他们涉嫌参与创建共产主义基层组织或企图重组朝鲜共产党。密报以一贯贬低朝鲜人的方式指责朝鲜人民对共产主义的痴迷，指责他们没有认清共产主义的真面目。日本知识分子只是对共产主义的学术价值感兴趣，然而大多数文化程度和智商都不高的朝鲜人却被共产主义“为受压迫民族争取独立”的口号所吸引，从心底接受这种意识形态。日本的知识分子这样贬低他人以抬高自己的观点是嫉妒心使然，因为与日本泛亚主义不同，共产主义能满足广大朝鲜农民、工人、大学生和知识分子的需要。

日本对中国共产党进行了大量的调查研究，但朝鲜军没有以同样的方式去弄清楚朝鲜人民拥护共产主义的真正原因，只是一味寻找点燃朝鲜共产主义运动的外部因素。朝鲜军甚至怀疑，由朝鲜科学家、农民、工匠、商人和教师发起的非共产主义民族运动及组织都曾与海参崴、伪满洲国、上海、南京乃至北美的境外势力有瓜葛。可能影响朝鲜共产主义者的机构组织包括第三国际，赤色工会国际的附属机构——泛太平洋贸易联盟秘书处，日本共产党及中国共产党在伪满洲国和上海的各个派系。其中最具影响力的是苏联，其次是中国共产党。该报告认为，苏联和中国共产党偷偷向朝鲜派遣代表，大胆将朝鲜海外流亡者发起的运动带到朝鲜。朝鲜军怀疑，尽管苏联与日本的外交关系非常微妙，它正进一步加强对朝鲜共产主义运动的控制。

朝鲜军还密切监视朝鲜共产主义者在海外的各种活动。从共产主义者李钟一案便可看出连接日本和朝鲜共产主义运动的复杂网络。李钟组织东京世田谷区的朝鲜雇工成立工会，从日本逃回朝鲜后，因涉嫌组织农民成立工会，和一名汉城帝国大学的日本教授同时被捕。释放后，他回到日本，使用化名在一家工厂工作。然而，不久后他再次因为从事地下工作被捕。中国共产党同样利用伪满洲国和上海的朝鲜共产主义者，试图按照他们的设想将朝鲜和伪满洲国变成共产主义统治区域。就连日语俱乐部、发明家协会和朝鲜农产品协会这样的组织也未能逃过朝鲜军的怀疑。

随着时间的推移，更多朝鲜民族主义者期待日本和苏联之间爆发战争。他们相信，苏联会赢得战争，而日本必将失败，那将意味着东亚黄金时代的到来，以及中国和朝鲜人民的自由解放。一些非共产主义的民族主义者希望英美进一步孤立日本，同时也盼望看到苏联与日本开战，因为他们觉得苏日开战将为伪满洲国或朝鲜的反日运动创造有利条件。

1936 年，抗日亲苏的舆论及标语在朝鲜满天飞。朝鲜军密报记录的所有谣言中，只有一份简要提及美国：一首短诗在京畿道地区富裕的老绅士中流传开来，暗示美日一旦开战，美国必然获胜。其他所有传言都重点提到苏联。1936 年 1 月，在列宁逝世 12 周年纪念日上，釜山火车站某个公共厕所墙上写着：

作为青年共产主义者，我们将庆祝列宁纪念日；世界上所有共产党团结在红色旗帜下；打倒日本帝国主义；为列宁纪念日欢呼！

2 月，釜山公共市场附近的厕所墙壁上的涂鸦写着：

日苏战争即将爆发，所有朝鲜人民将团结起来奋起反抗（日本）。3 月 1 日即将到来，让我们高呼朝鲜独立。

1936 年，苏日战争将在年内爆发的谣言传得沸沸扬扬，遍及整个朝鲜半岛。

庆尚南道和庆尚北道的朝鲜人民私下议论：尽管在中国华北遭受重重压力，日本仍不顾后果地密谋发动“二战”，如果日本、伪满洲国与苏联开战，日本必将战败。

京畿道汉城地区附近的居民抱怨说，1 年之内日本将会与苏美联军开战，因此他们必须开始攒钱以应对紧急情况。

在江原道地区，一个 50 岁的小贩对几个当地人说：最近伪满洲国在边境与苏联发生军事冲突，说明苏日战争即将拉开帷幕；一旦“二战”爆发，日本将不得不与整个世界为敌，因此日本正准备征募朝鲜男子入伍。

忠清南道和庆尚南道地区的居民推测，日本军队中的反叛者发动“二二六事件”，目的是为了扫除对苏战争的障碍。

在全罗北道地区有传言称，日本海军正在考察木浦港口，目的是为了将木浦港口变成为苏日战争期间的一个交通枢纽。

许多朝鲜人对战争焦虑不安。一些人害怕日军征募朝鲜青年入伍，另外一些人则议论朝鲜半岛在东亚主战区后将沦为一片废墟。人们认为，即使日本战败，朝鲜的命运仍是一个未知数。朝鲜可能会成为苏联的保护国，而非独立国。尽管人们对苏日战争普遍抱有悲观态度，但其中仍潜藏着某些希望，因为战争将会打破朝鲜的现状。1937 年 7 月中日战争爆发后，朝鲜军逮捕了一名朝鲜人，因为他说：

> 无论日本如何加强自身军事实力，都绝不可能赢得同时与中国和苏联双线作战的胜利。日本应该努力与中国和平相处，而不是去追求一些不切实际的目标。

1939 年上半年，朝鲜有组织的共产主义运动开始减少，运动的领导者们要么被捕，要么转变了意识形态。尽管如此，共产主义地下运动仍然很活跃。朝鲜学生组建了秘密组织，其他人则与国外的共产主义者保持联系。他们似乎都在等待最佳时机。1939 年 8 月的一份秘密报告记录了一些被逮捕的共产主义分子的情况，其中一位名叫朴仁灿，他散布谣言说中日战争将耗尽日本的财政收入，从而致使日本战败；还有一位名叫金正武的基督教牧师和共产主义者教育朝鲜的孩子们说：日本对华战争是自寻死路，日本战败将带来朝鲜共产主义的诞生。此外，报告还记录了 4 名试图前往苏联莫斯科共产主义大学报名而被捕的朝鲜青年。

这份报告还记录了金日成的下属在满洲和苏联的工作。日本当局对苏朝边境进行了严密监视，该地区是朝鲜共产党和苏联代表之间的联络点。朝鲜军发现，这一地带的共产主义活动越来越频繁。1939 年 2 月，一位受苏联代表指派的朝鲜人伪装成政治流亡者从符拉迪沃斯托克进入朝鲜境内后在罗先市被捕。同年 6 月，金日成的下属在伪满洲国被捕。他们偷偷来到伪满洲国境内，开展反战宣传活动，并组织朝鲜农民和工人结成联盟。朝鲜军报道称，在朝鲜和伪满洲国的边境地带，金日成派系的 4 名高级官员亲自会见了一些工人和农民，讨论如何重建红色工农联盟。

1939 ~ 1940 年，由于一些反对日本侵华战争的外国势力试图煽动朝鲜人民的反日情绪，跨越意识形态的反日运动愈演愈烈。当蒋介石考虑建立朝鲜民族主义者和国民党统一战线时，在华的朝鲜流亡者运动开始活跃起来。23 个居住在朝鲜的西方人收到来自田纳西州纳什维尔《世界前景》杂志的一篇文章，该文章谴责了日本对中国的侵略，并赞扬了蒋介石的抗日战争。黄海道一所中文学校的老师阴差阳错地收到一封信，据说这封信来自“日本关东军总部下属的反侵略战争（日本）士兵联盟”。由于害怕因涉嫌参与反战活动而被捕，该老师主动将信上交日本当局。这封信使朝鲜军意识到，一些日本人也许正在秘密潜入朝鲜，支持抗日运动。

朝鲜军 1940 年上半年递交的秘密报告长达 104 页，详细分析了共产主义运动。这些运动在朝鲜民族主义运动中发挥了至关重要的作用。朝鲜军断定，极端激进分子仍然积极地从事地下活动，时刻关注着风云变幻的国际关系。朝鲜军逮捕了许多社团成员，包括一家读书俱乐部的成员、一个由某报社编辑组织成立的秘密社团成员、一个青年农民学习团体成员及一个工农联盟成员甚至一个由汉城帝国大学学生组成的秘密团体成员。被捕的原因是他们刻意制造国内骚乱，希望藉此促使日本战败，实现朝鲜独立和共产主义革命。

朝鲜军发现，中日战争持续几年后，中国共产党不断加强对朝鲜共产主义活动的干预。情报显示，在中国共产党的指导下，朝鲜流亡者重新回到朝鲜，代表延安方面开展地下活动。他们主要宣传中国的苏区，吹捧苏联是朝鲜的典范。朝鲜军经过分析后断定，中国共产党找到了在朝鲜开展宣传活动的好时机。那时，日本军方开始为填补兵员在朝鲜人当中征兵入伍，这一举动重新点燃了朝鲜人民强烈的反战和反日情绪。位于京畿道的秘密共产主义团体“新民俱乐部”举例说明了朝鲜人民不但与中国共产党有联系，而且越来越支持中国共产党。该俱乐部的领导者是一家报社，另有 5 名成员。它还指责加入日本军队的朝鲜志愿者，称他们与侵华日军狼狈为奸，力劝朝鲜人不要自愿加入日本军队，因为那是在浪费自己的生命。它认为朝鲜反抗日本的唯一途径就是实现共产主义革命。

1940 年 3 月 22 日，日本驻华北警察机构召开了一次为期三天的会议。会议指出，朝鲜民族主义者和中国共产党之间的结盟令人不安，应引起高度重视。根据警察厅厅长的描述，朝鲜在中国战争前线的宣传手段越来越多。在中国的苏区，日本士兵和朝鲜义勇队带回大量有关朝鲜民族主义和共产主义的宣传单，这些宣传单呼吁日本占领区的朝鲜人停止为日本卖命。日本警察厅官员还证实，一些朝鲜共产主义者在八路军担任军官或翻译。一些有影响力的朝鲜人也加入了中国共产党的其他军队，与华北的日军战斗。一位警察厅厅长提议，日本警察应继续调查这些朝鲜人的动机。如果他们的动机是民族主义，并希望实现朝鲜共产主义的独立，那么日本应当警惕他们与中国共产党的结盟；相反，如果他们的动机“纯属一时冲动”，而不是希望达到什么特别的目的，那么日本就无需担心。因此，他建议日本对两国共产党的合作持观望态度。

日本有理由相信朝鲜和中国难以结成联盟。一个月前的 1940 年 2 月 27 日，日本外务省在北京召开为期三天的会议，会议邀请了日本驻华北占领区领事馆警察署署长，共同讨论日本人和外国人的安全检查工作。“九一八”事变后，日本华北占领区的朝鲜人人数持续增长，日本警察当局对他们的活动进行了紧密监视。这不是因为他们是共产主义者，而是其中一些人是日本的反华间谍。据警察署署长报告，多数朝鲜移民是流浪者和失业者，以从事非法交易维持生计。中日战争爆发后，约 1 350 名朝鲜人进入日本管辖区，他们装得和日本人一样高出中国人一等。由于日本加强了管理，朝鲜人的犯罪数量已有所下降，大约 9 669 名朝鲜人拥有正当职业，包括公司职员、银行职员、商店和办公室职员、演艺人员以及日本政府工作人员等。其中少数朝鲜人担任了不同地区日本警察机构的情报人员，负责收集关于共产党、反日恐怖分子、苏联公民以及国共统一战线工作人员的信息。有些人甚至潜入中国共产党的军队，监视其军事行动。有的朝鲜间谍还负责报告约 40 个朝鲜“非法组织”在中国的活动情况。1919 年“三一运动”之后，为逃避日本人的迫害，许多“非法组织”的成员流亡中国，居住在天津等地的外国租界。他们当中有的人甚至获得了进入莫斯科共产主义大学或是中国军事学院学习的机会。

一位青岛的日本助理警务督察甚至将他管辖范围内的朝鲜人称为亲日派“爱国者”。尽管他所监管的人员名单里有七位民族主义者和一位共产主义者，但他依然声称朝鲜人已被驯化为日本帝国的忠实皇民。他们与日本积极合作，为战争募集款项，到军队医院慰问受伤士兵。有些朝鲜人甚至得到日本海军大臣的嘉奖。虽然这位督察相信，朝鲜不可能放弃日本而与中国结盟，但多数与会人员并不如此乐观。他们关注的问题仍然是，朝鲜将如何组织一场强有力的抗日运动，并得到哪些国家的帮助。

随着中日战争的持续以及太平洋战争前景日益恶化，日本对朝鲜的剥削愈演愈烈。虽然朝鲜半岛并未沦为日本的战场，但它为了给两个战场提供资源而付出了沉重的代价。劳工和兵役迫使大约 400 万朝鲜人背井离乡。有的被派往战场成为士兵或慰安妇，有的被送往国外的工厂或矿井做劳工。留在国内的朝鲜人生存环境也严重恶化，他们遭受着政治压迫，并被强制学习日本人的生活方式。即使遭遇干旱或人手短缺，朝鲜农民仍然不得不将有限的农产品出口。被逼无奈之下，他们只好请愿、抗议、破坏甚至诉诸暴力。朝鲜的动乱随时可能危及到日本在朝鲜的安全。

1944 年年中，尽管危机不断，朝鲜总督府却深信，与朝鲜国内危机相比，外国列强的干预对日本殖民统治的威胁更大。外国列强不会无缘无故地帮助朝鲜获得独立，日本怀疑苏联是为了私利操纵朝鲜，尤其是为了伪满洲国的共产主义者。当时日本政府的领导层普遍认为，既然中国共产党不受苏联控制，那么它对朝鲜的动机与苏联也是不一样的。外国列强已经开始争夺朝鲜半岛的统治权。战争发展到这一阶段，日本最根本的安全问题是确定哪一种外国势力最有可能填补日本撤出朝鲜后形成的权力真空。

1944 年 9 月，在东京召开的第 85 届帝国议会特别会议上，朝鲜总督府提交了一份关于战时朝鲜状况的机密报告。报告长达 183 页，分析了朝鲜各个方面的情况，包括食物供应、运输、资金储蓄、安全与防御准备工作、对新征入伍的朝鲜士兵的体检结果审查及飞机、钢铁、煤炭和其他产业的生产率。这份报告警示日本政府关注朝鲜日益增长的反日情绪。朝鲜民众对经济管制、食品及其他商品短缺和长期的战争越来越厌倦。他们知道“二战”中同盟国具有压倒性的优势，因此反日传闻、亵渎天皇的言辞和各种煽动性言论一时间充斥朝鲜各个角落。朝鲜人认为日本必败，朝鲜必将独立。总督府警告，这种情况有可能在战争结束之前就给帝国带来无法预料的危险。由于美国加大了空袭的力度，并覆盖到了朝鲜南部，朝鲜人也许会在日本战争中找到一个合适的时机，发起一场全国性的暴动。总督府为避免出现这种形势，努力尝试改善朝鲜整体情况。

报告建议日本政府倾听朝鲜民众的心声，尤其是知识分子、青年和学生；了解他们提出的合理要求，比如废除日本对朝鲜的种族歧视等。在总督看来，与朝鲜人相比，日本人地位更高且责任更大。这种高贵的使命要求日本更加努力，将朝鲜民众驯化为帝国的皇民。这样一来，朝鲜独立就不可能发生了。

一些朝鲜积极分子试图通过法律途径让朝鲜人获得与日本公民平等的权利。自 1919 年以来，朝鲜国民协会屡次向日本帝国议会要求获得参政权，结果都是徒劳无功。

1941 年 12 月 8 日太平洋战争爆发后，朝鲜国民协会请求朝鲜总督本着大东亚共荣圈的精神实现真正意义上的朝日一体化。先前并不活跃的政治人士也开始履行帝国臣民的三项基本职责：服兵役、接受（日本的）强制教育和纳税。

然而，总督府怀疑他们的目的是推动国民协会的选举权运动。如果真正实现朝日一体化，一切歧视都会被相应地废除，朝鲜公民将获得选举权和日朝边境自由出入的权利，且朝鲜政府官员也能够享受到与日本官员同工同酬的待遇。

但总督认识到，即使实现真正朝日一体化，朝鲜人也并不会满意。越来越多的朝鲜人在为国家独立而努力。总督府开始研究中日战争和太平洋战争影响下朝鲜民族主义性质的变化。它试图确定，朝鲜民族主义的哪位领导人或派别在哪种外国势力的支持下最有可能成为日本殖民主义的威胁。

到 1944 年为止，尽管战争期间被逮捕的非共产主义或反共产主义意识形态的朝鲜民族主义者每年都在增多，但朝鲜总督认定朝鲜共产党依然是朝鲜独立运动中的主要力量。1939 年和 1940 年，被逮捕的人员中共产主义人士分别占 62% 和 56%；但到了 1941 年，民族主义人士所占的比例上升到 20.4%，而共产主义人士的比例则降至 18.4%。从那以后，每年被逮捕的民族主义人士都超过共产主义人士。1944 年上半年，民族主义人士的比例上升至 42%，共产主义人士的比例却跌至 3.6%。

表 4.1　1939 ~ 1944 年朝鲜煽动性活动中被逮捕的人数案例

时间	民族主义者	共产主义者	学生	宗教人士	其他	总数
1939	36（256）	28（646）	6（26）	18（105）	7（9）	95（1 042）
1940	29（72）	31（668）	16（121）	24（329）	3（3）	103（1 193）
1941	73（176）	20（158）	48（203）	34（206）	57（118）	232（861）
1942	33（237）	25（141）	57（409）	34（317）	34（38）	183（1 142）
1943	46（204）	23（151）	46（198）	58（211）	149（238）	322（1 002）
1944	51（140）	2（12）	16（42）	8（56）	55（87）	132（337）
合计	268（1 085）	129（1 776）	189（999）	176（1 224）	305（493）	106（5 577）

单凭这些数据并不能说明朝鲜的非共产主义者正在成为朝鲜独立运动的主要力量。正如表 4.1 显示，被逮捕的学生并没有注明意识形态偏好，但一般说来，受过高等教育的人往往是左派。

从 1939 ~ 1944 年 6 月逮捕的人数中可以看出，即使不考虑有左派倾向的学生，被逮捕的共产主义者 1 776 人仍远远超过民族主义者的 1 085 人。这表明，共产主义者赢得了更多人的同情和支持。

朝鲜总督意识到，1941 年和 1944 年年初被逮捕的共产主义者人数急剧下降，与当时大量共产主义者离开朝鲜去往满洲、中国和苏联有关。由此，总督府断定，朝鲜并非革命的发源地，日本殖民主义所面临的真正的挑战来自朝鲜本土之外。

随着太平洋战争的爆发，苏联为了自己的利益，在朝鲜再次开展大量情报和间谍工作。1944 年，总督的秘密报告用了大量的篇幅分析苏联在朝鲜的活动。由于朝鲜半岛是苏联通往暖水区域的门户，因此确保它的安全对苏联来说具有重要战略利益。实际上，根据总督府的调查，自从伪满洲国建立以来，苏联就一直雇佣朝鲜人在朝鲜本土开展间谍活动。1934 年 1 月～ 1944 年 7 月，被逮捕的 168 名苏联间谍中有 25 名是日本人，占 14.9%；142 名是朝鲜人，占 84.5%；剩下 1 名是中国人。

表 4.2　1944 年 8 月在朝鲜被捕的苏联间谍

时间	逮捕案件次数	日本籍	朝鲜籍	中国籍	逮捕人数
1934	1	-	1	1	2
1935	7	-	11	-	11
1936	8	-	14	-	14
直到 1937 年 6 月	1	-	7	-	7
从 1937 年 7 月	9	1	15	-	16
1938	13	1	15	-	16
1939	8	10	5	-	15
1940	29	9	25	-	34
至 1941 年 12 月 7 日	19	3	22	-	25
1942	9	-	12	-	12
1943	11	-	11	-	11
至 1944 年 7 月	4	-	4	-	4
共计	120	25	142	1	168

朝鲜军在 1939 年递交的秘密报告中指出，日本当局之所以一直监视金日成，并非因为他是一个致力于朝鲜的独立和革命的民族主义者，而是因为他是苏联在朝鲜的代理人。1941 年 7 月下旬，日本驻牡丹江市领事馆向东京递交的一份机密报告提到，苏联已指示由金日成和崔贤领导朝鲜共产党游击队重返中国东北地区策划抗日活动。与此同时，满洲的朝鲜共产党员也组建了游击队，由苏联派遣至朝鲜北部的战略要地。总督府坚信，苏联这样做是为了自己的战略利益，并不是共产主义革命。

到 1944 年，苏联间谍的工作已经不再局限于扰乱殖民秩序或鼓动民众，他们经常活动在朝俄边境一些重要的日本军事基地及交通枢纽附近。总督府怀疑苏联在收集日本可能对苏联发动攻击的相关信息。自从1943年1月以来，共发现有75名为苏联工作的朝鲜军事间谍越过边境，其中3名被枪杀，5名被逮捕，另有2名日本警察也在枪战中丧生。

1944年总督府的报告透露，苏联情报人员大部分是朝鲜人，他们已经潜入朝鲜境内。有的住在隐秘的地方，配备了先进的短波无线电发射机，其他人则潜伏在人群当中。1943～1944年夏天，总督府的调查显示，15名苏联间谍因非法入境被捕，且偷渡方式变得越来越高明。他们不再是直接穿过边境，而是经海路迂回到朝鲜半岛的东海岸，在人烟稀少的沿海地区登陆。同时，他们变得越来越危险，不仅与宪兵或是警察交火，而且绑架当地居民做人质。最令人担忧的是，尽管活动频繁，但在朝鲜的苏联间谍成功地避开了拉网式搜查，并且正在寻找最佳时机发动暴动。

此外，苏联驻汉城大使馆的外交人员中也夹杂了情报人员。总督府称，所有迹象都表明，莫斯科正在为驱逐日本势力和夺取朝鲜部署军事力量。

中国依然是日本在朝鲜进行殖民统治的严峻威胁。在1944年的报告中，总督府提供了大量关于中国介入朝鲜的分析：像苏联一样，中国历来就对“监督”朝鲜有兴趣。

1894～1895年的甲午战争就是为了争夺对朝鲜的控制权。清朝一直坚持对朝鲜的宗主地位，而日本则依照1876年与朝鲜签订的《江华条约》，认为自己有权占领朝鲜。《江华条约》是朝鲜与一个“现代化”国家签署的第一份“西式”条约。中国在甲午战争后与日本签订了《马关条约》，同意从朝鲜撤军，并承认日本对朝鲜半岛的统治。

在1944年递交给帝国会议的报告中，总督完整地描述了中国而非苏联，是如何成为朝鲜民族主义者最具活力的舞台。在蒋介石政府统治的中国，两大派系展开竞争：一个是金九领导的朝鲜国民党，另一个是金日成领导的朝鲜共产主义革命党。

中日战争开始之后，双方虽有萌发统一战线的想法，但从未以任何具体形式实现过。金九掌握的朝鲜光复军是朝鲜在中国组建的最大军事力量之一。凭借军队，金九在重庆建立了他的威望。

金九野心勃勃，希望国民党政府、美国、英国和苏联能够正式承认其大韩民国临时政府。蒋介石愿意支持朝鲜光复军，因为光复军能增强他的军事力量，但蒋拒绝承认光复军是大韩民国临时政府的正式军队。

1941 年 11 月，蒋介石撤销大韩民国临时政府指挥光复军的权力，将光复军编入自己的控制之下。日本与美国开战以后，蒋介石继续以这种方式牢牢控制着朝鲜民族主义者。

尽管如此公然地操纵金九，但总督府认为蒋介石并不会对日本在朝鲜的宗主地位构成严重威胁。1944 年的机密报告指出，日本帝国崩溃以后，朝鲜独立运动若是由金九领导，那么蒋介石很有可能成为世界上第一个承认朝鲜独立的领导人。

然而，蒋介石对朝鲜独立并没有什么兴趣，并要求金九领导的临时政府以孙中山的“三民主义”为指导思想,以此来换取国民党的支持。由于这种合作方式对于金九来说非常不切实际，因此总督确信，金九必定会在未来朝鲜领导者的竞争中淘汰出局。

然而，流亡中国的朝鲜共产党人金元凤也没能成为更好人选。1938 年 10 月，金元凤将他的部队整编为朝鲜义勇军，在中国进行抗日活动。由于莫斯科强行要求承认国共统一战线的合法性，而朝鲜共产党内部对该问题的看法未能达成一致意见，因而出现分裂。

分裂后的义勇军仍由金元凤领导，它尊重国共统一战线，但听命于国民党政府；而另一支由极左派领导的部队则加入到直接与共产党人合作的朝鲜军队中。除此之外，大批华北地区的朝鲜人也曾在八路军服役。

与国民党相比，毛泽东领导下的共产党对朝鲜有着更明确的方针政策：履行对朝鲜的历史使命。早在1920年，青年毛泽东就为中国将朝鲜和中国台湾“输给”日本深感不安。他写信给法国留学的好友，呼吁中国人站在“人类共同幸福”的立场，认识到“帮助朝鲜争取独立”的重要性。日本对中国的不断侵略以及对朝鲜不断加剧的殖民剥削，激发了共产党人“保护”朝鲜的历史使命感。1935年8月，中国共产党号召成立统一战线，抗击日军。在《动员一切力量为争取抗战胜利而斗争》中，毛泽东写道：

> 推翻日本帝国主义，动员蒙古族、回族以及其他少数民族，根据民族自治的原则，共同战斗，抵御日军……团结朝鲜和日本的广大工人和农民，共同抵抗日本帝国主义。

1941年1月，在中国共产党的协助下，流亡中国的朝鲜共产党人成立了华北朝鲜青年联合会。次年8月，联合会改名为华北朝鲜独立同盟，志在建立一支朝鲜军队，把朝鲜从日本的剥削中解放出来，并在中国共产党的指导下重新建设朝鲜。

总督府后来得到消息，华北朝鲜独立同盟创办了华北朝鲜革命军政学校，为朝鲜革命培养未来的军事政治人才。华北的朝鲜共产党人也开始与日本反战同盟会的日本共产党人密切配合，开展抗日宣传工作。1944年递交的总督府报告描述了朝鲜共产党人如何成功说服侵华日军中的朝鲜志愿者投诚。

虽然来自中国共产党的威胁越来越大，但是总督府并未将它看作争夺朝鲜统治权的真正竞争者。总督猜测，朝鲜共产党更有可能与苏联合作，这个观点可以从以下事例中得到佐证。华北朝鲜青年联合会宣言申明，他们应该首先致力于中国的抗战：

> 我们呼吁所有在华北及整个中国境内的朝鲜人，大力协助中国的抗日活动，与中国同胞共同进退，以赢得抗日战争的胜利……我们必须加入到中国的民族大团结中来，协助中国人民，并与他们一起学习，最终形成我们自己的抗日民族统一战线。

看到在华的朝鲜共产党人置朝鲜独立于不顾，反而先协助中国抗战，总督府开始着手调查中国共产党在朝鲜的各项活动，并设法判断共在朝鲜半岛的真实意图。从 1938 年 10 月起，朝鲜兵工厂、大公司和集市发生了多起纵火和蓄意破坏事件。1941 年 7 月以后，军用列车的通行不断受阻。当局认为中国共产党是这些事件的幕后主使。1941 年 8 月底，当局在咸镜道逮捕了大批中国间谍，他们与中国共产党领导的八路军有密切联系。通过进一步调查，当局在 1942 年逮捕了 70 名间谍，1943 年逮捕了 49 名间谍，1944 年逮捕了 7 名间谍。总督府认定中国共产党的野心在不断膨胀，它想把朝鲜当成抗日战争的战略基地。这些由八路军派遣的中国间谍，一部分通过应征劳工的合法途径进入朝鲜，另一部分则冒充工人、店主和菜贩非法偷渡入境。他们参与纵火、破坏铁路等活动，并通过加密信息或无线电发射机发送军事情报。他们当中有一部分人在朝鲜收集到情报之后返回中国。

1942 年 1 月和 1943 年 7 月，在咸镜道以及京畿道发生的几次大规模纵火事件中，42 名中国共产党间谍被逮捕，造成的损失超过 700 万日元。1943 年 7 月，日本当局在黄海道又逮捕了一批中国青年，由此总督发现自 1943 年 3 月起，中国共产党为招募朝鲜境内的中国人投身中国革命加大了宣传力度。

从朝鲜优越的地理位置来说，该战略十分有效。据日本政府统计，1936 年，14 485 名在朝鲜定居的外国人中，不包括日本人，有 12 510 名是中国人，占总人数的 86.4%。将朝鲜的中国人转化为中国共产党的拥护者，能够为朝鲜边境的中国东北地区的中国共产主义运动提供有力的支持。而且这些中国人同样可以为中国共产党从事间谍工作。在密集的宣传攻势下，朝鲜境内越来越多的中国人开始支持中国共产党。

1944 年的总督府报告解释，这种支持单靠对共产主义意识形态的认同是无法形成的。与中共的合作还根源于同乡情结：大部分在朝鲜定居的中国人祖籍在山东，而山东正是八路军的根据地。

另外，有些中国人是被迫与中国共产党合作的。为了自己的家人，他们只能回到中国向中国共产党投降，并提供朝鲜方面的信息。之后他们会被中国共产党再次派往朝鲜，执行相关任务。

表 4.3　1944 年 8 月在朝鲜被捕的中国共产党间谍

时间	逮捕案件	日本籍	朝鲜籍	中国籍	逮捕人数
1937	4	-	2	15	17
1938	3	-	-	8	8
1939	1	-	2	-	2
1940	1	1	-	-	1
至 1941 年 12 月 7 日	-	-	-	2	2
1941 年 12 月 8 日	-	-	-	2	2
1942	9	-	-	70	70
1943	10	-	-	49	49
至 1944 年 7 月	6	-	1	6	7
共计	36	1	5	152	158

此外，总督府怀疑中国共产党在朝鲜还有其他目的。中共在朝鲜各地建立地下网络，安插经济和工业间谍，为其在中国和满洲的军事

基地采购重要战争物资。中国共产党还控制了非法贸易商，通过他们将硫黄、硝酸钠以及水银从朝鲜运到中国各个基地。总督府至少逮捕了 118 名非法交易者。

1937 ~ 1944 年，总督府逮捕的中共间谍比苏联间谍还要多。除少数特例，其中并没有朝鲜人，中国共产党还不具备与苏联争夺控制和领导朝鲜的能力。

一边忍受家长式统治，一边遭受骂名

该报告对美国的关注相对较少。历史上，美国对朝鲜兴趣历来并不大。早在 20 世纪初，美国就承认日本对朝鲜的控制权，以此换取日本对美国控制菲律宾的认可。美国对朝鲜的兴趣仅限于传教活动和一些微薄的商机。它并没有在朝鲜进行重大的地下情报活动，只是通过外交人员进行合法的情报收集或是通过基督教会从事反战宣传活动。这些都是典型的英美情报活动方式。美国政府同样雇佣流亡美国的朝鲜人向朝鲜民众宣传独立的思想和轴心国的艰难处境，尤其是日本战争日益恶化的状况。

1943 年 3 月，总督府开始逮捕收听美国广播并向其他人宣传的朝鲜人。但是报告并没有像对中苏那样，对英美特务进行统计，这意味着逮捕的人数并不多。报告仅提到有英美潜艇驶入朝鲜沿海并偶尔与渔民接触。总督府甚至没有分析英美在朝鲜可能会有什么目的。

东京方面甚至对华盛顿是否愿意支持朝鲜独立存疑，更不用说是否支持朝鲜民族主义运动。“珍珠港事件”发生前，以基督徒为首的一些朝鲜人是亲西方的，尤其推崇英美的经济实力，但这个群体并不足以让美国政府支持朝鲜独立。

李承晚的流亡政府从未引起美国政府的重视。事实上，以李承晚为代表的“亲美派”不得不一边忍受美国的家长式统治，一边在朝鲜同胞遭受骂名。一位朝鲜观察家说道：“这些人都是‘绅士’，而且英语说得很好。他们竟然期望通过学好英语来说服美国人帮助朝鲜实现独立。”尽管总督报告建议对李承晚通过短波广播传达给朝鲜听众的内容严加监控，但这并不意味着李承晚对日本在朝的殖民统治构成严重威胁。

日本外务省收集了李承晚在美国活动的情报，并得出相同结论。1944年8月，同盟通讯社向外务省发去一系列有关李承晚的“敌方新闻”报告，报告表明李承晚与华盛顿之间的关系并不稳固。根据这些来自美国的新闻报道，李承晚并不是一个德才兼备的领导人。1944年8月15日，洛杉矶《陆军新闻》报道，因为美国和其他盟国对朝鲜的独立并不热心，李承晚表达了不满。

李承晚的发言人坚称，美国及其他盟国应该立即承认朝鲜临时政府，向朝鲜军队提供援助，并允许朝鲜军队加入同盟国展开对日军事行动。

尽管发言人承认，李承晚的军队仍需要进一步组织和训练，但这支军队一旦准备完毕，它将强大到足以粉碎日本在朝鲜和满洲的军事力量。基于这一乐观的说法，李承晚发言人呼吁同盟国认可他的临时政府。

在爆出李承晚与美国政府不和的新闻之后，1944年8月22日，驻里斯本同盟通讯社向东京发去一篇摘自《新闻纪事报》的文章。文章指出，李承晚在美国的流亡政府宣称，同盟国拒绝朝鲜军事合作的提议已经严重阻碍了远东战争的进程。

李承晚抱怨同盟国并没有为实现《开罗宣言》的精神而做出任何努力，因为当时与会的英国、美国和蒋介石领导下的中国三个大国都曾表明，他们注意到了朝鲜人民被奴役的现状，并且认同“朝鲜在适当的时候应该获得自由和独立”。文章最后总结，李承晚试图把整个朝鲜半岛变成战场，领导 1 万名训练有素、装备精良的士兵发动轰轰烈烈的抗日游击战争，但同盟国对李承晚的这一大胆计划并不感兴趣，他对此表示很失望。从这篇文章可以看出，李承晚对复杂的朝鲜地缘政治的认识非常幼稚。日本官员越来越清楚地意识到，李承晚永远无法建立一个独立的朝鲜国。

1944 年 8 月 31 日，同盟通讯社在发送给外务省的最后一份报告中描述了近期由《纽约先驱论坛报》赞助举行的一场庆祝朝鲜即将独立的晚宴。李承晚和其他几位来自国民党政府和菲律宾的亚洲政要出席了晚宴。在晚宴开始之前，李承晚拜访了纽约市市长菲奥雷洛·拉瓜迪亚，并请求他支持朝鲜军队的计划。对此拉瓜迪亚亲切地点头，予以答应。随后，李承晚前往晚宴会场，发表了一个颇具说服力的朝鲜独立演说。只要华盛顿继续以这种高人一等的方式与李承晚相处，而李承晚又似乎享受其中，那么美国不会对日本在朝殖民统治构成太大威胁。

与此同时，日本外务省也在关注美国对朝鲜日益增长的兴趣。到 1944 年，美国政府逐渐意识到日本帝国覆灭以后在朝鲜形成的权力真空所蕴含的战略意义。

美国媒体也开始讨论应如何与英国、苏联甚至蒋介石领导下的中国合作，以决定如何处置战后的朝鲜。正如日本领导人所看到的那样，美国虽然是后来者，与朝鲜民族主义者的关系也并不密切，但它也加入了对战后朝鲜控制权的角逐。他们推测，即使美国政府对中国共产党日益频繁的秘密活动有所觉察，他们也不认为中国共产党能够对朝鲜产生任何实质性的影响。日本外务省认识到，既然中国共产党可忽略不计，那么苏联就自然成为美国在朝鲜势力的最大挑战，而美国对此也越来越担心。

开辟远东第二战场的补偿条件

一些历史学家认为，美国政府历来对朝鲜局势漠不关心，但这种态度已经有所改变。“珍珠港事件”后仅几个月，美国国务院开始担心，苏联对朝鲜的介入会影响美国在太平洋的安全。

1944 年 3 月，在华盛顿召开的国务院远东地区司际会议的一份备忘录中，国务院强调“美国应该在（朝鲜的）军事行动和军事管制政府中扮演最重要的角色”。美国决策层既不支持托管制度，也不支持外国势力的分区军事占领。

1944 年夏天，美国国务院的官员明确表达了对苏联在对日宣战后入侵满洲和朝鲜的担忧。为此，他们建议美军战略情报局组织朝鲜亲美团体开展准军事活动，以阻止苏联的野心。

斯大林决定谨慎处理朝鲜问题。1944 年 12 月，斯大林在与美国驻苏联大使艾夫里尔·哈里曼举行的会议上提出了一系列开辟远东第二战场的补偿条件，这些条件为《雅尔塔协议》的签订奠定了基础。他提到了千岛群岛、库页岛南部、旅顺口和大连的租借权及对北满铁路和南满铁路的控制权，但故意没有提到朝鲜。

在 1945 年 2 月的雅尔塔会议上，罗斯福和斯大林只含糊地同意在短期内托管朝鲜，这似乎是为了避免造成战争结束前外交关系进一步复杂化。

虽然认识到朝鲜民族主义者当中共产主义者人数占绝对优势，而且为打败日本殖民主义他们愿意与苏联甚至是中国共产党合作，但日本分析家认为，这并不意味着朝鲜一定会成为莫斯科在东亚进行共产主义革命的催化剂。通过审视中国共产党与苏联的关系，日本人断定，莫斯科没有能力指挥整个东亚地区的共产主义运动。

和沙皇俄国一样，苏联以同样的方式追求国家利益，因此莫斯科方面迟早会在民族自决问题上与朝鲜共产党发生冲突。日本领导人认为，美国因为苏联对朝鲜的兴趣日益增长而感到不安，已经时刻准备争夺对朝鲜的控制权，确保其战后的势力范围。随着美国军队在太平洋一路北上，逐渐逼近日本本土，日本领导层希望，日本帝国灭亡后美苏能够在朝鲜形成权力的平衡，这样两者都不会在这个地区称霸。由于美国的决心及苏联对朝鲜的图谋变得越来越迫切，对日本领导层来说，了解朝鲜民族主义运动及其目标已变得不再那么重要，这与日本的对华政策截然不同。

IMPERIAL ECLIPSE

第三部分

谋求战后苏美在远东对立的局面

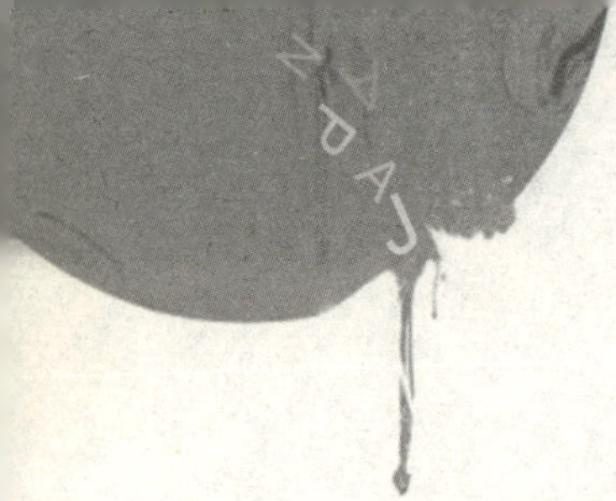

第5章
和平斡旋：争夺优势而上演的闹剧

战争中的盟友是怎样走上了彼此对抗之路？原本平分天下的构想如何演变成了两极对立？即将战败的阴影下，日本将何以自处？骄横不再的日本帝国又迫于形势制订出怎样的亚洲战略？世界新纪元的到来，对日本而言，既是机遇也是挑战。

1945年年初及年中，华盛顿对日本的通讯信号加以拦截，在此基础上编制成代号为“Magic-Ultra”的敌情报告（美国将截获的日本外交通讯情报称为“Magic”，日本陆军与海军情报则称为“Ultra”。——译者注）。根据这些报告，日本政府急需苏联为其进行和平斡旋。回顾日本领导人在远东国际军事法庭上所作的证词时，不难发现，日本在劝说苏联保持中立或为日本出面与美国进行和平斡旋方面并没有取得什么成果。历史学家认为，日本选择向苏联靠拢是一个悲剧性的错误。入江昭提出，在战争的关键时期，日本应放弃泛太平洋地区的征伐，使整个国家重归威尔逊主义发展之路。入江昭认为，假如日本选择靠拢华盛顿而非莫斯科，那么它会发现美国是愿意并准备好和谈的。

相比之下，一些尚未充分研究的文件表明，日本的决策者对于莫斯科方面保持中立的意愿是持怀疑态度的。他们认为苏联原本就是东亚的一员，并将此作为思考战后亚洲未来的先决条件；日本在制订对华政策和对朝政策时，永远将苏联因素考虑在内。一方面，苏联在英美世界中的边缘地位，使它不太可能成为美国在太平洋地区的跟班，这使得日本与苏联签订中立条约变得合情合理；但另一方面，日本领导人认为斯大林是一个典型的帝国主义者和地缘政治战略家，他觊觎着远东的领土。换句话说，斯大林就是沙俄时代亚历山大三世和尼古拉二世的继承者。张鼓峰事件和诺门坎事件的两次军事冲突曾让日军付出惨重代价，让日本人见识了苏联摧枯拉朽的军事实力。

“尊重”苏联对南库页岛的索取意图

松冈洋右对此十分清楚。太平洋战争期间，松冈洋右已处于半退休状态。有一次，有人私下问他，与苏联签订中立条约是不是一种失误。松冈呵斥了这个提问者，并告诉他：斯大林最不愿意做的事情就是维护日本的利益；但明知如此，他还是要签订此条约，因为这是确保日本在亚洲大陆上领土完整的唯一办法。日本军部的其他领导人也持同样看法。1941 年 12 月 18 日，“珍珠港事件”发生仅 10 天后，同时也是《苏日中立条约》签订 8 个月后，畑俊六上将在他的日记中断言，苏联最终会撕毁合约，发动对日作战。他还补充道，这种观点在日军高层领导中已非常普遍。

带着亲苏的面孔，日本与苏联在文化、意识形态、军事和外交层面都建立了深厚的关系；然而，对于苏联的战略动机和意图，日本人却显得相当的老谋深算。虽然日本外务省曾提议给予苏联各种妥协，以换取苏联在战争中采取有利于日本的行动，但如果不是出于绝望，外交部不一定会做这样的提议。他们知道，苏联有着自己所追求的国家利益，它不会永远保持中立。

1945 年初，日军在太平洋战场上的失败已不可避免，大批滞留欧洲中立国的日本官员和平民私下开始与美国进行接触，但他们的行为没有成效，也找不到任何与美国媾和的机会。在这种困境中，日本不同派别的战争策划者开始从另一个角度审视战争的进程。他们注意到，美苏对于战后新世界秩序各怀野心。在此情形下，苏联在东亚的野心或许能遏止美国的企图。这个想法与当初签订《苏日中立条约》时的构想如出一辙。无论苏联是否保持中立，都将是日本对抗美国的一个有效缓冲。带着这种期望，日本的战争策划者开始研究同盟国在日本帝国垮台后对东亚的各种规划蓝图。

在结束太平洋战场和亚洲大陆战场的战争后，无论地缘政治如何变化，日本是否仍能在世界舞台上占据重要地位？日本的规划者们对这个问题进行了深入思考。人们曾以为，日本战败必使规划者们一蹶不振，无法对日本的未来进行战略性思考；然而他们依靠持久的反思，打破了这种成见。大多数规划者都同意，日本要获得的不仅仅是生存空间，但未来要如何发展，他们之间的分歧很大：有人认为应尽快结束与美国的战争，这样可以保住日本的帝国地位，或至少保住对朝鲜的宗主国地位；而更多的规划者则从现实政治角度出发，在战争结束前就已经在思考是否与苏联或美国结盟，以便日本在战后迅速恢复；还有人认为，无论战争的最终结果如何，日本应在美俄之间保持中立，或者在美俄的鹬蚌相争中渔翁得利。在争论声中，这些规划者其实都要面对日本该如何妥善结束战争这个基本问题，即日本应向谁投降？在哪个战场投降？在什么时间投降？他们都坚信，选择最合适的方式和最佳时机结束战争，能让日本保持大国地位，或者至少保留重建的基础，以便日后再度崛起成为强国。

到 1943 年 9 月，日本政府已经定下了针对苏联的两大政策：一是改善与苏联的关系，不惜一切代价避免苏联发动对日作战；二是在苏联与德国之间进行和平斡旋。虽然日本已经确保苏联在中国事务上保持中立，但想让德国和苏联达成和解的可能性十分渺茫，尤其是苏联在欧洲战场已经取得优势的情况下。虽然如此，1944 年 8 月 19 日，日本外务大臣重光葵领导下的最高战争指导会议试图邀请苏联加入日德所在的轴心国联盟，力图把它从英美同盟中分离出来。出席此次会议的人员包括裕仁天皇、内阁总理大臣小矶国昭、海军大臣米内光政、外务大臣重光葵、陆军大臣杉山元、军令部总长及川古志郎、参谋总长梅津美治郎，除这些核心成员外，还有参谋次长畑俊六、军令部次长伊藤整一、内阁书记官长田中武雄，以及来自陆军和海军的另外 2 名代表。

1944 年夏天，美军在欧洲战场上发动了针对德国的诺曼底登陆战，亚洲战场也风云突变，局面对日本极为不利。日本领导人开始重新审视苏联在亚洲的中立地位、潜在的风险以及苏联撕毁《苏日中立条约》的可能性。1944 年 8 月 19 日，最高战争指导会议成立两周后，在裕仁天皇出席会议的情况下，外务大臣重光葵提出，要想让苏联站在日本这边，将非常困难。

会议分发了一份名为《当下世界局势之判断》的评估报告，报告附带最高战争指导会议 6 名核心成员的签名。报告认为，苏联的动向对日本极为不利；而美国最终有可能入侵日本本土。报告还对苏德议和的可能性表示悲观，质疑随着莫斯科信心暴涨以及对世界政治版图的野心不断增强，苏联将放弃对日本的中立立场。虽然苏联的长远目标是提高它在战后世界的政治影响力，但它的当务之急还是要击败德国。为了实现这个目标，苏联会毫不犹豫地把意识形态差异放到一旁，继续与以英美为首的“大联盟”保持合作。报告还指出，苏联的野心主要集中在欧洲战场，包括统一斯拉夫民族和扩大自身在巴尔干半岛及地中海的影响；因此，在一段时间内，苏联理应在远东保持和平状态。报告最后总结道，只有在极端条件下，苏联才会发动对日战争。虽然这份报告没有推测德国战败后会发生什么，但可以看出，最高战争指导会议早在1944年就已经探讨苏联撕毁《苏日中立条约》的可能性了。

日本外务省也在密切关注苏联的对日动向。1944年秋天，外务省表面上正在制订一项新的对苏政策，希望通过外交谈判来保持两国的友好关系。外务省的领导人向最高战争指导会议建议，日本应对莫斯科保持警惕，防范随时可能发生的变化。早在1943年2月，日本驻莫斯科大使馆的一名外交官守岛伍郎就曾提醒东京，苏联根本没打算长久保持中立；但让他惊讶的是，外务省的高层回复说，他的这一判断在东京早已成为共识。1944年9月，守岛伍郎再次返回东京述职，向外务省高层汇报说苏联已经准备好对日作战了。但守岛伍郎发现，他的两次汇报都没有被看作是重大的新闻。

1944年9月6、7日，日本外务省向最高战争指导会议提交了一份提议草案，提出在各种不同的世界局势中，日本可能要向莫斯科所做的让步措施。其中包括苏联对日态度恶化、可能要发生战争时，日本要做的各种妥协措施。在9月7日提交的表格中，外务省罗列出以下六种不同情形：

★ 苏日双方继续遵守《苏日中立条约》；

★ 苏日双方确认《苏日中立条约》的有效性并签署《互不侵犯条约》；

★ 日本出面斡旋，促成苏德达成和解；

★ 苏联出面斡旋，促成日本与国民党政府达成和解；

★ 德国达成单方面和解或战败，而日本尝试通过《苏日中立条约》结束战争；

★ 由于世界局势的变化，苏联对日本采取敌对立场，日本则尽力避免苏日战争。

表 5.1　苏日和谈中，日本对苏联的让步提议草案
（包括出让中国东北地区的部分所有权）

不同情形 让步方案	A	B	C	D	E	F
1	♣	◆	◆	◆	◆	◆
2	♣	◆	◆	◆	◆	◆
3	+(**)	++(*)(**)	+(**)	◆ (*)(**)	◆	◆
4	?	?	?	?	|	+
5	?	?	?	?	+	+
6	?	|	?	◆	◆	♣
7	?	?	?	?	|	◆
8	?	◆	◆	◆	|	|
9	?	◆	◆	◆	◆	◆
10	?	?	|	?	♣	♣

资料来源：《与苏联相关的政策》（草案）（1944 年 9 月 7 日）

六种不同情形

A. 双方继续遵守《苏日中立条约》；

B. 双方确认《苏日中立条约》的有效性并签署《互不侵犯条约》；

C. 日本出面斡旋，促成苏德达成和解；

D. 苏联出面斡旋，促成日本与国民党政府达成和解；

E. 德国达成单方面和解或战败，而日本尝试通过《苏日中立条约》结束战争；

F. 由于世界局势变化，苏联对日本采取敌对立场，日本尽力避免苏日战争。

十种不同的让步方案

1. 苏联取得津轻海峡通行权和其他各种权益；

2. 苏联取得与日本、伪满贸易和通商相关的权益；

3. 日本允许苏联在中国和其他由日本帝国控制的区域内扩张

的权利；(*) 代表日本将支持延安政权作为向苏联示好的附加利益，而 (**) 代表日本同意苏联向印度洋区域扩张。

4. 苏联获得北满铁路所有权；
5. 苏联获得中国东北地区所有权；
6. 苏联获得渔业权；
7. 苏联获得南库页岛所有权；
8. 苏联获得千叶群岛所有权；
9. 日本退出《反共产国际协定》；
10. 日本退出《德意日三国同盟条约》。

各种符号代表的意义

♣ 尽量尊重苏联的要求；

◆ 尊重苏联的意图；

++ 允许大多数让步措施；

+ 允许部分让步措施；

| 考虑苏联的要求；

? 在谈判中不包含此项让步措施。

为了应对这些局面，外务省建议最高战争指导会议考虑对苏联实施更大范围的让步，包括给予苏联津轻海峡的通行权；给予苏联在满洲的通商权；允许苏联在中国和其他日本帝国控制范围内的区域进行扩张；出让其他相关权益，包括北满铁路所有权、渔业权以及南库页岛和千叶群岛的所有权。除此以外，还有另外两种可能的让步，即日本默认打破《反共产国际协定》并退出《德意日三国同盟条约》。在这些让步方案中，中国东北通商权最有利可图。中国东北的主要工业中心有铁路、矿产、日本军火储备、发电设备、变压设备、电机、实验室和医院以及最新的机床等。对于究竟有多少日本财产将转移到苏联，外务省的提议草案含糊其辞。

根据这份提议，如果苏联继续保持中立，日本将给予苏联的让步包括津轻海峡的通行权和其他与日本、伪满洲国、苏联三者贸易和通商相关的权益；如果苏联战胜了德国，并在日本和美国之间斡旋成功，日本的让步范围将更大，不仅包括上述提到的权益，还有渔业权、废除与德国签订的《反共产国际协定》以及“日本允许”苏联在中国和其他由日本帝国控制的区域内扩张的权利。但在这些情形下，外务省并没有提及朝鲜，因为这是日本的最大利益所在。

日本外务省准备了这些针对苏联的让步措施，其目的是为了避免苏日战争爆发。但这些措施之温和，却让人感到奇怪，因为它们与其他情形下的措施并没有太大区别。例如，如果苏联出面为日本和美国进行和平斡旋，日本愿意向苏联拱手让出渔业权，那么在最坏的一种情形中，日本却没有表现出献出渔业权的热情。这几种不同情形的让步措施的最大区别在于：为了避免战争，日本愿意尊重苏联对南库页岛的索取意图。然而，即使为了避免苏联发动对日战争，朝鲜也没有被当成谈判筹码。外务省这份不温不火的提议草案，似乎暗示着日本认为很难凭这些措施与苏联达成协议。

日本帝国陆军则对苏联采取了稍微不同的措施。1944 年 9 月，当守岛伍郎回东京述职，谈到苏德之间难以达成和平时，他还补充道，苏联政府并没有明确对中国的意图。日本政府从中得到一个信号，即苏联希望今后插手中国事务时不受约束。因此，苏联对战后英美势力重返中国的可能性保持着警惕。带着这种判断，帝国陆军考虑在与苏联进行谈判时，可以将南库页岛和伪满洲国的北部作为谈判筹码。他们甚至还考虑过撤出满洲地区的全部军事力量。

1944 年 10 月下旬，当日本海军在莱特湾遭受美军的致命打击后，日本政府对于保持大陆帝国的完整性已经不抱任何希望。1944 年 11 月 6 日，斯大林在纪念十月革命周年演讲上，将日本称作侵略者；10 天后，最高战争指导会议召开会议，大本营参谋次长秦彦三郎中将向内阁总理大臣小矶国昭表示，苏联迟早会废除《苏日中立条约》。外务省也做出了同样的判断。大约就在那个时候，驻欧的日本外交官开始定期向东京提供情报，汇报苏联的动向，并对苏联进攻满洲的时机进行评估。

1945 年 5 月 11 ~ 14 日，最高战争指导会议再次召开会议，各成员讨论对苏政策的最终决定。他们同意与莫斯科展开新一轮谈判，表明日本已经尽其所能避免发生日苏战争。这样可以在苏联内部培养亲日的态度，以便苏联能发挥调停战争的作用。为了促使苏联严肃对待上述要求，外务省大臣东乡茂德建议，有必要向苏联表达日本已经准备好做出巨大让步的意愿，即出让库页岛南部和日本的渔业权、向苏联开放津轻海峡的通行权、将北满铁路转让给苏联、承认内蒙古为苏联的势力范围、将旅顺口和大连甚至千叶群岛北部租借给苏联、宣布南满洲中立。在提出如此夸张让步之后，东乡和其他日本领导人仍一致认为，日本应在战后保留朝鲜的所有权。

随着日本殖民统治即将结束，朝鲜当局已经开始研究由此带来的国际影响。考虑到这点，日本政府并没有太认真地以上述条件“换取苏联帮助和平斡旋”。正如历史学家康斯坦丁 ·V. 普列沙科夫所指出的那样，日本人提出的这些让步条件类似于富兰克林 · 罗斯福总统在雅尔塔会议向斯大林提出的条件，它们也正是能帮助斯大林在东亚建立势力范围的因素。普列沙科夫认为，斯大林之所以拒绝日本人提出的条件，有两个原因：一是他希望在战后与西方建立友谊关系；二是俄国在日俄战争中蒙受耻辱，他想对日本进行报复。虽然如此，普列沙科夫还是猜测：如果斯大林接受了日本的条件，同意不发动对日战争，并就战争的结束问题与美国进行调停，那么后面将会发生什么？果真如此的话，不仅中国共产党和国民党，就连美国也会对苏联在远东不断增强的支配地位产生担忧。他们会对苏联提出更优惠的让步条件，这将使斯大林在“二战”末期一举成为远东的霸主。

苏联对日本提出的条件反应冷淡。1945 年 6 月，在与苏联大使雅科夫·马利克会谈时，前任首相广田弘毅提出，日本可以宣布满洲中立，并向苏联出让日本的渔业权；作为交换，苏联向日本提供原油。满洲中立以及后来提出的日本在战后撤军，是日本在战时愿意向苏联所作的最大让步。

然而，在 1945 年 6 月 29 日的会面中，满洲中立却是日本人所提出的最后一个条件。因为马利克虽然同意把日本的提议转交给苏联政府，但由于广田弘毅的健康问题，马利克此后再也没能与其见面。同年 7 月，日本驻苏联大使佐藤尚武试图与苏联外交人民委员莫洛托夫进行更深入的会谈，但没有成功；同月，近卫文麿想以秘密使节的身份拜访莫斯科，请求苏联做日本和美国的和平斡旋者，但同样吃了闭门羹。

战后学者们认为，日本的政策制定者们亟须苏联的垂怜，但从上述日本与莫斯科的谈判中可看出，事情并未如他们所愿。虽然日本政府明显地愿意向苏联做出更多让步，但它从来没把朝鲜列入进献名单。普列沙科夫指出：日本政府早已意识到，自沙皇时代以来，俄国就一直对远东利益念念不忘；由于猜测斯大林对朝鲜半岛怀有领土野心，想把其据为远东入海通道，日本政府想预测斯大林在地缘政治方面的下一步动作。1944 年 9 月，日本驻朝鲜总督府向帝国议会汇报了苏联与朝鲜共产党的交流活动，表明苏联对朝鲜独立并不感兴趣。如果日本政府急于获取苏联的协助与美国和谈，是可以用朝鲜作为交换条件的。但尽管如此，东京并没有将此选项纳入与莫斯科的外交谈判中。日本对苏联三心二意的态度，还可以从驻苏大使佐藤尚武的经历中看出端倪。

在苏日外交的这个关键节点，东京指示佐藤尚武不要向莫斯科主动示好；而佐藤一开始并不知道东京对莫斯科的评估，所以直到 1945 年 7 月底，他才最终意识到苏联不会为日本出面斡旋。他试图说服日本政府重视他的这个“重要发现”，然而直到战后，他才因自己的这个“真知灼见”受到表彰。事实上，在东京的日本政府对这种可能性已早有准备。

佐藤尚武虽然位居要职，却被排除在决策圈外。作为一名曾派驻过法国、瑞士、卢森堡和比利时等国的优秀外交家，佐藤在莫斯科过着一种贵族式的生活。他是一位有着老派武士精神的自由外交官，内心深爱着西方文明。他的华贵气质以及在政治上和意识形态上对任何一种价值观和原则都缺乏信念的特点，让他非常适合在战时最黑暗的时候担任日本驻莫斯科大使。

《近卫备忘录》：和平主义者之谋

1945 年初，正当日本政府与苏联玩着外交游戏时，有一小群人出于反苏的精神，以各种渠道和方式尝试与美国进行和谈。这群人被称为“和平试探者”，由日本驻欧洲中立国的军官、外交官、记者和商人组成，与欧洲的一些政治掮客有着广泛的联系。他们通过在瑞典和瑞士的渠道进行私下活动，倡议日本应尽快与美国休战。日本政府没有资助这些人，他们的和平努力都是出于自愿，并且自发进行，彼此间没有联系，也没有一个统一的指挥系统来策划他们的行动。此外，由于他们的职业和个人背景千差万别，很难在他们身上看到一种共同的理念或对未来的共识。美国政府后来终于明白，这些人不能代表东京的正式投降请求。所以，他们对美国政府的努力与日本对苏联的外交努力一样，最终都化为泡影。

战后，这些和平试探者因其尝试结束战争、与美国议和并使国家免受灭顶之灾的英雄行为而受到了嘉奖。学者们曾争论过，如果美国继续与他们进行沟通，是否最后还会让日本投降？但这些和平试探者的动机和目标，并不仅仅是结束太平洋战争那么简单和无私。他们希望美国允许日本保留以天皇为首的国家政体，以作为日本投降的交换条件，同时认为美国会允许日本在战后重新崛起，成为自由的资本主义工业化强国。

在这个假设前提下，他们提出：既然日本缺乏自然资源，那么它在战后就应被允许保留朝鲜和中国台湾这两个殖民统治区域作为原材料和粮食的来源。这方面，他们的想法与日本政府对苏联的外交政策不谋而合，都是要保留朝鲜作为日本的领土。这些和平试探者坚信：一个经济稳定的日本融入以美国为主导的全球市场中，对日美双方都有好处。因此，他们对自己的媾和努力满怀希望。

他们的态度让人想起日本在 20 世纪 20 年代追随威尔逊主义的外交策略。威尔逊主义在凡尔赛会议和华盛顿会议上被诸多大国所采纳，它提倡世界资本主义在合作中发展，取代以往的帝国主义竞争。虽然“二战”仍在进行当中，但和平试探者们已经看到了未来美苏争霸的局面。他们希望美国能看到与日本和解并结盟对阻挡苏联与共产主义的威胁有重大意义。在此情形下，美国本着帝国主义国家合作的精神，将会容忍日本继续统治中国台湾和朝鲜。和平试探者们估计，美国政府为了支持日本重新成为资本主义国家和防止苏联崛起，一定会认真考虑他们提出的条件。

他们的努力始于 1944 年 9 月中旬，此时正值日本内部防线的重点塞班岛被美军攻陷之际。一位名叫铃木文史郎的记者找到他的朋友，瑞典驻日本外交官维达·巴格，探讨瑞典作为“二战”的中立国，如何在日本和英美同盟之间进行和平斡旋，以结束这场战争。铃木建议，日本可以宣布放弃包括中国东北地区在内的占领区域，但朝鲜和台湾地区应仍由日本统治。按照铃木的说法，这两个地方早在战争开始前就属于日本。日本前任外务大臣重光葵和现任外务大臣东乡茂德都对瑞典的斡旋表示支持，巴格随即在 1945 年 5 月返回斯德哥尔摩，与日本驻瑞典公使冈本季正会面，准备开始秘密行动。

与此同时，日本驻斯德哥尔摩武官小野寺信少将发起了另一次斡旋努力，他去寻求瑞典亲王卡尔·伯纳多特的支持，但他只是瑞典皇室中一个无足轻重的角色。由于无法协调陆军和外务省各自所作的努力，更无法统一他们各自的谈判条件，外务大臣东乡茂德只好请求巴格不要与任何团体接触。于是巴格的行动在 5 月 23 日中止，小野的行动也半途而废。

小野从来没提出过具体的议和条件，而巴格至少与美国驻瑞典公使赫歇尔·V. 约翰逊碰过面，并转达了日本求和的意愿。在冈本的回忆录中，巴格告诉约翰逊，日本希望在战后保留朝鲜和中国台湾作为本国领土；而从过往日本统治朝鲜和中国台湾的“优良”记录来看，冈本个人非常赞同日本的这个想法。约翰逊却不这么想，他援引了 1943 年 11 月制定的《开罗宣言》，该宣言已明确了战后日本殖民地的归属问题。在宣言中，英国、美国和中国一致同意：台湾地区将回归中华民国，而朝鲜将“在适当的时候”获得自由和独立。此外，约翰逊补充道，如果朝鲜人真的缺乏自治能力，美国将提供适当的援助，引导其实现最终的独立。美国绝对没有任何理由让日本继续做亚洲的“领导者”。

在瑞士，日本的和平试探者们也与美国进行着和谈努力。他们对保留日本殖民地显示出极大的决心。

1945 年 4 月底，一名常驻伯尔尼的日本海军武官藤村义朗中佐联系上了美国战略情报局驻伯尔尼情报站站长艾伦·杜勒斯。战略情报局是美国在“二战”中建立的情报组织，专门负责协调间谍活动。藤村试图向杜勒斯提议启动日美和谈。1945 年 5 月，藤村委托德国在远东的代理人，军火商弗雷德里希·威尔海姆·黑克向杜勒斯转达日本结束战争的条件。按照藤村自己的说法，他坚持投降后的日本应保留朝鲜和中国台湾的领土，并希望黑克能代表他向杜勒斯进行解释：与被美国合并的新墨西哥州一样，朝鲜和中国台湾被并入日本版图后，文化和经济都得到了长足发展；况且，日本也要依赖朝鲜和台湾地区的农产品来养活民众。虽然黑克回复他说，朝鲜的归属问题在开罗会议和雅尔塔会议上已经明确，但藤村还是坚持要黑克竭力劝说杜勒斯，让后者明白日本和朝鲜在地理概念上的不可分割性。藤村还特别强调，日本在主要粮食作物方面不能自给自足，必须依赖朝鲜产的糖和大米；他坚称，日本需要保留一定数量的商船，以便进口必需的粮食作物。

从 1945 年 6 月初开始，日本陆军武官冈本清福中将在上个月看到德国无条件投降后，开始考虑向美国提出和谈。为此，他与位于巴塞尔的国际清算银行董事北村考治郎和另外一家银行的官员吉村宽合作。在 8 月初之前，冈本一直向大本营汇报和谈努力进展。6 月中旬，北村的瑞典经济顾问佩尔·雅各布松与他们会面，他们表示日本政府可能会提出两个和谈条件：首先，日本的天皇制度和大日本帝国宪法保持不变；其次，朝鲜和台湾地区仍然属于日本领土。

随后，雅各布松在德国的威斯巴登市与艾伦·杜勒斯见面。美国对这件事的记录有所不同。根据美方的资料，北村、吉村和雅各布松是在 7 月中旬会面的，当北村和吉村提出保持日本领土完整的问题时，并没有把伪满、朝鲜或中国台湾包括在内；与雅各布松讨论的过程中，两位日本官员只强调了两点问题：保留天皇的地位以及重新采用1889年颁布的宪法的可能性。杜勒斯从没有对中国台湾、朝鲜的归属问题发表过评论。

与此同时，日本驻伯尔尼公使加濑俊一告知外务省，他也在进行着和谈努力。5月11日，加濑接触到一个与美国战略情报局有联系的反纳粹德国渠道，他通过这个渠道表达了自己的意愿，希望能安排与美国和英国进行直接对话，以此结束这场战争。

加濑解释说，他不想看到苏联因为出面斡旋美日和谈而在东亚的影响与日俱增。他并没有提到任何关于保留日本殖民地的想法，而是说日本投降的唯一条件是保留天皇的地位，以对抗国内的共产主义革命。6月初，加濑与北村考治郎见面，知道冈本清福中将也在为和谈奔波，并认可了他的努力。6月下旬，加濑联系了海军武官藤村义朗中佐，指示他协助冈本。加濑个人协调政府部门之间行动的做法，并不意味着外务省在媾和立场上与陆海军相一致，因为那时候外务省还在表面上寻求苏联的和平斡旋。

瑞典和瑞士之外的日裔和平试探者也在试图与美国联系。1945年4月11日，美国战略情报局的一名代表向白宫转交了一份情报。这份情报据说是在4月6日发送给梵蒂冈的，内容是罗马教廷派驻横滨的宗座代表洛伦佐·带刀户田曾向教廷提议“安抚”天皇，告诉他“圣座不会放弃调停太平洋战争的努力”。

1945年5月7日，美国战略情报局驻里斯本代表汇报，日本驻葡萄牙公使馆参赞井上益太郎请求当地的一家机构联络了他们，转达日本已经准备好停战并在美日利益共享的基础上共同抗苏的愿望。但最终，美国政府断定这些和平试探者不能真正代表日本政府，于是决定停止与他们的交流。

历史学家常认为，日本的和平试探者所采取的行动是及时结束战争的最佳方式，也是最勇敢的尝试。因为日本基本不可能说服苏联保持中立，也不能指望它出面为日本与美国进行斡旋。但这样的推断只有在美国顾忌苏联在亚洲不断增强的势力，并把日本当作对抗共产主义的缓冲地带时才是成立的。

由于华盛顿宣布拒绝与轴心国进行有条件的和谈，所以仅仅出于“反共”这样的共同目的不足以促使华盛顿寻求与日本的友谊。日本的和平试探者们应该明白：以结束战争为筹码换取保留朝鲜和台湾地区殖民地的外交努力，在美国面前几乎没有成功的机会。在 1943 年 1 月举行的卡萨布兰卡会议上，美国政府和英国政府宣布，将消灭德国和日本的全部军事力量，以实现世界的持久和平；而唯一可接受的与轴心国和谈的前提，就是轴心国“无条件投降”。和平试探者们之所以期望美国政府置《卡萨布兰卡宣言》于不顾，接受日本的有条件式和谈，是因为他们估计华盛顿担心莫斯科介入太平洋战争后，日苏将直接和谈。不过，和平试探者们或许没有意识到，苏联此时不顾华盛顿的公开反对，正准备发动对日战争。

另外一个问题是，和平试探者们坚称应允许日本在战后保留朝鲜殖民地，这跟外务省与苏联谈判时提出的条件一致。那时候，日本驻朝鲜当局就已经充分意识到，由于国内外的压力，日本很难再保住朝鲜殖民地。随着苏联在朝鲜半岛的影响力不断增强，和平试探者们希望美国政府会默许日本作为“反共”的缓冲带而继续统治朝鲜。

但是，与 20 世纪初不同，美国认为日本在战后将不再是帝国主义强国。他们认为日本已经被战争拖垮，整个国家已经濒临崩溃，再也没有资源来支持朝鲜的反共斗争。和平试探者们似乎从来没有考虑过，美国政府可能更愿意在战后直接控制朝鲜，以此限制共产主义的发展；此外，美国政府不仅想控制日本，还野心勃勃地想在东亚创建新秩序。他们所不能理解的是，不管美国对苏联的态度如何，美国都不欢迎日本重回传统的威尔逊主义式世界秩序，因为在旧的世界秩序中，国联是认可日本殖民帝国合法性的。和平试探者们向美国所提出的和解方案，缺乏对日本的国际地位和它在战争末期实力的现实评估。

对日本驻瑞典武官小野寺信少将的案例进行研究，有助于我们理解这些和平试探者与美国议和的动机。小野早年曾参与了由芬兰人发起的“北极星行动”，这次反苏行动把他带进了欧洲的亲美网络，使他日后有机会与美国进行和谈。

“北极星行动”是一场秘密行动：1944 年秋，苏联对芬兰的占领迫在眉睫，于是芬兰人把信号情报记录、间谍设备和人员都转移到瑞典。1944 年 9 月初，芬兰海军助理随员艾伯特·威尔曼上校拜访小野。他们都是轴心国常驻斯德哥尔摩的官员，也算是同事。威尔曼要求日本资助芬兰游击队对抗入侵的苏联军队；作为交换条件，他提出芬兰陆军将把手头上包括美国和苏联在内的所有情报记录转交日本，并继续向日本提供与苏联相关的情报。

威尔曼还补充道，有几个芬兰军官已经倾向于支持美国了。根据小野的夫人在战后所写的回忆录，小野当即把威尔曼的提议汇报给大本营。据说他还获准资助芬兰陆军。由于担心泄露机密，小野一直对日本驻瑞典领事隐瞒这桩交易，但据说他还是按要求将 30 万克朗资金交给了芬兰陆军。

从这件事可以看出，小野的反苏行动并非源于拥护资本主义和美式民主的亲美立场，而且他似乎也没有根据日本殖民帝国内部状况或中日战况来采取行动。这些在欧洲进行的和谈行动，并非源自对战后亚洲的展望，对战后亚洲的前景也没有产生实际影响。

各路和平试探者向美国提出的建议均没有下文，而且苏联对日宣战的可能性日渐增加，日本似乎已无路可走。于是，一些支持与美国媾和的人开始公开反共，并试图清洗亲苏的领导人。日本前任驻意大利和英国大使吉田茂是所谓“吉反战集团”的首脑；该集团是日本的一个松散组织，由一些反共人士和亲英美的和平试探者组成。吉田茂主导起草了著名的《近卫备忘录》，被称为与美国结束战争的“和平主义者之谋”。

根据这份备忘录记载，1945 年 2 月中旬，近卫文麿曾提醒裕仁天皇要注意在苏联领导下的中国大陆、朝鲜、中国台湾和日本的共产主义革命危险。在与裕仁天皇一次私下会面中，近卫文麿指责“统制派”军事集团在日本国内策划煽动共产主义革命。为了避免这样的悲剧发生，近卫文麿力劝裕仁天皇在苏联干涉之前结束战争，并与美国议和。

随后，宪兵队逮捕了吉田茂，罪名是因过度亲苏而污蔑日本帝国陆军，将日本引向灭绝。据说，就连裕仁天皇也被陆军这种过分简单的观点搞糊涂了。幸亏阿南惟几将军在陆军内部进行了长时间的审议，最终作出了明智的判断，吉田茂没有被起诉。释放后，吉田茂在政治上韬光养晦。直至战争结束，他才重新出山，担任战后日本的数届内阁大臣。

“以敌制敌”的终战策略

近卫文麿和吉田茂的“智慧”并非战时日本政府的主流观点。近卫早期非常支持与苏联组成四国联盟，但到了战争的后期，他的态度彻底转变，这触动了日本政界。近卫出身贵族，在青年时期曾研究过社会主义，但在巴黎和会、华盛顿会议和伦敦会议上目睹日本被排除在英美主导的世界秩序之外后，他转变成一名“泛亚洲主义者”。鉴于他的这段个人经历，近卫文麿提出与美国媾和，不一定是出于意识形态方面的动机。正如历史学家鸟居民所指出的，近卫之所以向裕仁天皇发出预警，仅为证明他自己是一个反共产主义斗士，以便在不久美国击败并占领日本后能有一席容身之地。内大臣木户幸一甚至怀疑近卫文麿是为了逃避战争罪责才表现出亲美态度，并把帝国陆军内亲苏军官冠以战犯的罪名。

近卫文麿指责莫斯科对共产主义者的一元化领导，也让人觉得莫名其妙，因为那时候政府和军队里的共产主义力量已经大部分被瓦解。在对中国、朝鲜和日本的共产主义者与莫斯科相互之间的关系进行深入研究后，日本军方和政府都认为，各国的共产主义者在对意识形态的解读、目标、方法论和领导方面迥然不同。因此，近卫文麿认为莫斯科能够统一领导亚洲各国的共产主义运动的观点让人质疑。5 个月后的 1945 年 7 月初，近卫同意作为密使前往莫斯科，请求苏联出面在日本和美国之间调停。他对苏联这种模棱两可的态度也由此可见。

不出所料，《近卫备忘录》并没有在日本政府内部激起反苏亲美情绪。日本政府非但没有考虑投降，反而开始谨慎研究美苏在战后争夺东亚控制权的方式，并最终形成“以敌制敌”的终战策略。即使在战争的最后阶段，无论是政府和军队官员还是市井平民，都没有把世界政治和国际关系视为意识形态的分歧，而是把它们看作美苏实力格局的调整。日本政治家曾试图将四国联盟中的苏联作为威慑美国的武器，但这个意图落空了。处于日本决策圈内外的专家们敏锐地意识到，随着欧洲战况的改变，苏联很可能会放弃中立立场。于是他们转而研究另一个问题：在战后东亚的归属问题上，美苏的分歧与日俱增，届时日本将如何在美苏争端中夹缝求生？

从太平洋战争开始，日本的知识分子曾建议与美苏保持同等距离。1941 年 12 月 8 日，也就是日本偷袭珍珠港这天，日本国际法学会宣告成立。

它是一个由商业组织和其他社团资助的论坛，专门讨论大东亚共荣圈的维和机制。横田喜三郎是东京帝国大学的一名法学教授，1960 ~ 1966 年任日本最高裁判所首席法官。他提出日本应在战后加入由美国、英国和苏联共同领导的集体安保体系。后来，横田将联合国取代国联视为一项积极的举措，因为它的成员国包含意识形态体系、外交风格和世界观迥异的国家。虽然横田推测美苏之间的分歧会影响联合国的顺利运作，但他仍然非常支持这个具有革命性的、包含集体安保理念的新国际法体系，并开始构想日本以“和平主义者”姿态成为联合国成员。另一位亲资本主义的自由经济学家石桥湛山也建议战后的日本应该加入此类集体维和组织。石桥提出，日本应额外关注美国和苏联的意图，尽量在两个大国之间保持平衡，在远东推行新的门户开放政策。

自 1939 年欧洲爆发战争以来，日本外务省就一直在研究同盟国对战后世界秩序的构想。外务省收集了大量关于“二战”的论据、分析数据和前景预测信息，这些信息由驻扎在德国、苏联以及诸如瑞典、瑞士、梵蒂冈、葡萄牙、土耳其等其他中立国的外交官所提供。日本外交官们定期把西方主流报纸和期刊上的重要文章发回日本。这些报纸和期刊的名单相当长，涵盖范围较广，包括《纽约时报》《每日邮报》《读者文摘》《每日电讯报》《曼彻斯特卫报》《观察家报》《泰晤士报》《星期日泰晤士报》《新闻纪事报》《星期六晚邮报》《生活报》《纽约美国人报》《瑞典日报》《塔斯社报》《真理报》和《民族报》等。

大本营也有从国外收集新闻信息的渠道。早在 1942 年 10 月，大本营就委托三名日本商人充当驻斯德哥尔摩的兼职武官，他们分别是日本商船三井株式会社的本间次郎，三井物产株式会社的佐藤吉之辅以及三菱商事株式会社的井上洋一郎。大本营从他们三人以及其他常驻阿根廷、西班牙、瑞士等中立国家的武官那里搜集信息。即便是中国派遣军总部，除了日常的间谍活动和秘密电报外，也要借助新闻期刊和报纸来了解最新消息。中国派遣军曾列出一份每月必读的最新新闻清单，这些新闻来自太平洋战场、欧洲，尤其是苏德战场、日本、美国、英国、中国、苏联、德国、意大利以及世界其他区域，包括中东、南美以及南洋地区；中国派遣军总部把这些信息汇总起来，试图借此拼凑出一幅全球趋势图。

日本政府把媒体视为重要的情报来源。媒体信息包括新闻分析、社论、读者观点甚至是漫画、笑话、战时针砭时事和嘲讽领导人的讽刺作品等。它们主要来自报纸、杂志和公共广播。

与通过间谍活动和拦截信号获得的情报不同，这些信息有助于了解官方和民众对待战争的心态。日本的分析人员从这些纸质媒体中找出"白色宣传"（国际政治宣传可以被分为白色宣传、黑色宣传以及灰色宣传三类。白色宣传一般来自公开且可识别的来源，信息基本正确，技巧以劝说为主，常会是单边观点的阐述。此种宣传出现在战时或对抗性时期。——译者注）的蛛丝马迹。按照海军情报官员今井信彦中佐的说法，情报分析不仅是为了确定信息的准确性，还要找出这些信息背后的动机。

因此，所有被截获的信息都不会被浪费。由于外务省、帝国陆军和海军彼此共享从同盟国媒体那里得到的最新消息，这为日本的决策者们提供了大量的有用信息。他们利用这些信息，对同盟国战后世界秩序的规划进行了全面研究。在最新的世界新闻基础上，他们作出了"制衡"的预测，即在战后的东亚，苏联和美国都不能一家独大。例如，外务省的机密文件《美、英、苏战后管理方法研究》分析了从 1943 年 7 月 ~ 1944 年 2 月这段时间，美、英、苏三国各自的战争目标和他们对战后世界秩序的看法和规划。在将这些报告组合在一起的过程中，外务省还参照了东亚研究社和同盟通讯社的研究结果。

此外，外务省还定期印发关于国际关系的新闻总结和文摘的期刊。

除内部人士外，这些期刊只向少数民间人士发行。外务省的研究部印刷的月刊《国际时事》分析以欧洲为主的世界政治趋势，《苏蒙系列》则分析苏联的国内政治和对美外交政策。

有了上述消息来源，诸如《改造》杂志和《外交报》等日本国内的权威报刊能让日本读者紧跟欧洲和亚洲的政治动态。主流观点认为，战时的日本民众都被政府宣传蒙在鼓里。然而实际上，日本公众所掌握的新闻水平刚好与此相反。

在战争期间，各个辖区的特别高等警察会定期向内务省提交关于国内监控反政府思潮和行为的“治安维持状况”报告。这些报告显示，各界群众对世界政局有着相当准确的评价。他们都在揣测日本与美国、苏联、蒋介石和毛泽东进行接触。对于日本在日益复杂的世界政治中何去何从的探讨，并不局限于精英阶层。

对于维持战后世界秩序的美苏大联盟，日本媒体常常质疑其能维持多久。甚至在 1943 年 11 月莫斯科外交部长会议结束之前，日本的学者和记者就已经留意到，英美对苏联在地中海、北非和巴尔干半岛不断增强的影响力感到不安；而共产主义者在波兰和埃及获得胜利，以及法国查尔斯·戴高乐的崛起，更显现了英美联盟内部的不和。因为戴高乐担心战后法国要屈从于英美的统治，他与英美联盟的关系不佳。1944 年 8 月，他开始单独与斯大林接触，并于同年 12 月双方签署了法苏同盟及互助条约。戴高乐希望获得苏联的支持，帮助法国抗击纳粹德国。作为交换条件，法国将承认由苏联把持的波兰政府。

这些事态的发展并没有让日本观察家指望“大联盟”会就此瓦解，它们只是稍稍延缓了“大联盟”反法西斯和抗日的脚步而已。日本观察家认为，罗斯福、斯大林和丘吉尔才是真正的同盟三巨头；至少在打败德国之前，他们是不会放弃盟约的。观察家只能静观其变，看日本在亚洲战场上所做的让步能否成功。

如何在美苏争端中夹缝求生

日本媒体也在密切关注华盛顿和莫斯科，看它们如何承担领导世界的重任。在莫斯科外交部长会议上，美国、英国、苏联以及中国的国民党政府同意在国家主权平等原则的基础上，在战后成立一个国际安全组织。然而，万事开头难。1944 年 12 月，苏联外交人民委员莫洛托夫为苏联政府争取到了一项权利，即在任何一个国际会议中，苏联政府可以派出 16 个苏联加盟共和国的代表，这样苏联就有了 16 票投票权。在报道这件事的诸多新闻中，有一篇文章分析说，这是苏联垄断投票权的伎俩，以此来扩大它的国际影响力。英国是这种做法的鼻祖：在 1919 年巴黎和会上，英国成功地邀请了它的联邦成员加入国联，从而使英国获得绝对多数的选票。在 1945 年的旧金山会议上，需要讨论一项在联合国领导下的维和机制，美国召集了西半球的 21 个小国家来与苏联的集体投票相抗衡。日本媒体发表文章，讽刺这两个敌对国家在战后和平问题的讨论中，为了争夺主导地位而上演闹剧。而日本为了战后己身的发展而在两个大国阵营中进行选择时，变得更加举棋不定。

日本外务省通过研究西方媒体报道，了解到英、美、苏三国在建立战后东亚秩序过程中所表现出的既竞争又合作的复杂关系。1944 年 6 月 1 日，《外交政策报道》刊登的一篇文章作为密件发往东京。这篇文章预测朝鲜将成为一种国际托管方式的试验对象，而中国东北地区也有可能采取同样的模式。这种新的管理模式是为了协调英、美、苏、中四大国的不同利益所作的一种妥协，尤其考虑到苏联在大东亚的安全利益。

1944 年 9 月中旬，日本外务省收到一份机密文件，它来自于《读者文摘》的一篇文章，题为《我们在亚洲的前景是什么？》，由曾在中国居住 10 年的美国资深记者德玛丽·贝丝于同年 7 月发表。该文章披露了美国针对实现远东势力均衡所预测的一些问题。更确切地说，贝丝预言美国和苏联所面对的困难，就是在日本战败后如何安置中国这片“广阔且有无穷潜力的疆土”。贝丝写道：

> 美国“不希望苏俄资助与中共开战的现有政权”。日本战败，将导致中国这片富饶和广阔的土地上形成危险的政治真空，让“太平洋地区的和平”陷入危机。日本战败后，太平洋及远东地区的和平将难以实现。

随后，瑞典的《今日新闻》报刊登了沃尔特·李普曼的一篇预言性文章，这篇文章在 1944 年 11 月下旬被作为机密文件从斯德哥尔摩发回东京。李普曼在文中提道：

> 鉴于苏联在中国实行“扩张主义”政策，只有保持美苏同盟才能防止太平洋北部地区出现动荡。如果美苏相互争夺“中欧和东欧的霸权，或者亚洲和非洲殖民地的霸权……那么它们就无法抵抗获得重生的德国和日本的联合军事力量”。

实际上，李普曼看到了“二战”后即将出现的冷战政治格局，并为日本在这样的世界格局中生存找到了“机遇”。

日本观察家们注意到，朝鲜成了西方国家考验“大联盟”稳定性的敏感问题。华盛顿和莫斯科都没有对朝鲜半岛的未来作出任何公开承诺，但双方都为对方对朝鲜的兴趣感到担忧。历史上，朝鲜半岛曾经历过无数次分裂。在 1894 ~ 1895 年中日甲午战争爆发之前，一名英国军官曾建议日本占领朝鲜南部，而由中国占领朝鲜北部，将汉城作为中立地带；在1896年和1903年，日本政府和俄国政府为了扭转军事对抗的态势，曾讨论过沿三八线分割朝鲜的问题。

早在1944年1月，东京外务省收到一篇文章的复印件。这篇文章刊登在《美国信使》上，声称华盛顿计划通过“盟国对太平洋管制委员会”来治理战败后的日本。美国政府宣称其倾向于恢复“朝鲜的政治自由”。文章认为，这项任务需要采取极端的手段，因为美国政府不会让朝鲜有选择共产主义政府的“自由”。日本政府知道，左翼民族主义者在朝鲜政坛占统治地位，既然美国对战后朝鲜的重建表现出兴趣，那么这些左翼民族主义者和华盛顿之间必然发生摩擦；同样地，由于苏联在朝鲜的间谍活动频繁，华盛顿对朝鲜的兴趣很可能会引起苏联的关注。虽然东京在官方层面秉持“坚持战后保留朝鲜作为日本领土”的对苏条件，但外务省肯定已经意识到：随着美苏对朝鲜半岛的野心增大，日本要保住朝鲜的希望越来越渺茫。

1944年夏秋相交之际，日本外务省陆续收到大量文章，证实了华盛顿与莫斯科在朝鲜的战后安置问题上日益明显的分歧。这些文章分析，日本帝国一旦崩塌，朝鲜将产生权力真空，而美国和苏联都担心对方会填补这个空缺。从里斯本发往东京的《外交政策报道》杂志1944年6月刊的机密总结报告详细阐述了这种情形。

报告提到，太平洋国际学会的一位会员劳伦斯·罗辛格谈论了摧毁日本帝国和重建东亚秩序所将面临的困难。他认为，中国台湾和东北地区由于长期受日本统治，可能已经形成了身份认同感，它们或许并不想“重新融入一个大一统的中国”。朝鲜也面临着同样敏感的问题。虽然《开罗宣言》承诺朝鲜“在适当的时候获得独立”，但是在战争的末期，它可能并不具备独立自主和自治的经济、政治条件；如果目前由共产党领导的武装力量在战争结束前不断壮大，并且发展成为政权，那么像联合国这样的国际组织可能会宣布该政权为后日本统治时代的朝鲜事实政府，而一个独立的共产主义朝鲜并不符合美国利益需求。

罗辛格为战后的朝鲜提议了三种选择：一是由单一的国外势力占领；二是由一个国际权威机构托管；三是建立一个独立的非共产主义朝鲜政权（罗辛格在此处加了着重号）。第一个选项最具争议，因为美国、英国、中国和苏联都想获得对朝鲜的部分控制权，它们反对由单一国家占领朝鲜；罗辛格认为，由于伪满和朝鲜对苏联有着“极深的安全利益”，它希望处于“一个能影响满洲和朝鲜未来的重要位置”，所以在单一控制朝鲜的问题上，苏联最具野心。第二个选择，即由一个国际机构托管朝鲜，这只是一种假设情形，因为国际社会从未尝试过对诸如朝鲜这样的工业化国家进行长期的国际化管理。所以，朝鲜与其他受国联委托管辖的领土是不一样的。罗辛格认为第三种选择是最佳方案，即不管朝鲜人民的意愿如何，由一个非共产主义政权统治朝鲜。在从日本统治转向该政权统治的过程中，朝鲜应接受另外一个国家半年到一年的军事占领。这期间，朝鲜要准备成立一个临时代表政府。罗辛格并没有说明是否由美国对朝鲜实施军事占领，但他断言，只要推翻了日本统治，朝鲜会变得更美好。

在美苏两国都对朝鲜虎视眈眈的情况下，日本政府依然坚持着保留朝鲜领土完整性的政策，并采取措施强化朝鲜人对日本的认同感。朝鲜总督府和日本政府致力于加快日朝一体化的速度，对自愿或被迫参加日本战事的朝鲜人给予各种权利和平等地位。1944 年 12 月 22 日，日本内阁通过了一项举措，旨在改善朝鲜和台湾地区殖民地的社会环境。对此，日本政府向殖民地居民作出以下承诺：给予自由前往日本本土的权利、改善警方行为、改善劳工管理、改善教育和就业环境，以及给予更多机会移民到日本本土。接着，内阁又成立一个委员会，专门研究如何提高朝鲜人和中国台湾人的政治地位。1945 年 4 月 1 日，日本通过了一项新的选举法案，虽然这项新的选举法没有给予朝鲜选民普选权，但它允许符合资格的朝鲜选民选出帝国议会 10 个贵族院席位和 23 个众议院席位；这里所谓“符合资格的选民”，是指年龄超过 25 岁、并且连续 1 年以上向日本直接缴税超过 15 日元的男性公民。

日本的归化计划宣称，日本和朝鲜在政治和文化上是一体的，不存在意识形态断层。即使在日本帝国即将陷落时，日本领导人和战争规划者们仍然不愿意让美国或苏联在战后成为朝鲜新的占领者；他们也无法预测哪个国家能在战后朝鲜发挥更大影响力。在 1945 年之前对朝鲜的分析中，日本殖民者就一直担心朝鲜人期盼苏联进入朝鲜，将他们从日本统治中解放出来。日本殖民者知道，朝鲜的左翼分子正积极地组织民族主义运动，并且得到了广泛的民众支持；但同时，由于与苏联、中国共产党的复杂关系，朝鲜共产党人一直无法团结一致。从 1942 年 7 月开始，朝鲜共产党人在中国东北地区和朝鲜北部与中国共产党一起联合抗日。然而随着战争的进行，朝鲜共产党逐渐分化成两个小集团，一个服从苏联的领导，另一个服从中国共产党的领导。而作为另外一个政治派别的朝鲜民族主义者被驱逐出朝鲜后，在重庆成立了大韩民国临时政府；李承晚则在美国继续代表着他的流亡政府，而美国政府只给予他不温不火的支持。

1944 年，朝鲜总督府向在东京举行的帝国议会第 85 届会议递交了一份报告，汇报了在朝鲜不断加剧的国际情报活动。当时，苏联、中国共产党、美国、英国和中国国民党政府都在朝鲜进行秘密行动，各自“协助”朝鲜的“独立”运动。同年 8 月，日本驻汉城当局发现，朝鲜共产党人正热切期盼苏联进攻日本，以便为他们的革命运动带来契机。与此同时，在朝鲜或整个东亚，除了基督教信徒，没有任何团体与美国合作。日本当局猜测，美国对朝鲜的影响力，很难与苏联和共产党人对朝鲜人的影响力相提并论。

尽管如此，美国和苏联似乎都赞成在战后的朝鲜保持势力均衡。

在雅尔塔会议上，对罗斯福提出在朝鲜半岛实施联合托管的建议，美苏双方都勉强表示赞成；而在波茨坦会议上，双方都对联合托管期间派驻军队的问题避而不谈，并且针对“解放”朝鲜问题，只是交换了一下简单的军事计划，这在很大程度上没有明确朝鲜半岛的战后地位。

撇开朝鲜暂且不谈，美苏之间的竞争对战后日本的安置问题将产生巨大影响。日本外务省从西方多种渠道获悉，美国政府非常关心哪些国家会在战后控制日本。正如之前提到的，于 1944 年初被发送到东京的《美国信使》杂志上的一篇文章介绍了华盛顿的最初方案，即由一个“盟国对太平洋管制委员会”来管理战败后的日本。委员会的成员可能包括美国、英国、中国、澳大利亚、新西兰、加拿大、荷兰以及苏联。该方案明确表示，苏联只有在加入太平洋战争的前提下，才能参与占领日本。1944 年 3 月，日本驻瑞典公使冈本季正向外务省呈交了一篇摘自《瑞典日报》的文章。文章提议，英美联盟应将日本变成亚洲反共产主义的桥头堡。在这种情况下，苏联应被排除在占领日本的国家名单之外。1944 年末，东京收到了另一份关于创建“盟国对太平洋管制委员会”的新闻报道，称委员会的主要成员将包括美国、英国、中国和苏联，文章还提到了苏联的会员资格将取决于它是否对日宣战。如果苏联对抗日战争袖手旁观，那么它就没有理由分享战后对日本的控制权。

日本帝国海军少将高木惣吉为日本的战后生存规划了一条可能性线路。从 1943 年开始，高木就坚持要结束这场毫无胜算的战争。这说明他对日趋紧张的国际政治局势有着清醒的认识，并且意识到日本亟须在这样的世界中找到生存路径。他认为日本不应把苏联日益增强的影响力视为威胁，而应该把它看作战后能与美国抗衡的潜在力量。1945 年 3 月 13 日，高木完成了《调查中介报告》，分析了战争中围绕着日本的各种国际政治势力。虽然高木预言美、英、苏三巨头在东亚战事结束前会戮力同心，但他也同时推测，美国既不会赢得抗日战争的胜利，也无法在日本本土、朝鲜、中国东北和华北建立霸权；不管战争以何种方式结束，苏联的干预都会对美国的野心形成阻挠。高木坚持认为，在任何关于战后调停的宏观思考中，无论日本是否有机会与美国媾和，都不应将苏联的因素排除在外。

高木还建议，日本最好针对三巨头在世界政治局势中的动机、目标和愿望，分别定制不同的方案。基于英国海军和日本海军传统友谊，高木赞扬“大不列颠王国”最能理解日本的国家政体和天皇制度。高木认为，英国在资本主义制度和国际地位方面，比美国更适合当日本的合作伙伴，而且英国在文化和知识层面也与日本接近；但他也承认，与美苏相比，英国的实力正逐渐衰弱，它将无力资助日本的战后重建。

高木描绘了美国在战后建立以其为中心的资本主义世界的野心。他预测说，如果美国要实现这个目标，就很可能会帮助日本进行重建，并将日本纳入其全球网络体系中。而作为美国体系的一部分，日本将迅速恢复资本主义社会，重新获得国际社会的信任。但是另一方面，战后美国在亚洲的霸主地位将意味着日本要放弃在中国的利益，因为美国将禁止日本重掌地区领导权。按照高木的想法，日本克服这些不利因素的唯一机会，就是苏联反对美国独霸亚洲，而华盛顿发现自己无法独自对付苏联，从而寻求日本的协助。只有在那个时候，日本才有可能在华盛顿撑腰的情况下，在亚洲重新夺回优势。

然后，高木还分析日本将如何从与苏联的关系中受益。他承认，日本可以学习苏联先进的社会主义体制，但同时也提醒，与苏联结盟的长期后果将更加不可预测。苏联缺乏国际公信度，而它的革命宣传通常带有破坏作用；如果苏联失去斯大林的领导，整个国家将陷入混乱。虽然如此，高木还是坚称日本不应低估日苏共同诉求，因为它可以试探英美在亚洲扩张的野心。

高木提出了日本停战的最低条件，包括保留天皇制度、保留工业化能力、维续警察机关、继续将朝鲜和中国台湾置于日本主权之下。此外，高木建议向苏联妥协，让出诸如库页岛南部等部分领土；他还建议，满洲北部可以由苏联和日本共同监管，但条件是满洲的主权最终将归还给中国。

高木的提案既没有明显地偏向美国，也没有明显地偏向苏联。这个方案类似于一种风险管理模式，让人想起中世纪日本内战时期大名主所采用的一种策略。在 14 世纪的日本，内战使整个国家分裂成两股势力，一个是幕府政权，另一个则是朝廷势力。当时，同族故意反目是常有的事；这不是由于家族成员在原则问题上产生矛盾，而是为了无论内战结果如何，整个家族总有一部分能站在胜利者的一边。这种策略，就是通过同时支持两个竞争对手的方式，达到分散风险的目的。虽然表面上家族分裂，但分裂的双方都明白：矛盾只是做给别人看而已。

日本外务省很快获悉，美国正在加紧研究日本投降所带来的战略优势。《华盛顿晚邮报》在 1945 年 5 月 2 日刊登了一篇文章，称日本确信苏联将对其宣战，并在随后干预亚洲事务。文章猜测，日本为了挽救自身经济实力，“更倾向于”向“重庆的英美盟军”投降。由于这篇文章刊登于日本的和平试探者四处活动期间，因此文章所猜测的观点或许正基于他们所提出的建议。9 天后，日本外务省通过苏黎世的渠道得到了这篇文章的复印件。外务省发现，美国人正试图了解日本是否有不可告人的意图。1945 年 5 月 11 日，一份发往东京的路透社报告透露，美国猜测日本或会利用苏联这张王牌来与之对抗。报告提出了一个问题：“在四面楚歌中，日本难道不愿意提出无条件投降，以缩短战争时间的方式来获得更好的谈判条件吗？但困难在于，苏联的远东政策尚未明朗；日本政府有理由相信：同盟国之间出现的严重分歧可能会创造出有利的外交形势，日本能把握住这种形势，促使谈判达成妥协。”

在雅尔塔会议上，斯大林承诺将对日宣战；而在会议之后，苏联对朝鲜的野心使美国越来越警觉。道格拉斯·麦克阿瑟将军怀疑苏联想将整个中国东北地区和朝鲜据为己有，而陆军部长亨利·史汀生则认为“以俄国的军事实力，完全有能力打败日本，并在美军动手之前占领库页岛、中国东北、华北和朝鲜等区域”。美国前任总统赫伯特·胡佛也担心苏联的这种军事潜力，他甚至在5月15日致信史汀生，建议美国应立即向日本提出和谈的具体条件，以防苏联从东亚攫取重大的战争利益。

1945年6月28日，当高木起草第二份和平提议的时候，他建议日本与苏联和英美联盟进行两个阶段的谈判：首先，在7月初与苏联谈判，然后与瑞典谈，到了7月底8月初的时候，再与英国进行和平斡旋；只有在1946年4月下旬之前，日本无法说服苏联保持中立的前提下，才开始联系在瑞典和瑞士的和平试探者，并考虑向英国派出特使进行具体的谈判。高木虽然没有提到与美国直接谈判，但他实际上谈到了几种与美国进行沟通的间接途径。

高木提出的停战条件，似乎并没有促使美国和苏联给予日本任何好处。作为向苏联让步的条件，高木建议日本满足以下事项：在伪满和苏联边境实行非军事化；承认苏联对蒙古、中国新疆、中国西藏、中东和印度的影响力；将伪满的战略铁路转交给苏联；苏联拥有在伪满和华北的军事低空飞行权；将关东州的租赁权转交给苏联；归还库页岛南部；承认苏联或中国共产党对伪满和华北拥有特权。

与此形成对比的是，高木对美国几乎没有提出让步条件，反而从美国那里要求更多。作为向美国让步的措施，他提议日本立即从占领区撤军；裁减军事力量；割让海外领土，包括托管地；支付赔款；解散日本社会的秘密社团和右翼组织以及处理日本战犯。而作为停火的回报，日本也有其“要求”。高木建议维持现有的天皇体制；保留日本本土和附近岛屿；维持人民生活水准；继续占有朝鲜和中国台湾；拒绝同盟国占领日本；保留日本自身的警察机关以及东亚国家保持独立。

高木还总结出同盟国可能会对日本提出的要求，其中包括：无条件投降；有效裁军或永久裁军；审判日本战犯；放弃所有占领区，并在占领区实行去军事化；退出殖民地；朝鲜实行自治并在将来实现独立；将满洲归还中国；建立民主政府；外国军事占领；禁止航空业和重工业；支付赔偿金；解散反动的国家政体以及同盟国对日本的教育和宗教事务进行干预。高木的提案至此结束。

1945 年 7 月初，《朝日新闻》驻欧洲记者笠信太郎致信日本内阁情报局局长下村宏，告诉他苏联要求取得库页岛、满洲和朝鲜，但这既不作为抗日胜利的成果，也不作为苏联与日本保持中立的条件。笠信呼吁不要将这些领土割让给苏联。相反，日本应立即向美国投降，把这些领土置于美国的势力范围内。笠信希望这项提议可以感化美国，给予日本有条件投降的地位。与此形成对比的是，在高木的方案中，日本在苏联参战前不应该向美国投降。1945 年 6 月，曾在战前担任外交官，并在 1948 年出任内阁总理大臣的芦田均在他的日记中预测了战后世界的不确定性：

> 从现在开始到未来几年中，对于谁（哪个政治集团）会决定日本的未来，我完全没有头绪。

外务省和高木向苏联所提的建议，皆涵盖了日本向苏联出让在中国内地和满洲的各种权益，但日本领导人给美国的提议却没有类似的让步条件。为什么他们看上去像在推动苏联的在华利益呢？

到 1944 年春，在大量的海外情报活动基础上，日本政府获悉中国共产党可能要和华盛顿重归于好。如果中国共产党与美国结盟，不仅有助于其打败日本，而且能助其打败国民党，成为内战的胜利者；但是，过分依赖美国会使延安政权无法拒绝来自华盛顿的要求和压力，这样将把战后的整个东亚都置于美国的势力范围内。日本的政策制定者们意识到，莫斯科和延安之间的分歧在加大，于是他们揣测：如果华盛顿与延安结盟，苏联是否会作出反应？又将做出何种反应？日本的决策者之所以跟进美苏在中国的竞争状况，是为了预测日本帝国瓦解后的东亚新秩序以及日本生存下来的可能性。

为了对中国的外交关系形成一个总体认识，大本营和外务省曾研究过中国的政局。在侵华过程中，日本的注意力从国民党转移到中国共产党身上。在中日战争的早期阶段，日本优先考虑的是如何对付蒋介石的部队；而当日本更加了解中国共产党后，这种状况逐渐改变了。为了消灭共产党的游击队，日军采用了残暴的“三光政策”。到 1943 年，日军承认无法遏制中国东北地区中国共产党游击队的发展；1944 年春，大本营确认中国共产党已经在西北地区建立了一个半独立政权。1944 年 5 月，由大东亚省资助的研究机构“东亚会”主编的刊物《东亚》刊登了一篇文章，描述了美国在蒋介石和毛泽东之间作选择时所面临的两难境地。这篇文章把蒋介石与德拉查·米哈伊洛维奇相提并论，后者是南斯拉夫西南地区的军事首领，他不赞成平民加入游击战，而且倾向于支持独裁统治。蒋介石似乎注定要被美国抛弃。文章认为，毛泽东就是亚洲的铁托元帅，他不可能与美国成为合作伙伴。而让局面更为复杂的是，在中国的抗战阶段，苏联就已经背叛国民党和中国共产党，《苏日中立条约》就是背叛的最大证明。为什么国民党军队在 1943 年年末进攻外蒙古时，国民党内最亲美的政治家宋子文会去访问莫斯科？国民党在“红色新疆”

的影响力为何在逐渐增强？所有这些都反映出美国、苏联、国民党和中国共产党之间错综复杂的关系。

日本政府在 1944 年 7 月正式承认延安政权，它既不担心莫斯科与延安政权之间的紧张关系会促使蒋介石与毛泽东结盟，也不担心这种紧张局面会驱使中国共产党接近华盛顿。当美军观察组在 1944 年 7 月和 11 月前往延安考察时，大本营并没有将这两次访问视为美国与中国共产党关系进入蜜月期的标志；相反，他们发现中国共产党的领导人对美国表现出某种不安。

从 1944 年夏天开始，毛泽东就一直想获得美国的军事援助，以扩大中国共产党的根据地范围，并开展针对国民党的内战。1944 年 7 月 4 日，毛泽东在庆祝美国独立日时宣布："我们共产党人现在所进行的工作，乃是华盛顿、杰斐逊、林肯等早已在美国进行过的工作；它一定会得到并且已经得到民主美国的同情。"大本营从中可以了解到，虽然毛泽东一直想获得美国的援助，但当中国共产党在全中国迅速扩大根据地的时候，华盛顿还在继续支持国民党政权，毛泽东对华盛顿的动机表示怀疑。

形势发展得非常快。1944 年 11 月，大本营收到一份情报，称中国共产党正全力争取美国的军事援助，尤其是针对日本的空战支援。中国共产党刚确认美国的军事援助，苏联就介入其中，请求与中国共产党建立新的军事联盟，并提供飞机、弹药和技术支持。苏联想考验华盛顿对中国共产党的承诺，更重要的是，它想考验中国共产党是否真的愿意接受华盛顿的援助。这份报告强调了一个残酷的现实，即中国共产党将无法从美苏任何一方，尤其是从它的"意识形态发源地"得到它想要的东西。情报还透露，中国共产党的高层领导人朱德和彭德怀发电报给延安，称美国正在帮助国民党政权在自然资源丰富的地区建立军工业，这样国民党就能最终对共产党和苏联发起进攻。在寻找军事同盟的过程中，毛泽东发现自己陷入了华盛顿和莫斯科之间的大国阴谋中。大本营看到了在争夺对中国共产党的控制权过程中，美苏都是如何去考验对方的。

在东亚同文会出版的《支那》杂志1945年1月刊中，也对美苏两国在中国问题上的纠葛进行了类似描述。美国想控制中国，把中国变为自己的一个海外市场；而苏联则想把中国纳入自己的防御版图中。东欧和巴尔干半岛的例子已经证明：从伊朗、印度、外蒙古和中国新疆省开始,苏联企图摧垮亚洲的一切民族主义,以扩大自身的势力范围。该杂志预言，随着战争的结束，美苏之间由于各自在华利益不同而形成的分歧将越来越大。

日本政府继续尝试区分这场政治游戏中的四个玩家：国民党、共产党、美国和苏联，把每一方作为中国战场上的独立因素，估算它们的利益点和目标。1945年1月20日，大本营完成了《帝国陆海军作战计划大纲》。在大纲中，陆军和海军建议采取联合军事行动。这份大纲并没有把苏联因素考虑在内，但它提出：在中国战场必须做出重大改变。1月22日,大本营向中国派遣军总司令官发布大陆令第1228号，要求把美军而不是国民党的军队作为头号敌人；中国派遣军的新任务是要加强对华中和华南的控制，并在美军企图进入中国时将其一举击溃，大纲没有具体提到中共军队。

“麦淇淋式马克思主义者”

近卫文麿在1945年2月14日的备忘录中曾提醒天皇注意共产主义革命在亚洲的蔓延，但里面对中国共产党和苏联的现实评估却让人觉得奇怪。在给裕仁天皇的提醒中，近卫文麿宣称日本的共产党人长期驻扎在延安；而且在日本帝国陆军中所谓的“亲苏派”都是由莫斯科领导的，他们与中国、朝鲜和中国台湾的共产党人并肩作战。那时候的东京，几乎没人相信莫斯科和延安会联合起来，以共产主义风暴席卷亚洲。

在 1945 年初，苏联就已经宣布不支持中国共产党，认为后者在意识形态方面缺乏纯洁度。同年 4 月，斯大林在与罗斯福派往延安的特使帕特里克·赫尔利会面时，轻蔑地称毛泽东是“麦淇淋式马克思主义者”（麦淇淋是黄油的代用品，代黄油不是真正的黄油。斯大林意在批评毛泽东总是依靠农民而不是工人阶级，偏离了真正的马克思主义，只能算是农民领袖，算不上真正的无产阶级革命领袖。——译者注）。1945 年 6 月 25 日，在与哈里·霍普金斯的一次秘密会面中，斯大林称苏联打算在 8 月 8 日加入亚洲战场。斯大林重申，蒋介石是比毛泽东更理想的统一中国的领导人；他甚至还承诺，如果苏军进入满洲和中国的其他区域，他将支持蒋介石而不是毛泽东来治理中国。

华盛顿开始揣测苏联对东亚的意图，尤其是它是否真会加入亚洲战场。1945 年 5 月 12 日，美国代理国务卿约瑟夫·格鲁与 W. 埃夫里尔·哈里曼、美国陆军部助理部长约翰·麦克洛伊、美国国务院苏联问题专家查尔斯·博伦以及美国海军部长詹姆斯·福雷斯特尔会面。格鲁提出一个问题，即苏联是否会以加入亚洲战场为条件，要求参与占领日本。为了应对这种不确定性，格鲁说国务院打算要求苏联政府作出三项承诺，作为进入亚洲战场的先决条件：一，承诺对中国共产党施加影响，使其同意在国民党政权下统一中国；二，承诺遵守《开罗宣言》，赞同将满洲归还中国；三，承诺支持美、英、中、苏对朝鲜实行共同托管。

不久后的 1945 年 6 月发生了所谓的“美亚事件”，导致中国共产党对美国的意图产生了警惕。6 月 6 日，美国联邦调查局逮捕了 6 名美国公民，指控他们把美国政府的绝密文件交给中国共产党。发生此事件的美国《美亚》杂志社专门报道当代亚洲问题，而被逮捕的人士是杂志社的“亲共”编辑以及与杂志社交往密切的外交官。6 月 25 日，中国共产党的官方报纸《解放日报》刊登了言辞激烈的评论文章，批评华盛顿反动派明目张胆的反共立场。历史学家迈克尔·亨特认为，虽然发生了这些事情，但毛泽东凭借着“对多变环境的解读”，还是保持了灵活的甚至带有机会主义的态度，坚持战争末期与盟军合作的军事计划。毛泽东认为，他仍能驾驭美国在太平洋地区的军事和政治优势，因此他在 1945 年中期仍与美国的军事代表保持接触。

在发生“美亚事件”的那段时间，冲绳的战况愈发紧张，迫使大本营以太平洋战场为背景，重新修改对华战略。4 月 22 日，阿南惟几将军表达了希望看到在中国实现和平的愿望。此时，他面对着两大障碍，即苏联宣布不再续订《苏日中立条约》和美国在冲绳之战中占据了绝对优势。阿南建议，日军应在中国派遣军总司令冈村宁次将军的领导下，对国民党政权和中国共产党政权同时停战。与此同时，大本营以 5 月 28 日的大陆令第 1335 号和 5 月 30 日的大陆令第 1339 号和 1341 号发布了新的中国作战计划。在这三个命令的基础上，中国派遣军制订了《中国派遣军对美作战计划大纲》。该计划的主要目标是在美军登陆长江三角洲并沿着长江进军中国内地时，日军将阻止美军前进、保卫日军的战略据点；该计划还安排关东军在北朝鲜准备实施抗苏防御作战。

在中国战场的最后阶段，美国已经被日本视作主要敌人；苏联排在第二位，成为潜在威胁。在日本针对全球战事的全景图中，国民党和中国共产党已然退居幕后。

在 6 月制订的对华战略大纲中，提及国民党军队的内容很少。中国派遣军第 13 军和第 23 军打算用最少数量的部队对付国民党，以减少不必要的战线。作战计划没有提到如何应对中国共产党军队，同时它认为美国和中国采取联合抗日行动的可能性不大。

日本陆军参谋部战争指导班的绝密战事期刊《君津战争日记》汇总了自 1945 年 5 月 31 日以来对战争的一些思考，主要关于苏联希望发展苏、美、中、日四国在东亚的关系以及日本是否愿意接受这样的愿景。1945 年 6 月 8 日，最高战争指导会议与裕仁天皇会面，探讨指导未来战事的基本原则。最高战争指导会议提到中国战线时，觉得前景非常黯淡。会议成员一致认为，虽然国民党被苏联难以捉摸的意图和与中国共产党的斗争弄得筋疲力尽，但它还是希望在抗日战争中与美国结盟，并提高自身在国际社会的地位。一旦美国在 1945 年秋天后加强对日攻势，国民党就很可能会对日本采取全面反攻，这将威胁到日本的大陆战线。

同时，中国共产党也会在日占区加强游击战。尽管如此，最高战争指导会议指出，英美同盟与苏联的对抗日趋激烈，并与国民党的分歧也在加深。委员会还作出了不利于国民党的预测："二战"结束后，随之而来的将是中国的内战、美国在东亚建立霸权、中国共产党不断增长的影响力以及来自苏联的压力。最高战争指导会议最后总结道，虽然与国民党单独议和看起来不太可能，但和以前一样，本着公平的精神，日本还是要继续给国民党一个和平谈判的机会。会议没有明确谁将成为一统中国的领导者。

到了战争末期，日本的主流报纸纷纷刊登文章，分析中国共产党在内战中相对于国民党的优势，这些对共产党评价较高的报道一直持续到战争结束。

1945 年 7 月 27 日，《波茨坦公告》发表后仅一天，《朝日新闻》就刊登了一篇关于中国共产党的文章和关于东亚未来前途的社论。这篇文章指出，中国的未来不能简单地被视为"美国与国民党"阵营和

"苏联与中共"阵营的对抗,因为这四者间存在着诸多竞争元素。然而,中国共产党已经取得了重大发展。

1945年4～6月,中国共产党第七届全国代表大会在延安举行,毛泽东批判了国民党的独裁统治,赢得了那些曾支持国民党,但后来深感失望的人士的支持;毛泽东也变得越来越敌视美国,因为后者现在对中国而言是潜在的入侵者和分裂者。虽然中国共产党此前曾同意美军在中国沿海地区进行抗日作战,但毛泽东又推翻了这个决定,并组织群众运动,让群众对美国心生畏惧,从而阻挠其进入中国。这篇新闻报道毫无保留地赞扬中国共产党赢得了民心,并赞赏其捍卫独立的中国的决心。

与此同时,毛泽东与莫斯科、华盛顿保持着距离。正如迈克尔·亨特指出的那样,毛泽东希望日本在太平洋战争中战败,但他也担心随之而来的是美国和苏联在远东地区的崛起。毛泽东担忧,中国共产党与苏联意识形态的冲突以及苏联在东亚的军事战略将危及中国共产党的生存和发展。当毛泽东注意到"大联盟"逐渐瓦解时,他曾思考如何才能利用美国的实力来遏制苏联;同时,毛泽东非常谨慎地不让美国在战后有任何殖民扩张的空间,或者不给美国任何完全取得太平洋地区的指挥权的机会。诚如亨特所言:

> 毛泽东疏远莫斯科,尝试与美国重归于好,反映出他要求外交事务的自治权,这完全颠覆了旧有的国际事务理念。

中国1911年辛亥革命的复杂性在于,国民党的正式盟友是苏联和美国,而斯大林和蒋介石却从来没有成为亲密战友;更为微妙的是,苏联还是中国共产党意识形态的发源地,而斯大林却从没把毛泽东看作值得信任的同志。苏联军队在满洲的存在不一定能帮到中国共产党,因为在满洲战斗的朝鲜共产党人和中国共产党人都是由莫斯科精心挑选的，他们奉行的并非毛泽东主义的革命目标。

日本政府实行前后矛盾的两种对华策略：既支持苏联对满洲的兴趣，也默认中国共产党的崛起。在日本战败后所形成的政治真空中，这种态度造成的后果之一，可能是苏联与中国共产党相互之间感到不安，而这正是日本领导人所希望看到的，并希望借此削弱苏联和中国共产党的影响力。

这个策略也有可能使美国无法干预中国。如果苏联进攻伪满洲国，日本的决策者和战略家们将看到中国出现势力均衡的微妙局面。日本已经预料到自己将被美国打败，它也早已放弃了泛亚主义梦想。

随着美军在太平洋战场所向披靡，日本占有的欧亚大陆开始消蚀。但是，在日本殖民帝国解体后，如果苏联进攻日本所产生的连锁反应能将美国赶出欧亚大陆，那么日本发动战争的最初目的或许反而能够实现。于是，日本领导人开始心照不宣地希望苏联进攻日本。

第6章

挫败苏联独霸东亚的野心

岛国日本无论如何都不可能向世界上最强的两个国家同时发起挑战，可欧洲战事的完结恰恰预示着这一棘手的局面。帝国的统治者在此时已经开始谋划体面地退出战争，如何处理朝鲜的战后问题，直接影响到日本的战后生存。

1945年夏，日本开始在九州进行防御备战。对于此次备战的性质和程度，美国学者至今仍然评价不一。有的学者认为，日本大幅增强了九州的防御力量，说明他们已经准备好迎接美国的进攻，并能够在地面作战中给美国造成重大伤亡。

其他学者则提出反对意见，他们认为日本远没有做好充分的准备；而美国之所以在评估日本九州防御的过程中夸大其词，其实是为了给它使用原子弹找一个正当理由，即日本人为了保卫国土必将背水一战。如果采取地面作战，会造成美军的重大伤亡，而使用原子弹则可以避免这样的悲剧发生。

“绝对国防圈”策略

传统观点认为，大本营虽然对苏联保持中立仍抱希望，但它已决心与美国决一死战。然而，一些迄今为止极少披露的军事档案告诉我们，实际情形并非如此。在大本营参谋部作战课 1945 年 5 月 13 的绝密日记中，有这么一段话：

> 总的来说，我们还没有决定是否与美国或在亚洲大陆上（与苏联）进行决战。目前唯一重点就是要拖延撤军的时间，无论在中国（内地）、满洲或者朝鲜都是如此。这是相当可怕的（此处加了着重号）。

5 月 20 日的绝密日记则记录了陆军大臣阿南惟几的一段话，他宣称自己采纳了一项“拨云见日”的新政策，该政策的第一步已经在满洲成功实施。1945 年 6 月 8 日的绝密日记记录：当天上午 10 点召开的御前会议正在按计划顺利进行，枢密院议长平沼骐一郎发表了战斗到底的训导讲话。

然而，官方记录却把平沼称为“和平的热心拥护者”。他说，当与会者重新确认日本侵略战争的正式目标时，御前会议的目的就完全达到了。这种“打破第四面墙”的做法（第四面墙是戏剧术语，就是在舞台的这第四个方向上假设出来的一面看不见的墙壁，这面透明的墙隔离了观众和演员。演员如果意识到“第四面墙”的存在，便可以专心表演而忽视观众的存在。——译者注）在战时常被政治家和外交官所采用，其套路是日本的战争领袖在最高级别的会议上说了某件事情，这件事需要与会者的一致赞同；但在其他场合则要用相反的说法来描述和记录这件事。

因此，即使最高战争指导会议或御前会议的官方记录探讨了在日本本土进行决战的问题，它们也不一定能反映出政府内部事态的复杂性。

随着双线作战的可能性越来越大，大本营开始定期更新对美苏的评估，即当美国进一步挺进日本帝国时，苏联将如何进攻日本。在这种评估中，朝鲜变成了美苏竞争的舞台。

一些归档文件显示，日本为了保住朝鲜，曾制订过与美苏同时作战的战略计划；但也有其他文件披露，日本政府也曾考虑过美苏的双重军事行动会对朝鲜造成什么影响。日本的军事战略家预测，美国和苏联将分别从一南一北入侵朝鲜。

最终，朝鲜将被美苏共同占领，并被分裂为两个实体。大本营并不仅要决定是否与美苏的一方或双方进行决战，它还要预测日本殖民帝国崩塌之后会发生什么事情。

在整个战争过程中，日本陆军和海军从来没有在太平洋战场上协同作战过。即使在早期对同盟国实施进攻性战略遭遇困境时，陆军也是优先考虑中国战场，尽量不采取干涉太平洋战场的军事行动。1942年11月中旬，大本营在南太平洋采用了陆海军协同作战的策略，但收效甚微。

1943年3月5日，大本营正式启动了《帝国陆军综合作战指导计划》。在该文件中，陆军首次提出了整个日本军队进行综合性作战的计划。此时，陆军和海军都认为东南亚地区是主战场的一部分，并需要保住莱城至萨拉马瓦以西和所罗门群岛中部以北的区域。

然而，当日军于8月初在所罗门群岛中部遭受军事打击后，陆军和海军就坚持要在太平洋战场分别执行防线撤退计划。9月30日，日本政府和大本营在获得裕仁天皇批准后，颁布了《未来战争指导大纲》，标志着将日军转而采取新的“绝对国防圈”策略。

虽然日本在太平洋战场的军事策略由攻转守，但这种重大的策略转变还是没能实现陆军和海军在太平洋战场上的统一协作。陆军仍然把马里亚纳群岛的防御优先于加罗林群岛；而海军则认为马绍尔群岛非常重要。这种优先次序的不同，导致在防御圈内某些特定的区域无法得到足够保护。

1943 年 11 月 8 日，为了抵挡美国自 10 月以来对威克岛和北所罗门群岛的进攻，陆军同意从日本本土、朝鲜、满洲和中国内地抽调大约 40 个步兵营的兵力来防守太平洋中部地区。差不多在同一时间，陆军正在起草一项名为“一号”的新作战计划，也被称作“穿越大陆”作战计划，意图在中国大陆打开一条通道，防止驻中国的美国空军空袭日本本土，并对中国大陆发动新一轮的攻势。随后，陆军推迟了向太平洋派遣部队的计划。

只有在 1944 年 2 月的时候，陆军和海军的作战部门才最终达成一致，同意向特鲁克岛和马里亚纳地区紧急调兵，以加强“绝对国防圈”的防御力量。那个时候，陆军才算真正愿意加入太平洋地区的战役。5 个月后，随着美军攻陷塞班岛，“绝对国防圈”开始瓦解。

“大津号作战”计划：应对美苏双线进攻

日本对“太平洋战场优先”这一观点的后知后觉，并不意味着它要在亚洲大陆上增强对抗苏联的军事力量。1943 年 11 月末，大本营负责搜集苏联情报的第五课（大本营组织机构下辖“部”和“课”，第 5 课负责苏联情报。——译者注）全面考察了苏联针对日本的备战情况。之后，大本营开始制订“大津号作战”计划，准备针对美国和苏联实施双线作战。1944 年夏，苏军在苏中边境的额尔古纳河挑衅关东军，但帝国陆军和关东军都恪守“保持和平和维持现状”的原则，没有作出任何反应。日军推断，苏联是想通过日本对此的反应，来试探日本的备战情况。有鉴于此，陆军加强了谍报活动，以便更准确地预测苏联进攻伪满洲国的时机。

关东军的中层军官认为，苏联进攻在即而高层军官们却没表现出任何紧迫感，这让他们深感沮丧。关东军的一位少佐在战后回忆道，尽管他所在的部门多次分析了苏联备战的危急程度，但关东军总部只是向东京发出了几次不温不火的预警，东京的大本营也没有对这些报告给予足够重视。位于东京的大本营第五课直接从它在中国和伪满洲国的情报活动收集信息，从中了解苏联军队最新的调动情况，并得出自己的结论。事实上，东京大本营和关东军总部都故意对苏联进攻的迹象视而不见，这样就可以保持在前线对苏联维持和平的策略；只要苏联还没准备好发动大规模的全面进攻，他们就继续调动军队去迎战美国。

1944 年 8 月初，关东军作战主任参谋草地贞吾中佐向大本营递交了一套战略计划。这套计划由 6 个分计划组成，对苏联进攻伪满和其他地方的可能性提出了对策。其中，只有 1 个计划建议日本对苏联进行反击，将苏军赶回靠近贝加尔湖的中蒙边界。该计划是以诺门坎事件之前所制订的一项战略为基础修订的，算不上一个严肃的主张。其余的 5 个计划都主张被动的防守策略。

其中一个计划是守住中国东北地区的整个边境以防止苏联进攻，但此计划由于难以实施而被否决；另一个计划则建议日军从中国东北平原撤军，采取持久战的策略，力图守住关东地区和朝鲜；还有一个计划建议日本完全从中国东北地区撤军，死守朝中边境。抛弃整个中国东北地区的计划，意味着日本要冒两大风险：一是对定居在伪满洲国 100 万日本侨民撒手不管，二是放弃日本自我强加的对伪满洲国的防御责任。

当日军的精英部队第二十六师团被调往菲律宾战场后，中国东北地区留下了防守真空，该地的防御变得岌岌可危；而关东军作为增援部队调派到其他战场作战，也让其损失惨重。仅 1944 年，关东军的十多个师团被抽调到南太平洋、菲律宾、琉球群岛和中国战场，这削减了它 1/3 的战斗力。关东军的大部分空军力量，则被派往轰炸重庆或飞往菲律宾和其他战场。

在苏联发动进攻的威胁面前，大本营显得毫不在意，反而拟定了抵抗美国入侵日本本土的详细计划，但这并不意味着它已经准备好与美国进行决战。1945 年初，大本营开始认真地研究美苏对日本实施双线进攻的可能性。1945 年 1 月 1 日，大本营参谋部作战课制订了两项宏伟的战争计划：一项是战争结束计划，另一项则是战后管理计划。

当美军由南向北推进、直逼日本本土时，大本营最为关心的问题就是确定美军将从哪里开始第一次大规模登陆。1945 年 1 月 5 日，大本营预计美军可能会在 1945 年 6 月以后的某个时间点从中国的东南沿海登陆。按照这个新的时间表，大本营指示中国派遣军将注意力从位于重庆的国民党军队转移到美军身上，并把后者作为首要敌人（大陆令第 1228 号）；而驻扎在西贡的日本陆军南方军则被重新调配，以阻挠美国向日本本土或中国大陆前进（大陆令第 1236 号）。冲绳、上海、山东半岛、小笠原群岛以及硫黄岛都被认为是美军可能登陆的地点。1945 年 2 月 3 日，大本营向驻守台湾地区的第十方面军发布了类似的条令（大陆令第 1242 号）。

大本营想精确地预计美军的作战时间表。美军登陆日本的时间最早由杉田一次大佐在 1945 年 1 月 16 日提出。杉田曾任大本营陆军参谋部欧美情报课课长，后降为作战课班长。

他在一次会议上解释说，美军在日本本土登陆的时间，最可能发生在 1945 年秋天，他还提出了美军在某些具体地点登陆的时间表：1 ~ 2 月，在小笠原群岛登陆；3 月和 4 月之前，在中国台湾和冲绳登陆；2 月或 3 月之前，在中国东南沿海登陆；5 月之前，在千叶群岛登陆；4 月或 5 月之前，在上海登陆；1 月，在孟加拉湾的安达曼和尼科巴群岛登陆；2 月之前，在马来西亚和苏门答腊登陆；5 月之前，在新加坡登陆；2 月之前，在香港登陆。杉田随后还讲解了日本本土该如何进行防御。他把九州、上海、小笠原群岛、冲绳、中国台湾和中国东南沿海定为美国可能攻击的目标。在这个阶段，朝鲜还没被列入预估名单中。

1 月 19 日，作战处提供了一份修改后的评估表，预测美军计划在 1945 年秋之前对日本形成合围，并在 1946 年开春之前对日本本土实施作战。1 月 20 日，大本营完成了《帝国陆海军作战计划大纲》，为准备“决号”作战计划制订了时间表。“决号”作战计划于 1946 年初秋实施，这将是日本在本土与美国进行的一场生死之战。

2 月 7 日，参谋部作战课确认，美国无论是否夺取冲绳或在中国登陆，它都很有可能在 1945 年 8 月或 9 月之后进攻日本本土。2 月 22 日，即美国登陆硫磺岛 3 天之后，大本营修改了早前的预测，估计美军将在 1945 年秋或更晚的时间进攻日本本土。

在雅尔塔会议之前，大本营在研究美国军事策略的同时，还密切监控苏联针对日本的动向。按照一般说法，日本的战略制定者从来不知道罗斯福和斯大林在雅尔塔会议上确认了苏联即将对日宣战，天真地以为苏联会长久地保持中立。但是，日方的资料却表明这种说法是错误的。

2 月 7 日，即雅尔塔会议召开 3 天后，参谋部作战课发表了一份评估报告，认为美国将在 8 月或 9 月后登陆日本本土；而宪兵部队司令官也向参谋总长梅津门美治郎汇报说，苏联很可能撕毁中立条约。果然，在日本时间 2 月 8 日，大本营得到谍报，罗斯福、丘吉尔和斯大林在雅尔塔会面，讨论战后世界秩序的问题。

会议结束后 3 天内，即 2 月 14 日之前，大本营又得到谍报，罗斯福、斯大林和丘吉尔在雅尔塔会议上就战后如何安置德国、波兰和南斯拉夫，以及创立一个世界和平组织这两个问题已经基本达成共识。

次日，即 2 月 15 日，最高战争指导会议发布了《世界局势评估》报告系列的第十版，称美国政府为了在短时间内结束战争，试图说服苏联对日宣战。报告预测，苏联极有可能在来年春季打破中立条约。报告甚至预测，苏联不管欧洲战场的进展如何，当它认定日本国力大幅度衰退时，就会发动对日战争，以确保其战后对东亚管理秩序的影响力。2 月末，日本帝国陆军驻莫斯科武官告知东京，从莫斯科开往远东的军用列车数量正在增加，这意味着苏联针对日本的军事备战正在升级。

日本前任内阁首相东条英机认为，苏联将视美国对日作战情况而进攻日本，甚至与美国展开联合攻击。2 月 16 日，东条英机告诉参谋部作战课课长：对于苏联在 4 月以后的军事动向，日本必须要提高警戒级别。4 月正是斯大林可能撕毁中立条约的时间，也接近日本认为美国会登陆日本的时间节点。东条英机隐晦地指出，日本的对苏政策虽然在判断上不无失误，但迄今为止，其成果还是显著的。为了理解东条英机这句话的言外之意，我们先要明白一点：不管斯大林正在计划什么，日本也要表现得像是斯大林的朋友。只有这样，日本才能得到自己想要的战略利益。

3 月 20 日，第二十方面军的参谋部作战课与军务部开会讨论一项新的对苏政策，他们同意向外务省强烈推荐这项政策。但这项政策的具体内容，档案中并没有明确记录。

在整个 3 月，关东军现有的 4 个兵团和新成立的 3 个兵团被抽调到日本本土和朝鲜，以抵抗美国的进攻。为了增援不断减员的关东军，大本营研究了从中国派遣军抽调部队驻守满洲的可能性。由于要从中国的战斗区域抽调士兵到满洲的非战斗区域，该计划引起了很大争议，因此一直到 5 月底大本营才决定实施（大陆令第 1335 号、1337 号、

1338 号）。苏联的进攻迫在眉睫， 伪满洲国也在风雨飘摇之中，但即使面对这样的境况，大本营仍然表现得迟钝呆板，竟然命令关东军尽量保持其精英部队的形象，希望以这种消极手段来威慑苏联。

4 月 16 日，也就是苏联外交人民委员莫洛托夫宣布苏联不打算续签中立条约的 11 天之后，大本营开始重新研究苏联进攻日本的时间表，以便“时刻准备着完善应对措施”。在由陆军参谋部作战课保管的绝密战争日记 1945 年 4 月 16 日的记录中，参谋部承认苏联在远东的兵力迅速增加，并敦促战争规划者们稍微调整一下苏联参战的预估时间表。对于日本是否要准备对苏联进行反击，这份记录只字未提，而只是以下列评语作为结束语：实现大东亚战争目标的关键之处在于，要精确地预计苏联何时发起攻击，并对苏联的进攻采取迅速、恰当的反应和措施。从日本人的角度来看，苏联对日宣战虽然意味着日本必将战败，但这也可能会防止美国在战后单方面接管日本的殖民帝国，并挫败苏联独霸东亚的野心。

4 月 25 日，大本营完成了《世界局势初步评估》报告，预计苏联将在 1945 年晚秋进攻日本；又或者无论欧洲局势如何，只要日本战况恶化，苏联也将进攻日本。这一观点被日本驻莫斯科武官浅井勇中佐所证实。当时，他应东京要求赶回日本。在一辆穿越西伯利亚的列车上，他透过车窗观察到了苏联的军事活动。

4 月 27 日，浅井给陆军参谋次长河边虎四郎中将发了一封电报，汇报他在跨西伯利亚铁路沿线所看到的大规模军事调动。他相信苏联对日宣战不但势在必行，而且其备战工作正在有条不紊地进行当中。浅井还判断，苏军要花大约 2 个月的时间将 20 个师的兵力投送到远东前线。

现在，在日本的军事观察家看来，苏军准备攻击伪满的时间，将比预想中的美国在日本北部发动进攻的时间早得多。然而，日本更关注对美军的防御，对苏联则一直消极地按保持和平的原则行事。到了1945 年 5 月，大本营确定美苏的对日攻势是相互竞争行为，而不是联合行动。大本营估计，苏联对日军事行动是由美国在东亚的军事行动引发的，因此，对美苏实施双线作战，会产生适得其反的效果。在1943 年 5 月 13 日的《调查中介报告》中，高木惣吉曾预测美国一旦取得战争的决定性胜利，就会争取在华北、伪满和朝鲜建立霸主地位；到了那个时候，为了阻挠美国的意图，苏联将介入战争。

根据大本营的分析，苏联对日宣战的动机可能有两个：

一是美国对日本的军事行动威胁到苏联的利益；

二是日本表现出即将向美国投降的迹象。

作为对前者的反应，苏联将调动军队，试探美国是否将采取军事行动；而对于后者，苏联将调动军队阻止日本向美国单方面投降。

大本营设想了六种不同的情形，其中三种描述的是美国将直接威胁到苏联利益的军事行动：

第一种情形，美军将在华中或华北等战略要地登陆，准备向中国内地挺进；

第二种情形，美军将在朝鲜南部登陆，乘势向北挺进；

第三种情形，美军将穿过日本海，试图在沿日本海岸线的战略要地登陆。

在以上三种情形之外，大本营设想的另外三种情形，是关于日本向美国投降之前，苏联将如何进行干预：第一种情形，美国成功入侵日本本土；第二种情形，美国不采取地面进攻的方式，而是利用空袭消灭日本战力；第三种情形，日本国内民意要求日本与美国和谈（第二种情形与后来实际发生的事情高度吻合：美国于 8 月 6 日在广岛投下了一颗原子弹，而苏联则在 8 月 8 日对日宣战）。

苏联将伺机而动，阻止美国取得对日本的压倒性胜利；而大本营所作的预测，则紧紧围绕着这一点。日本对美国入侵的预估时间保持不变，即 1945 年的秋天或更晚，但从来没预测过入侵会发生在“初秋”。在防止美国入侵日本本土的全面防御计划“决号”作战计划开始后不到 3 周时间里，大本营经过分析后得出一个结论：苏联将在美国入侵前进攻日本。

中美联合的“黑金刚石行动”

1945 年 2 月，朝鲜军被废止后，日本陆军第十七方面军接管了朝鲜的防御任务。1945 年 5 月 26 日，第十七方面军收到一份来自上海的机密谍报。这份情报是从延安和中国共产党上海政治处收集过来的，称美国正与中国共产党接触，商讨联合军事作战事宜。据情报透露，驻中国美军指挥官阿尔伯特·魏德迈于 1945 年 5 月初造访延安。

在访问过程中，魏德迈向中国共产党领导人透露了美国海军五星上将威廉·海尔塞最近的行动。大约 3 个月前的 1945 年 2 月底，中国共产党领导人就已经断定美军很有可能在华中和中国东南沿海登陆，为进攻日本本土铺路。中国共产党甚至还构想了一个与美军登陆相呼应的军事行动计划。从那时起，中国共产党就有充足的时间来决定是否协助美军在中国的军事行动。从这份情报可以确定，毛泽东已经准备好与华盛顿合作，以消灭他们的共同敌人——日本。

按这份情报所言，魏德迈向中国共产党领导人介绍了美军要在连云港附近登陆的计划，并要求中国共产党在军事上给予协助。魏德迈解释说，在占领日本本土前，必须要把日本本土和亚洲大陆隔离开来，因此，这样的联合军事行动必不可少。魏德迈还说，美军计划通过空袭和两栖作战的方式占领朝鲜（情报的原文在这里打了个问号）。情报还透露，中国共产党领导人反过来要求美军在最终敲定登陆方案前：

第一，为中共军队提供武器和弹药；

第二，在中国登陆之后，不能干预中共控制区域内的政治事务；

第三，在达到最初的军事目标后撤出中国。

此外，中国共产党领导人还提出了第四项要求，但无法从中文原文解码，因此这项要求的内容无从得知。情报显示，双方没有在这几项要求上达成一致。

而在美方的存档资料中，并没有魏德迈在 5 月造访延安或与中国共产党领导人会面的任何记载。以下这段文字是最与之相关的材料了。但请注意，文档中提到双方的会面发生在 4 月，而不是 5 月：

> 在过去的两到 3 周里，在黄河第一弯以北的陕西省延安县举行了中国共产党的第一届代表大会（实际上 1945 年 4 月在延安召开的是中国共产党第七次全国代表大会。——译者注）……中国战区美军司令的政治顾问 J.S. 瑟维斯先生以观察员的身份出席了会议。塞尔维斯先生此刻还未返回本部。当他回来的时候，相信会带回来一些信息，这些信息对于在这里尚待考虑的事项可能会起着直接和重要的作用。

从以上不对称的信息可以看出，日本当局也无法确定上述关于美国与中国共产党联合军事行动情报的准确性。实际上，美国在 1944 年秋就已经取消了先登陆中国东部沿海，再占领日本本土的计划。因此，魏德迈不太可能在 1945 年春又提出这个被否决的提议。但在 1945 年春，魏德迈的确为中国战场制订了一个更改过的计划，称为“黑金刚石行动”，该行动要求美军在 1945 年 8 月迅速从菲律宾挺进到中国沿海，夺取距离广州 250 英里的雷州半岛上的“白瓦特城”（此处的白瓦特城是指广东湛江地区。鸦片战争时期，法国军舰“白瓦特号”闯入时称“广州湾”的湛江地区，并强迫清政府将此处划为法国殖民地。法国人为纪念“白瓦特号”军舰，遂把广州湾中心城市称为“白瓦特城”。——译者注）后，开始进攻桂林至雷州半岛区域，并在 11 月 1 日向广州发起最后进攻。届时，将有包括来自印度的美军第十航空队的战斗机群飞往中国战场参加“黑金刚石行动”。所以，1945 年 5 月 26 日的情报可能指的是“黑金刚石行动”。抛开这些纷繁复杂的信息不谈，日本人的情报察觉到，如果要利用中国作为进攻日本本土的跳板，美军将会面临不少困难。

大约德国投降 1 个月后，裕仁天皇于 6 月 8 日主持召开了最高战争指导会议。在天皇面前，外务大臣东乡茂德解释了美国将如何强迫日本在短时间内无条件投降。东乡认为，虽然美、英、苏在欧洲、中东问题和世界和平组织的问题上出现分歧，但日本不应指望同盟国会就此分裂。这些国家知道，分歧只是暂时的，而世界和平需要它们和谐相处，况且它们也需要一场胜利来进行战后规划。

在阐述苏联对日本与日俱增的敌意时，东乡的思路很清晰。他认为，自从苏联在 1944 年 11 月将日本称为侵略者，并在次年 4 月宣布不再与日本续签中立条约开始，“它就不再受任何约束，可以随时进入与日本交战的状态”。由于苏联坚信日本在美国的军事优势面前必将溃败，因而它不愿意与失败者进行谈判。

考虑到这一点，日本的对苏外交将进入一个死胡同。苏联一旦向日本宣战，对日本而言是致命的；要想继续让苏联保持中立几乎是“不可能的”事情。东乡总结说，任何一项以苏日友好为前提而制订的政策都是不现实的。

出席这次会议的军事领导人似乎都同意东乡茂德的意见，即在战争结束前，“大联盟”不可能分道扬镳，而苏联对日宣战也将无可避免。日本军部对苏军的评估比东乡更为激进。他们认为苏联已经完成在远东战线的军事部署，随时可以对日开战。但即便如此，仍然没有任何一位军事领导人提出要阻止或击退苏联的进攻。相反，陆军参谋次长河边虎四郎中将在裕仁天皇面前宣布，日本军队将不惜一切代价对苏联坚持“保持和平、维持现状”的基本原则。这意味着对于苏联的先发制人行为，日本军队将不会作出任何反应。

6 月 8 日的会议形成了一份特别报告《未来战争指导大纲》，签署这份报告的与会者包括：内阁总理大臣铃木贯太郎、枢密院议长平沼骐一郎、海军大臣米内光政、陆军大臣阿南惟几、军需大臣丰田贞次郎、农商大臣石黑忠笃、外务大臣兼大东亚省大臣东乡茂德、海军军令部总长丰田副武和陆军参谋次长河边虎四郎。

报告的“对世界局势的判断”部分分析了美苏的对日态度，重申自从美国总统罗斯福在 4 月去世后，美国政府依仗其优良的武器装备，试图尽快结束对日战争。而为了在战争期间维护“大联盟”，美国将保持与苏联的政治联姻。

报告特别强调，苏联即将对日本动武，并推断其在外交和军事上都已准备就绪，随时可以对日本宣战。但为了以最小的牺牲达到其称霸远东的野心，苏联会等待合适时机。

报告继续指出，苏联是不会提前进行军事调动的，因为它要等待考验美国能否在东亚崛起的最佳时机，这个时机可能就是美军在日本本土或者华中及华北海岸登陆的时间。

报告最关键的一段评语是“考虑到满洲北部的气候条件，想要在远东实施军事行动并迅速集结军队，苏联最有可能在夏秋或晚些时候发动进攻”。

报告还提到了中国的战况。国民党依靠“美式装备”已经增强了战斗力，可能会在秋季加强抗日攻势，与美军的对日军事行动同时进行；另一方面，中国共产党也将加紧进攻日占区。考虑到国民党与美国目前的关系，日本不可能与中国达成和解。而与此同时，中国也担忧美国一旦取得抗日的全面胜利，就会产生独霸东亚的野心。随着共产党影响力的不断上升，以及来自苏联的压力不断加大，中国战场未来的不确定性在增加。

报告警告，由于美国试图迅速结束战争，日本正徘徊在生存与毁灭的边缘。它重申日本应该警惕苏联的态度；大日本帝国应下决心取得战争的胜利，并及时制订政治和军事策略（报告在此处加了着重号）。报告并未具体指出是何种策略，有可能参照的是与苏联“保持和平、维持现状”并消极等待其军事行动的政策。

1945 年 7 月 1 日，大本营发表了一份关于战争进程的修订报告。报告根据对美国海军的实力评估，更新了美国攻击日本本土的时间。大本营认为，美国将在 1945 年深秋和 1946 年早春之际，从空中和海上同时进攻日本。

对比美军打算在 1945 年 11 月进攻九州的“奥林匹克”作战计划和在 1946 年春进攻关东的“皇冠”作战计划，可以发现，在登陆时间表、具体登陆位置和登陆点以及战略目的方面，日本的预测与美军的计划十分接近。历史学家阿尔文·库克斯对此感到惊叹；用他的话来说，这种一致性“以至于用令人惊叹的细节来谋划预期时间和登陆点的具体位置”。他认为，日本的防御对策来自于日本人的战术和战略常识，而不是菲律宾的反间谍活动获得的信息。

驻扎在朝鲜的日本陆军第十七方面军为监控美军进攻日本本土计划的情报活动做出了贡献。5 月 27 日，第十七方面军收到几份来自上海的机密报告，其中一份报告确认，美国陆军的理查德森命令下属研究制订一份关于在临近东京的千叶市九十九里浜海滩登陆的计划；另外一份报告是关于太平洋战区盟军总司令、美国海军五星上将切斯特·尼米兹的，他计划在登陆之前先对九州进行猛烈轰炸。虽然第十七方面军认为这些报告的真实性可疑，但里面提到的时间节点和内容却与后来的实情相差无几。报告提到的九十九里滨海滩登陆计划，就与“皇冠”作战计划相对应，后者是计划在 1946 年 3 月 1 日进攻本州和关东平原。

事实上，5 月 25 日在华盛顿举行的参谋长联席会议批准并命令美军对日本采取进一步的军事行动，包括计划在 1945 年 11 月 1 日登陆九州。这份指令下达给了太平洋战区盟军总司令道格拉斯·麦克阿瑟将军以及海军五星上将尼米兹。

虽然日本人的预估与美军的计划出奇的一致，有助于日本进行准确的战略评估，但受武器装备、军队训练以及防御工事建设方面所限，日本的高层军事领导人无法在九州建立恰当的防御体系。日军在九州部署军队，不能表明仅是为了与美国决一死战。由于日本的许多战争规划者曾一致认为苏联一定会对日宣战，并对苏联宣战的时间节点也已经了如指掌；所以，为了淡化他们的这种战略预期，日本才把这种针对美国入侵的防御备战级别和重视程度提到如此的高度。

7 月 1 日的报告表明，大本营不仅关注美国人，也很重视苏联。报告预测了美国、英国、中国和苏联军队的抗日军事策略，以及这些国家的政局进展，包括美苏之间的紧张关系、国共矛盾、东南亚的未来等。

虽然报告的分析范围延伸到 1946 年春，但它主要还是突出 1945 年夏秋的军事行动。它不但提到了抵抗美国入侵、防御日本本土是战争最后阶段的决定性战役，而且还构想美苏对日本帝国本土进行双线进攻，猜测美苏的军事行动都是为了试探彼此在东亚的野心。这份报告并没有提到日本迫切需要建造防线以抵御美苏的进攻。

报告还指出，美军将试图通过空袭和海上登陆两种方式加强对日本本土的进攻，从而迅速结束战争。美国将独自行动，不会请求或获取苏联的协助。报告预测，九州将是首先遭到攻击的地区，而关东地区则是最后决战之地。如果美国计划调动30个师的兵力，它就会在1945年9月进攻九州；如果它为了保险起见，要调动50个师的兵力，那么进攻时间就不会早于1946年春。

7月1日报告同时还重点关注了苏联在东亚的军事动向。考虑到苏联于2月末至6月末在东亚迅速完成了军事集结，报告预测苏军将在1945年底做好军事动员的准备，以应对在东亚发生的任何状况。可以看出，报告的评估内容变得越来越细致。

它指出，一旦苏联采取军事行动，其首要诱因将是美军在朝鲜南部登陆后向北挺进，或者美国在华中或华北登陆，对侵华日军发动进攻。日本出现任何向美国投降的迹象也将成为另外一个潜在诱因。报告解释说，美国如果进攻日本本土，就相当于向苏联发出了一个信号，迫使后者进攻中国东北地区和朝鲜。

在5月27日的情报中，第十七方面军已经预测过，美国计划在登陆日本本土之前，将对九州实施猛烈的空袭；而7月1日的报告补充道，即使不入侵日本本土，美国的空袭也会引发苏联的军事部署，因为苏联担心日本在苏联没有对日宣战的情况下向美国投降，这与之前所作的预测是一样的。

报告认为，一旦苏联决定参战，苏军在人数上的优势会让他们在非常短的时间内实现苏联的政治目标和军事目标。报告预测说，考虑到苏联军队现有的军事集结规模和部署方式，苏联的进攻将是深入而广泛的。一旦苏联参战，他们卓越的空军力量将直接摧毁日本在中国东北地区、蒙疆、华北和朝鲜的空军基地。

在摧毁了这些地区的交通网络和防御阵地后，苏联将用主力部队全力进攻中国东北，同时用剩余部队攻击朝鲜北部和蒙疆，甚至可能会进攻库页岛。

报告重申，美苏的军事部署会对中国的政局产生连锁反应。考虑到它们对中国和其他地区政治斗争的影响，美军打算在中国大陆登陆，并向内地挺进。英美同盟可能会在 1945 年夏季后逐步进行军事集结，国民党和中国共产党将于 1945 年秋季或冬季在华中或华南发动大规模的抗日作战行动。

与此同时，苏军很可能想夺取政治和经济战略要地，并打通一条贯穿东北，直达朝鲜北部的通道。苏军进入东北和东北以外的地方，能帮助中国共产党在与国民党争夺中国控制权的斗争中占据上风。美国也想在它占领的区域中培养自己的政治和经济体系。在这一点上，美苏将无法再隐藏它们对中国各自不同的政治意图。

除了阐述这些假设情形外，报告并没有提出日本所需要实施的反制措施，而只是简单地总结道：在反击敌人的同时，日本只有摆出“等待”的姿态，利用美苏之间的内在困局和矛盾，使战局朝有利于日本的方向转变。做到了这一点，即使最终盟军要求日本无条件投降，对于日本来说也是一种胜利。大本营认为，战争不大可能以在日本本土与美国决战的方式结束。

朝鲜半岛：美苏角逐控制权的舞台

7 月 1 日中见解最深刻的报告，就是关于莫斯科和华盛顿将在战争未结束时就开始争夺朝鲜半岛的控制权。大本营的分析则更进一步。从 1945 年初开始，大本营就预测，美苏将几乎同时对朝鲜半岛发起进攻，其结果必将是两国同时占领朝鲜半岛，即美国占领朝鲜南部，而苏联占领朝鲜北部。日本的军事战略家意识到，日本不具备为了保住朝鲜而与美苏双线作战的能力，于是他们假设了一些情形，以考察美苏如何在停战后进入朝鲜半岛等区域。

苏联和中国共产党已经在中国东北和朝鲜建立了跨国网络，而美国对蒋介石的支持尚且不冷不热，显然对李承晚就更没兴趣。华盛顿将发现，要挑选一个既获得民众支持，又能在朝鲜和东亚为美国利益代言的人确实非常困难。日本决策层推断，如果美国想在争夺朝鲜的过程中赶上苏联，就只能采取军事行动。此后，日本的军事战略家将注意力放在美苏的军事策略上面。

在 1942 年之前，朝鲜军都是作为中国战场的后备部队，随时准备着与苏联开战。在太平洋战场上，朝鲜也是被作为基本的军事给养基地。1943 年 1 月以后，当驻扎在汉城的精英部队第二十师团被调往新几内亚的时候，日本从朝鲜大量征兵，并让部队频繁出入朝鲜半岛。虽然新编第三十师团和第一零八混成团被补充到朝鲜半岛的防御，但新成立的驻汉城的第四十九师团又于 1944 年 2 月被调往缅甸，第三十混成团于 1944 年 5 月被调往菲律宾。

朝鲜把越多的士兵派往太平洋战场，就有更多的士兵从其他地方被调入朝鲜半岛。结果，包含自愿或非自愿入伍士兵的驻朝总兵力在太平洋战争时期大幅度增加。1941 年末，日本驻朝兵力为 4.6 万人；至 1943 年年末，兵力增至 5.9 万人；至 1944 年年末，兵力达到了 6.8 万人。最终，在 1945 年 8 月，日本驻朝总兵力达到了 34.7 万人。

驻朝兵力的增加，表明了日本保住朝鲜、抵抗美国的决心。自 1944 年 10 月日本在莱特湾战役中遭受了决定性的战败后，美国逐渐向中国台湾、中国沿海、朝鲜和日本本土靠近，直接对朝鲜产生了军事威胁。大约就在那段时间，位于东京的大本营放弃了此前誓死保卫朝鲜的决心，开始研究盟军在战争末期对朝鲜实施双线进攻的可能性。

日本对朝军事规划的转折点出现在 1945 年 1 月。1945 年 1 月 16 日，当杉田一次大佐提出美国登陆日本本土时间表时，他并没把朝鲜包括在内。小笠原群岛、中国台湾、冲绳甚至是千叶群岛以及中国的南部沿海，都被认为是美军可能的登陆地点，但杉田偏偏没有把朝鲜算作美军可能攻击的目标。1945 年 1 月 20 日，当大本营发布《帝国陆海军作战计划大纲》的时候，再次把整个朝鲜半岛从日本对抗美国进攻的最后防线中遗漏。

不久以后，朝鲜的战略意义彻底颠覆。大本营在没有作任何解释的情况下，突然修改了此前的提案，将朝鲜列为美国可能要进攻的目标之一。从此以后，朝鲜的防御完全融入了日本本土的防御计划中。更准确地说，朝鲜南部的防御与九州的防御开始采用统一的策略。1945 年 2 月 3 日发布的大陆令第 1242 号把日本的防御边界定义为中国台湾、南西诸岛、朝鲜以及中国沿海。大本营废止朝鲜军后，创设了新的第 17 方面军来统领朝鲜的抗美守备任务，该项变更从 2 月 11 日开始生效。随后，在 1945 年 2 月 6 日颁布的大陆令第 1245 号宣布：目前朝鲜战略防备任务的重中之重，是在朝鲜南部防御美国的入侵。该命令还把朝鲜防御苏联的战略规划职责转移给驻守满洲的关东军。自此，日本对朝鲜采取了双重策略：一方面要抵抗美国，另一方面则要抵抗苏联；同时，日本开始关注朝鲜半岛如何在战争结束前成为美苏角逐控制权的舞台。

济州岛成为朝鲜抗击美国防御备战的重点。该岛是朝鲜第一大岛，面积为 1 845 平方公里，几乎是香港面积的 2 倍，人口为 23 万人。济州岛呈椭圆形，风景秀丽；在粮食方面基本能自给自足，出口小麦、进口大米，居民同时从事畜牧业和渔业。根据朝鲜军的报告，自“珍珠港事件”以来，济州岛一直是朝鲜半岛最“和平与稳定”的地区之一。于是，该岛吸引着朝鲜归国者以及那些在美国空袭中离开日本并迁徙到朝鲜的劳工。

岛上驻扎着 200 名左右的日本士兵，交通及通讯设备极差。当美军的 B-29 轰炸机开始轰炸朝鲜南部沿海地区的同时，对日本本土的空袭也在进行着。越来越多的士兵被派往济州岛。第一一一师团从哈尔滨调往济州岛，而第一零八师团则从日本本土调往济州岛。至 1945 年 2 月，驻扎在济州岛的士兵人数增加到 1 000 人，而到了 1945 年 8 月，人数最终激增到 60 668 人。在战争末期，仅济州岛就滞留了驻朝日军总数的 17.5%。为了在岛上维持人口的可持续发展，第十七方面军计划将 5 万名岛上的平民转移到朝鲜本土。然而，美军的空袭和潜艇袭击阻挠了这些平民的运送，所以第十七方面军取消了该项计划，决定把他们留在岛上协助日军阻击美军登陆。1945 年 8 月 18 日战争结束时，驻守朝鲜北部的士兵数量达 11.7 万人，而朝鲜南部则驻扎了 23 万名士兵。留守济州岛的人数就达到了 60 668 人，几乎占日本驻朝鲜北部整体防御力量的 52%。

日本在朝鲜南部的防线，特别是在济州岛上重兵集结，不应被视为日本在走投无路的情况下与美军决战的最终方案。日本此举只是因为它不得不减少在朝鲜北部抵御苏联的兵力。但这样做，就不可避免地加大了日本战败的几率。大本营那时候已经预测到苏联最终会进攻满洲和周边地区，甚至还断定苏联的大规模进攻很有可能先于美国进攻九州。但在济州岛的问题上面，官方的观点来了一次大转变，即认为美国会率先进攻朝鲜南部，然后才是苏联进攻朝鲜北部，这看起来似乎前后矛盾。这个官方观点成为加强朝鲜南部守备而忽略朝鲜北部的正当前提，而在“保持和平、维持现状”的对苏政策背景下，这个观点也是合乎情理的。

1945 年 3 月 12 日，大本营与第十七方面军参谋部作战课负责人开会，讨论朝鲜作为日本本土整体防御计划的一部分，如何进行守备的问题。第十七方面军得到的主要任务是要摧毁从朝鲜南部入侵的美军，并保卫整个朝鲜半岛。大本营和第十七方面军都充分意识到：朝鲜北部减少防御，并不意味着苏联的威胁有所缓解。4 月 5 日，也就是美军在冲绳登陆后不久，苏联政府宣布，在明年《苏日中立条约》到期后，将不再续签该条约。莫斯科对日宣战的决心越来越明朗，而美国对日本本土的威胁也迫在眉睫。虽然第十七方面军的主要任务是抵抗和击退美军的进攻，但它仍然密切留意苏军的动向，以确定苏联从北方发动进攻的准确时间。

4 月 8 日，大本营宣布了“决号”作战计划，这是一项阻止美军从陆地和空中入侵日本本土的全面作战计划，预计将在 1945 年秋进行。这项全面防御计划包含了七大区域的作战行动，而朝鲜是唯一一个被纳入日本本土整体防御的海外殖民地。

其中，“决号”作战计划的一号计划将阻止美军在千叶群岛登陆，并阻止其朝宗谷海峡和津轻海峡挺进；“决号”作战计划的二号计划将阻止小股美军在日本北方登陆；“决号”作战的三号计划将阻止大规模美军通过东京湾在东京大都会区域登陆；“决号”作战计划的四号计划将阻止小股美军通过伊势湾在东海地区登陆；“决号”作战的五号计划将阻止小股美军通过濑户内海在日本的中国地方（平安时代，日本将本国分为“近国”“中国”“远国”三大区域。鸟取县、岛根县、冈山县、广岛县、山口县所在地合称“中国地方”。——译者注）登陆；“决号”作战计划的六号计划将阻止大规模美军在九州登陆，并击退美军在朝鲜海峡发起的任何进攻；“决号”作战计划的起七号计划将阻止小股美军通过朝鲜海峡在朝鲜登陆。“决号”作战计划的全面指导纲要为完成守备设定了时间表。1945 年 4 ～ 7 月为第一阶段，进行初步设防；1945 年 8 ～ 9 月为第二阶段，全军加强防备；1945 年 10 月及以后为第三阶段，要求全面完成守备工作。

对于朝鲜的防御，第十七方面军参谋部负责完善“决号”作战计划7号计划的具体策略。参谋部假设了美军将在1945年8月后的某个时间在朝鲜登陆，并在此基础上制定策略：首先，美军将在九州北部登陆，并建立据点；如果不是这样的话，他们将直接进攻并夺取济州岛，将其作为横跨朝鲜海峡，在九州北部和朝鲜南部之间移动的据点。然后，美军将进攻朝鲜南部周边的小岛，在釜山登陆，直指朝鲜半岛中部。基于对美军作战行动的这项预估，第17方面军在朝鲜南部开始了初步设防工作，并计划于1945年10月底完成守备任务。全面守备工作则计划在1945年10月底开始，而这正是预计美军进攻九州的时间。

1945年2月，关东军采取了一项计划，准备放弃沿苏满边境的所有战略据点，向南往伪满洲国和朝鲜的边境撤退并建设大量要塞，作“最后的抵抗”驻朝的第十七方面军同意从朝鲜半岛抽调大约1 500名士兵和1 500名劳工给关东军，以便从1945年5月开始在满洲南部建造工事。这样做的后果就是使朝鲜北部的防御变得越来越脆弱，一旦苏军从元山对汉城发起直接进攻，日军将难以抵挡。

4月底，第十七方面军参谋部作战课确认了苏联空军的新动向。在日本海航行的日本船只注意到，苏联飞机正在它们的头顶飞过。5月4日，第十七方面军收到一封来自关东军的电报，称苏联空军某位指挥官的家人似乎正准备搬家，这说明这名指挥官将被重新调动。关东军提醒第十七方面军：从这个细节可以看出，苏联空军的作战计划可能已经改变。

随后，第十七方面军参谋长要求与关东军协同规划朝鲜南北部的双向作战行动，而不是一味强调朝鲜南部的作用。大本营也估计，一旦苏军进攻中国东北，它就会迅速进军朝鲜北部；而几乎与此同时，美军也会开始进军朝鲜南部，从而为1945年秋或更早进攻日本本土做好准备。大本营甚至补充了一份修改过的分析报告，认为当苏联觉得自己的在朝利益受到美国威胁时，它就可能会在美军没有对朝鲜采取军事行动的情况下进行军事部署。

5 月 30 日，大本营颁布了大陆令第 1337 ~ 1341 号，准备应对美国进攻朝鲜南部以及苏联布兵满洲和朝鲜北部的局面。大陆令第 1337 号命令参谋总长梅津美治郎在 6 月初抵达中国东北地区南部和朝鲜，向关东军总司令官、中国派遣军总司令官和第十七方面军总司令官传达关于大陆战略的指示；大陆令第 1338 号命令中国派遣军调派一个兵团到中国东北与朝鲜北部地区，听从关东军指挥；大陆令第 1339 号则是一道内容更为具体的应对美苏进攻的命令。它要求第十七方面军总司令消灭入侵朝鲜南部的敌人（即美国），并命令关东军总司令摧毁北进的美军，“完成在朝鲜北部境内对苏军作战的战略准备”；大陆令第 1340 号和 1341 号则指示关东军和中国派遣军也要准备好对苏作战。

“在朝鲜北部境内对苏军作战的战略准备”指的是什么？这个问题最可能的答案，或许就在大陆令第 1340 号的附件《在满洲和朝鲜境内对苏作战之战略总结》中，可惜这份附件很可能已经被销毁，它没有与大陆令一起被保留下来。1945 年 5 月 30 日，大陆令第 2494 号具体估算了苏联在朝鲜军事行动路线进行：苏联不仅将进攻与东北地区交界的平安北道与苏联交界的咸境北道，还将进攻位于上述两个行政区南部的咸镜南道和黄海道。从这个预测可以看出，大本营认为苏联进攻的机动速度将非常快、攻击范围相当大。

作为 5 月 30 日大陆令第 1339 号和 1340 号的补充，大本营于 7 月 13 日发布了大陆令第 2521 号和 2522 号。这两项指令再一次着重强调针对美军进攻朝鲜南部的防范措施，而对苏军在朝鲜北部不断增强军力的事实却视而不见。大陆令第 2521 号命令日军在济州岛上采取以下军事行动抵御美军：当敌军入侵的可能性加大时，第十七方面军的司令官应调动更多的部队进入济州岛增援第五十八路军，然后发动进攻，粉碎敌人将济州岛变成空军和海军基地的企图。与此形成对比的是，虽然大陆令第 2522 号是关于应对苏联进攻朝鲜的，但它却要求日军采取以下消极行动：

> 以“大津”作战计划的基本纲要为基础，第三十四路军即使不能在咸境南道平原要塞上摧垮苏军，也要尝试以主力部队阻止敌军（美军）冲进平壤，并用一部分兵力努力阻止敌人挺进汉城。

把这两项大陆令叠加在一起，我们所看到的就是一幅“把美军困在济州岛，同时温和抵抗南进苏军”的全景图。

四国托管的复杂政治局面

虽然日本军部排除了美苏为争夺朝鲜而立即反目的可能性，但却预测到：美军和苏军将在几乎同一时间挺进朝鲜半岛，为朝鲜带来复杂的政治局面。大本营在 7 月 1 日对战争进程的全面评估报告中指出，当美苏夺取了日本的占领区，并在这些区域中建立各自的政治体系和经济体系时，两国之间将产生竞争。

报告预测，美国政府将试图通过宣传自己要为朝鲜带来独立来获取民众支持，而苏联政府也想取得朝鲜的控制权。报告并没有提及朝鲜的战后地位。虽然中国还处于分裂之中，但对于中国共产党不断增强的领导力，大本营尚有着相对具体的展望；与此形成鲜明对比的是，对于美苏进入朝鲜半岛后，两国最想与哪位朝鲜领导人结盟，大本营却只字未提，只是重申美国和苏联都想在战后恢复常态，所以美苏两军不太可能相互开战。大约就在这个时候，日本的军事战略家已经察觉到，西方列强有可能会瓜分朝鲜半岛。从诸多情报中，他们注意到了“朝鲜边界划定”、“分区”等字眼。

日本人非常清楚，德国在战败后迅速被分成了四个占领区，分属美、英、法、苏四国军事管辖；而柏林也被分割成四个区域。所以，对日本人而言，不难想象美苏可能在朝鲜境内重新划一条新的边界线，或者把朝鲜分割为几个占领区，交由国际托管。日本驻上海的特务组织“梅机关”（1939 年 8 月 22 日，日本政府和参谋本部在上海建立一个特务机关，主要职责是负责扶植、监视以汪精卫为首的伪国民政府。因该机关选址在上海虹口日本侨民聚集区一座被称为“梅花堂”的小楼里，因此在日本内部被代称为“梅机关”。——译者注）在收集关于朝鲜的战后安置情报方面扮演了一个特殊的角色。1945 年 7 月 1 日，“梅机关”给大本营、帝国陆军、关东军、中国派遣军、华北方面军以及朝鲜第十七方面军发送了一封机密电报，内容如下：

> 据传，苏联远东局完成了一份由七组建议组成，关于战后朝鲜安置问题的系列提案，并已提交给苏联中央委员会。

由于在苏联方面没有找到相应的存档文件，所以这份情报的准确性难以判断。但从这份情报可以看出，日本领导人开始意识到，斯大林和罗斯福在雅尔塔会议上已经讨论过朝鲜问题了。情报罗列了苏联对朝鲜的规划大纲，而该大纲与后来实际发生的事件比较吻合。

> 第一点，提议在雅尔塔决议的基础上，美国、英国、苏联和中国国民党政权将承认朝鲜为独立国家；在战后，美、英和

中国国民党政权不应废除“已划定的朝鲜边界”，而应遵守相互间的协议。

第二点，提议如果要在朝鲜成立临时政府的话，“朝鲜民族解放运动”总部（又称“朝鲜民族解放斗争同盟”）应该成为临时政府的组织核心。

第三点，建议在延安和重庆的朝鲜义勇队应被认定为“朝鲜独立军”，在战后不应被改编或缴械。

第四点，呼吁英、美、苏、法、中等国保证：所谓的“朝鲜民族解放运动”总部，应在尊重朝鲜人民的意愿的前提下才能予以承认。

第五点，要求美、英、法、中等国应确保独立的朝鲜政府对苏联采取友好政策。

第六点，要求在“朝鲜边界”确立后，同盟国应在相互同意的时间段内撤出朝鲜。

第七点，要求朝鲜代表应委托世界和平大会来处理“边界划分”问题以及用公平的方式使盟军从朝鲜撤军。

次日，即7月2日，“梅机关”向帝国陆军、中国派遣军、华北方面军、关东军、第十七方面军又发送了另一份机密电报，称苏联中央委员会打算“反对由美英及中国国民党政权提前商量好的，关于日本殖民地边界划分和军事分区的任何提议”。“梅机关”推测，苏联中央委员会可能已经提议支持在朝鲜和中国台湾联合进行的独立运动。苏联这样做的动机是因为这些新成立的联合亲苏“机构”可以融入远东苏联红军补给线，同时还可以利用它们在远东建立大防御圈。这份机密电报还透露，有人建议苏联防止英美在投降后的日本国内建立资本主义政权统治。

7 月 3 日，“梅机关”发送了第 3 份机密电报，这是关于苏联塔斯新闻社的一则新闻。塔斯社报道了某位苏联领导人的一些言论，其中包括苏联打算同意(统一后的)中国和朝鲜实现独立。在此前的会议上，斯大林认为朝鲜没有做好独立的准备，并支持美、英、中、苏四国对朝鲜实施托管。然而，在看到美国对朝鲜的野心与日俱增后，他认为大部分朝鲜人更倾向于支持一个共产主义政府，所以，放开对朝鲜的束缚可能是一个明智的选择。

虽然李承晚多次向美国政府请求援助，而且美国国务院对苏联的军事行动也越来越关注，但它从未考虑在日本投降前进攻朝鲜。美国海军也曾提议通过军事行动夺取中国和朝鲜的空军基地，以便美国陆军航空队能从这些基地起飞，对日本发起攻击；然而，美国陆军认为这种迂回作战方式太耗费时间，不如对日本本土发动大规模的直接进攻。最终，陆军的观点占了上风。

美国参联会从来没制订过具体的对朝作战方案，而苏联也没有收到过关于美国对朝鲜军事行动的情报，只有在 7 月 24 日，即《波茨坦公告》发表前两天，苏联的阿列克谢·安东诺夫将军才向美国的乔治·马歇尔将军和海军上将欧内斯特·金询问过美军在朝鲜沿海登陆，协同苏联进攻的可能性。马歇尔回答说，美国政府还没有制订过这种需要大量突击舰的两栖作战计划；金将军也补充道，只有美军在九州登陆并获得日本海的控制权之后，才能决定是否进攻朝鲜。

然而，自从斯大林在雅尔塔会议上承诺将对日宣战后，他对朝鲜的野心使美国越来越警惕。美国前任总统赫伯特·胡佛在 5 月 15 日写给陆军部长亨利·史汀生的信中提到，美国应在苏联夺取中国东北、华北和朝鲜之前，立即向日本提出具体的议和条件。而史汀生在给代理国务卿约瑟夫·格鲁的信中则提到，美国陆军部认为苏联完全有打败日本，并赶在美军之前率先占领库页岛、朝鲜和东北、华北等区域的军事实力。按照陆军部的估计，只有在千叶群岛，美国才能避开苏联的锋芒。史汀生警告说，如果美国要让苏联的计谋落空，就必须抢在苏联之前率先占领这些岛屿，但其代价将是错过打败日本的机会，并要牺牲大量的美国士兵。这是完全不可接受的代价。

1945 年 5 月，驻扎在马尼拉的道格拉斯·麦克阿瑟将军和驻扎关岛的海军上将切斯特·W. 尼米兹开始准备占领日本和朝鲜的初步计划。该计划被称为“黑名单”作战计划，其主要内容是：

> 第六集团军按“奥林匹克”作战计划进攻九州之后，将受命执行“黑名单”作战计划，占领日本南部；第八集团军则在“皇冠”作战行动之后受命占领日本北部；然后，作为入侵日本本土主力军之一的第十集团军将受命占领朝鲜。

这份计划没有把其他国家军队作为占领军考虑在内。

罗斯福总统的首席外交顾问哈里·霍普金斯于 5 月 26 ~ 6 月 6 日在莫斯科与斯大林进行一系列会晤。他们在第三次会面时谈到了远东问题，斯大林提出了讨论“在日本设立军事作战区和占领区”的可能性。

霍普金斯随后致电杜鲁门称：“斯大林元帅希望能共同占领日本，并就占领区的问题与英国和我国达成协议。”霍普金斯建议斯大林在即将召开的波茨坦会议上讨论这件事，斯大林说苏联无意侵犯中国在满洲或其他地方的主权，但他却赞成对朝鲜实施四国托管。

苏联的文献档案显示，在 1945 年 6 月，苏联外交部第二远东司的两名官员起草了一份关于朝鲜问题的参考材料。这份材料以西方列强自 19 世纪以来对朝鲜的争夺史为基础，一直到最近盟国在开罗和雅尔塔达成朝鲜问题协议，对朝鲜的未来提出了五个要点。第一和第二个要点强调了苏联在战后不让日本插手朝鲜事务的决心；第三点表达了在苏联和独立的朝鲜之间建立亲密友好关系的愿望，这对于苏联在远东的安全非常关键；第四点阐述了由于美中之间的利益冲突，这样做将遇到哪些困难；第五点则提出，如果要实施托管，苏联必须要在托管关系中起主导作用。

事实证明，在监控美苏争夺战后朝鲜控制权方面，“梅机关”一直做得非常到位。在初夏的时候，苏联政府还对日本减少伪满防御力量感到好奇。大本营曾截获了塔斯社在 1945 年 7 月 3 日刊登的一份报告，该报告称，苏联领导人怀疑日军为什么没有抽调在华的 100 万兵力到满洲准备抵抗它的进攻。日本在这时候调走防御伪满的军力，意味着它不想再固守中国东北或朝鲜，而只想静候苏联集结重兵，与美国开始一场争夺战后东亚控制权的竞赛。7 月 26 日，美国、英国以及中国的蒋介石政府联合发表了《波茨坦公告》。7 月 27 日的《朝日新闻》社论随即预测了苏联不久将进攻日本。这篇社论对西方国家达成的这一神圣宣言提出了质疑，它认为：

> 虽然波茨坦会议在东亚事务上成功地达成了清晰的协议，但不能就此简单地认为美苏已经准备好携手解决东亚问题。东亚问题，特别是涉及中国的问题，在历史层面和外交层面都具有相当大的复杂性，不可能由追求各自“战争利益”的西方胜利者来“解决”这些问题。

社论推测，如果美、英、苏三国针对东亚事务达成某种一致，那也仅限于苏联对日宣战以及随后的协调美苏对华政策这两个问题。社论继续评论说，即使情况果真如此，美苏双方也必定有更深层次的战略考虑：美国必定想让苏联承认它战后在东亚的霸主地位，而作为交换条件，美国默许苏联加入对日作战；而苏联则必定想在规划和实施对日战争的过程中保持自身的独立性。社论最后暗示说，不管是上述哪种情形，只要美国和苏联把中国事务继续攥在手中，日本的泛亚主义就要走到尽头了。

7 月 28 日，在一场新闻发布会上，内阁总理大臣铃木贯太郎发表了声明，称日本对《波茨坦公告》不予置评。

第7章
不可一世的帝国：瞬间崩塌

战争的失败已成定数，帝国的未来岌岌可危。当此之时，日本国民呈现出复杂多样的国民情绪，从激烈到沮丧不一而足。1945年的8月，空前的灾难降临到东亚的狭长岛国，不可一世的帝国在短短十几天之内灰飞烟灭……

种村佐孝大佐是1939年以后帝国陆军参谋本部作战课战争指导班的核心人物，如今常被认为是战时狂热地想与美国决一死战的军事策划者。战争结束后，他于1950年被送到西伯利亚劳改营服刑。从西伯利亚返回日本后，他与日本共产党过从甚密，他的同事和观察家们趁机给他冠以莫须有的罪名，使他成为日本侵略战争的替罪羊。与这种战后恶意诽谤和中伤他人的做法相反，1945年4月29日，种村撰写的两份提案提前阐述了他对战争结束时间和结束方式的看法。这两份提案分别是《对苏政策之我见》以及《对苏谈判纲要》。种村绝对不是一名穷兵黩武的军国主义者，而是一位有见地的军事战略家。他意识到，日本既没有让苏联保持中立的实力，也没有制定相关的政策可以诱使苏联选择亲日的立场。他呼吁日本要在最适合的时机结束战争，而当美苏准备抑制对方在战后称霸世界的野心之时，便是这一时机成熟之日。

"三位一体行动"："小男孩"与"胖子"唱主角

种村把英美同盟视为日本的最终敌人。他坚持认为：日本应竭力实现把英美势力赶出亚洲，并让亚洲人来治理亚洲的最初战争目标；日本之所以承认延安政权，也应该是为了这个目的，因为苏联更容易在中国实现扩张。但种村也解释说，这并不意味着要把中国拱手献给苏联，因为中国共产党代表的是中国人民，而不是苏联；一旦战争结束，中国共产党可能会切断与苏联的联系，走自己的道路。

对于苏联在东亚牵制美国的能力，种村认为，虽然日本还占领着东南亚地区，但应尽可能增加苏联在战后处置这些区域的影响力；日本还应该通过谈判或其他一切必要的手段来避免对苏开战。他说：

> 与苏联谈判的过程中，如果他们提出为我国出面斡旋或通过攻击我们的弱点来恫吓我们，从而强迫我们走上停战之路，那么我们就应该做好服从的准备。

种村的提议暗示：当苏联进攻中国东北和朝鲜的时候，日本不要等美国进攻日本本土，而应马上向苏联投降；否则，日本应继续抵抗美国，直至苏联参战。在他的战略思考中，根本没有考虑过在苏联参战之前结束战争；这与日本领导人和军事战略家都以苏联参战作为考虑战后亚洲前景的前提不谋而合。

从日本无视 7 月 27 日发表的《波茨坦公告》开始，到 8 月 10 日决定接受《波茨坦公告》结束，"欧亚—太平洋战争"的最后阶段几乎正是预期中的苏联对日宣战之时。据说，当获悉苏军入侵伪满洲国时，近卫文麿大声疾呼："这一定是上天赐给我们的礼物！现在我们可以结束战争了！"那时候，他还准备作为裕仁天皇的特使赴莫斯科进行和谈。

他的这一举动完全看不出他是带有这样特殊使命的政治家。苏联宣战的消息虽谈不上让日本政府瘫痪，但却加速了它最终决定投降的决策过程。在 30 个小时之内，日本最高战争指导会议就达成了一致，决定接受《波茨坦公告》，向同盟国投降。

与此同时，美国制订了一项出乎世人意料、前所未有的计划，这项计划不一定能结束战争，但却能缩短战争的进程。7 月 14 日，也就是在新墨西哥州进行首颗原子弹试验的“三位一体行动”两天前，一辆列车驶离了洛斯阿拉莫斯国家实验室，车上装载着一个沉甸甸的不锈钢盒子，里面有用于制造代号为“小男孩”原子弹的铀 -235 原料和其他原料。这个盒子抵达了位于美国旧金山西南部地区的旧金山海军造船厂。7 月 16 日，在“三位一体”试验场成功试爆了一颗钚弹，而在此前 2 小时，那个不锈钢盒子被装载到了美军的“印第安纳波利斯”号巡洋舰上。这艘轻型武装战舰曾参加了硫黄岛和冲绳战役。在完成测试后 1 小时，“印第安纳波利斯”号巡洋舰于早上 5 点 29 分离开旧金山湾，向提尼安岛进发。提尼安岛是靠近塞班岛的一个小岛屿，后来成为空袭日本城市的轰炸机起飞点。“印第安纳波利斯”号以创纪录的速度行驶了 5 000 英里，于 7 月 26 日，也就是《波茨坦公告》发布的当天到达提尼安岛。而两天前的 7 月 24 日，负责“曼哈顿”计划的莱斯利·格罗夫斯中将已经开始敦促交付第二颗代号为“胖子”的原子弹。7 月 26 ~ 28 日，数架专机从位于新墨西哥州的柯特兰空军基地起飞，带着“胖子”的钚芯和一些核弹组件前往提尼安岛。

因此，无论日本政府准备如何回应《波茨坦公告》，两颗原子弹所需的组件都已经被运往提尼安岛了。“小男孩”最终于 8 月 1 日安装完毕并准备就绪，这天刚好是波茨坦会议结束前一天。次日，即 8 月 2 日，“胖子”的全部炸弹组件抵达提尼安岛。随后，投掷“胖子”原子弹的时间定为 8 月 11 日。在向广岛和长崎投下这两颗原子弹后，美国政府才第一次表现出与东京直接谈判的意愿。在对日战争行将结束的关键时刻，苏联却突然缺席，一直到9月5日才选择了继续对日作战。在日本的“欧亚—太平洋战争”的最后日子里，美国独自定义了日本投降的性质和条件。

杜鲁门、蒋介石和丘吉尔于1945年7月26日联名发表的《波茨坦公告》同意给日本一个“结束战争的机会”,并向日本发出最后通牒：如果日本顽抗到底，盟军必将“使日本军队完全毁灭，无可逃避，而日本之本土必将摧毁”。公告提出了日本必须要无条件投降，否则将采取的强硬措施包括：完全铲除军国主义、削减日本领土、将日军驻外士兵遣送回国、同盟国对日本本土实施占领等；同时，它也对日本的生存给予了软性保护措施,即保证不会“奴役日本民族或消灭其国家”、保证建立民主体制、允许日本的产业参与国际贸易并在日本实现上述目标之后撤出同盟国占领军。公告最后以这样一段话结尾：

> 吾人通告日本政府立即宣布所有日本武装部队无条件投降，并以此种行动诚意实行予以适当之各项保证，除此一途，日本即将迅速完全毁灭。

在《波茨坦公告》发表后不久，日本向莫斯科发出了几次外交乞和请求。7月12日，外务大臣东乡茂德指示日本驻莫斯科大使佐藤尚武通知苏联外交人民委员莫洛托夫：裕仁天皇将派近卫文麿作为特使赴莫斯科议和。此时,莫洛托夫正在前往波茨坦的路上，他指派副外交人民委员所罗门·洛佐夫斯基与佐藤会面。7月18日，洛佐夫斯基告知佐藤，斯大林认为日本帝国的求和意愿缺乏具体方案，所以他无法对近卫此行的使命作任何评论。随后，东乡指示佐藤传话说，日本政府很希望苏联出面调停，虽然暂时不能提出具体的议和条件，但近卫会在抵达莫斯科之后表述日本的具体意图。1945 年 7 月 25 日，也就是《波茨坦公告》发表前一天，佐藤与洛佐夫斯基会面，但东乡的第二条传话还是没有起到任何作用。紧张不安的佐藤向东京汇报说，苏联不可能出面进行和平斡旋。

对《波茨坦公告》采取“默杀”态度

在《波茨坦公告》发表后，日本政府决定对公告不予回应，如今这被普遍认为是一种失策行为。因为据说这一行为被同盟国解读为日本决心与美国决战到底，直至被完全消灭为止。这已经成为日本对战争狂热和穷兵黩武的另一项证明。战后的传统叙事还指责日本政府没有认真考虑公告中同盟国所作的明确警告，即第 5 点“犹豫迁延，更为吾人所不容许”以及结尾处的“迅速完全毁灭”这些字眼。如今回想起来，这些话都暗示了即将到来的核灾难。

根据一些官方记录，包括日本外务省 1990 年选编和出版的关于日本在“二战”末期的资料选集来看，内阁总理铃木所发表的“默杀”言论早已声名狼藉，但它背后的决策过程却仍然不为人所知。某些内阁成员似乎把《波茨坦公告》解读为同盟国要求日本有条件投降。

外务省次长松本俊一注意到，在 1945 年 7 月 21 日所谓的“扎卡赖亚斯广播”中，美国海军舰长、心理战专家埃利斯·扎卡赖亚斯提出：日本应以《大西洋宪章》为基础向同盟国投降，因此，其性质不应该是无条件投降。松本俊一认为，《波茨坦公告》的立场与“扎卡赖亚斯广播”的内容是一致的，是同盟国为日本投降提出了条件。

确实，虽然《波茨坦公告》的第 1 ～ 4 条内容显示了同盟国要征服日本的决心，但是第 5 ～ 12 条却暗示了日本无条件投降的“条件”，尤其是第 5 条明确地指出“以下为吾人之条件”。

松本得出结论：既然同盟国似乎就日本投降一事给予了某些保证，那么日本就应该接受这些条件。松本的同事也一致同意以这样的方式解读公告所提出的条件。7 月 27 日晨，松本向上级汇报说：

> 同盟国发表《波茨坦公告》，是给日本最后一个表现反省之意的机会，日本应接受公告的条件并结束战争。

外务大臣东乡茂德表示同意。

据说，在 7 月 27 日下午举行的日本最高战争指导会议上，东乡宣称《波茨坦公告》是同盟国向日本发出的“有条件”投降提议，因此日本不应急于公开拒绝这份公告。根据时任情报局局长下村宏的战后回忆录，东乡当时解释说：美国民众已经越来越厌倦流血牺牲，纷纷强烈要求结束战争，甚至有人认为坚持要求日本无条件投降的做法是不妥的。按照东乡的说法，这正是美国后来在波茨坦会议上要求日本“有条件投降”的原因。据传，东乡甚至猜测美国要求苏联参与发表《波茨坦公告》。

随后，东乡征询其他大臣的意见，看是否要把《波茨坦公告》刊登在报纸上，以便让日本公众知晓。陆军大臣阿南惟几说，如果政府决定向公众毫无保留地公开此公告，政府应想好一套有说服力的辩词，并与公告一起刊登，以向民众显示政府对此如何回应。在深思熟虑之后，东乡觉得日本政府最好不要立刻对公告发表任何评论，而应继续研究议和条件和寻求对苏外交策略。内阁总理铃木也赞同日本不应对同盟国表现出挑衅性的反应，在不带任何评论的情况下刊登公告即可。随后，内阁做出了最终决定，公开宣布日本政府对《波茨坦公告》不予置评。次日早上，一些报纸采用了“默杀”这个偏激的字眼来报道此事。“默杀”一词，在日语中表示因对方的观点和行为无足轻重而不予理睬。东乡被媒体的歪曲报道所困扰，他要求铃木采取措施应对此事。那时候，铃木迫于军部压力，又发表了一份声明，宣称《波茨坦公告》微不足道，不予理会。这份声明在 7 月 30 日被广为刊登和广播。日本外务省的官方历史档案室于 1990 年披露了此事的来龙去脉。

其他的官方资料没有提及日本的决策者，尤其是日本最高战争指导会议是如何讨论《波茨坦公告》并决定不予评论的。公告确实提出了一些具体的保障措施，保证日本能在战后生存下来；这虽然看起来会增强日本的投降决心，但公告本身对日本投降的后果却语焉不详。仔细品读《波茨坦公告》，我们会发现其中忽略了一些重点，并包含着几处模棱两可的表述，这可能会让日本领导人感到担忧。许多历史学家曾指出，公告并没有提到战后天皇制的法律地位问题：天皇制度该被废除还是保留？天皇该何去何从？如果天皇被视为日本军国主义的关键一环，那么完全剔除“欺骗及错误领导日本人民使其妄欲征服世界者之威权及势力”（引述文字为《波茨坦公告》第 6 条内容。——译者注），也将意味着废除天皇。

日本政府“不予置评”的决定，不应被理解为它没有意识到事态的紧迫性。帝国陆军参谋本部战争指导班的《大本营机密日志》将《波茨坦公告》称为“英美中联合声明”，并在后面用括号加注了“最后通牒”一词；日语中，它是指一方对另一方所作的最后外交要求。如果这个要求被拒绝了，则隐含着结束进一步“和平”谈判的威胁。种村佐孝是这份日记的保管人，他选用这个有特定含义的词语，说明他已经注意到公告中迫在眉睫的威胁以及美国希望看到战争尽快结束的坚定决心。鉴于档案中记载着这样的说法，很难想象日本最高战争指导会议的成员们会对这种紧迫状况视而不见。

那么，日本政府是在何时决定不回应《波茨坦公告》的呢？由于苏联当时还没有对日宣战，因此它肯定不可能参与盟军对日本的善后安置问题；而苏联没有参与发表《波茨坦公告》，是否预示着更多的事情？虽然有一些历史学家提出，日本不发表评论的原因，是日本希望战争以苏联出面调停的方式结束；但鉴于日本对战争进程的观察，日本政府不大可能据此解读斯大林没有签署《波茨坦公告》这件事。在《波茨坦公告》发表之际，外务大臣东乡茂德致力于安排近卫文麿出使莫斯科而未果，而东京也从佐藤尚武大使那里获悉苏联不可能出面调停。倘若日本的决策者知道苏联现在不太可能为日本进行和平斡旋，那他们就会明白这一点：美国将苏联排除在《波茨坦公告》之外是出于其战略考虑；因为这样美国就可以单方面地确保日本投降，并且在没有苏联干涉的情况下处置日本帝国。一直以来，日本的决策者都试图避免这样单方面结束战争的局面。

对于看到《波茨坦公告》的日本民众而言，上述解读可在公告的以下表述中体现：

> 日本政府必将阻止日本人民民主趋势之复兴及增强之所有障碍予以消除，言论、宗教及思想自由以及对于基本人权之重视必须成立（此处加了着重号）。

“民主”一词，在日本欧亚大陆战争背景下，不一定与美国的“民主”概念相一致；因为日本领导人从中国共产党的平民主义形象中看到了民主的种子，而且他们知道苏联也有着另外一种截然不同的民主形式；但是，《波茨坦公告》中的“民主”和“思想自由”很容易被错误地解读为“美式民主”和“战后的日本必须要追随美国的民主方式”。从这个角度来看，“日本人民民主趋势之复兴及增强”对于日本人而言，就是华盛顿准备成为日本的唯一占领者。

日本的决策者注意到，对于朝鲜和中国战后政府性质的讨论，反映出莫斯科和华盛顿之间的紧张关系。没有斯大林联合署名的《波茨坦公告》，看起来确实像是美国宣布日本被征服后要追随美国的脚步。实际上，据说斯大林为华盛顿单方面发表《波茨坦公告》这个举动而大为光火，他不愿看到日本在没有苏联参与的情况下被迫投降，于是更加坚定了加入东南亚战场的决心。日本政府可能已经断定：《波茨坦公告》就相当于苏联进入亚洲战场的催化剂。

不仅仅是政府官员注意到苏联没有签署《波茨坦公告》，来自各行各业的普通市民，无分性别、社会背景、职业背景和居住地域，对于日本停战和随后日本的命运都有着深刻的见解和观点。日本宪兵队曾对日本不同的州县进行了一次摸底调查。调查报告显示：日本平民根据从报纸和其他渠道获得的信息，正在热切地讨论斯大林未签署《波茨坦公告》背后的玄机。普通民众能轻易地领悟到：斯大林没有签署公告的最简单原因，是因为苏联那时候还没有对日宣战。他们也想弄清楚，在《波茨坦公告》背后是否还隐藏着不可告人的动机。

1945 年 7 月 4 日，来自神户市的一份报告显示，一名男性针灸师与他的顾客探讨说，蒋介石签署《波茨坦公告》没有任何意义，因为他只是英美列强的附庸者；同时这位针灸师还认为，斯大林没有联合发表公告，意味着同盟国之间出现了不和。类似的观点在日本其他地方也能听到。在神户，贵族院的一位成员松冈顺吉怀疑，美国不得不在缺少苏联协助的情况下敦促日本投降；因为在战后欧洲的安置问题上，美苏之间已经产生越来越多的罅隙。

8 月 4 日，即美国向广岛投下原子弹前两天，日本宪兵队发布了一份分析东京民众是如何看待《波茨坦公告》的绝密报告。报告称，民众普遍倾向于认为，《波茨坦公告》是敌人的阴谋，以此来引诱日本陷入更深的泥潭。有些人认为公告里要求日本投降的“条件”是不可接受的；另一些人则认为既然日本完全没有胜算，就应该借此机会退出战争并且投降。宪兵队的这份报告还透露，经济和金融界的某些人士认为，日本应利用这个“三国公告”来展开外交谈判；他们认为，既然公告貌似提出了有条件的投降，那就意味着美国急于在没有苏联参与的情况下结束战争；所以,美国可能愿意与日本进一步和谈。据说，日本的高层领导人，诸如枢密院议长平沼骐一郎、前任内阁总理冈田启介等人私下也认为：日本政府不应只是无视公告，而应多做一些事情，哪怕仅仅是做一些政治宣传也好。

有些市民认为，政府故意宣称对公告不予置评，反而表明其很认真对待这份公告。他们甚至猜测日本政府正在制订秘密计划。某些政治家和记者认为，如果政府想继续战斗下去，应向同盟国发表一份反公告；如果政府不愿这样做，那就应该私下里另辟蹊径，找到一条实现和平之路。还有包括右翼领导人笹川良一在内的一些人猜测，虽然日本政府的官方立场强硬，但在私下里还是想议和的；它只是想通过无视公告这个决定谨慎地试探民众的反应。其他的一些右翼分子则认为政府不予置评的做法太过软弱，他们要求鼓起民众的斗志。一名极端民族主义组织的成员表示，日本应尝试与苏联组成政治联盟。他说：

> 日本人民希望与苏联交朋友，而我们（极端民族主义者）也认为有必要利用苏联来实现我们的策略。虽然我们与苏联在意识形态上水火不容，但在政治上我们不得不与他们合作。

媒体和金融界人士为斯大林没在公告的署名者之列而感到惊诧，并主张警惕苏联在日本身后的下一步动作。《神户新闻》报社社长提出，正如美英两国在研究日本的意图一样，苏联也在密切关注日本的所作所为，以便有针对性地策划行动。一家军火企业的执行顾问表达了自己的担忧，他认为苏联迟早会加入《波茨坦公告》，并对日本施压。

曾经及现在的共产党人和左翼分子都关注着苏联的下一步动作。左翼分子的言论被详尽地记录下来，有些言论甚至是宪兵队对狱中的左翼分子审讯后记录下来的。日本共产党的一名前任领导人认为：最重要的事情，是看苏联从现在起要做什么。因为苏联有着夺取中国并支持中国共产党崛起的长远东亚政策，它的对日外交手腕有可能变得强硬。苏联打算把日本当作执行这一政策的马前卒。他继续评论道，因为自冲绳之战后，苏联认为日本的战败已经不可避免，所以它打算拿下日本，并利用日本作为在太平洋地区抵抗美国的缓冲之地。为了避免出现这种状况，日本应该在“时机成熟”时，也就是苏军针对日本部署军力的时候，立刻向苏联投降。

日本东宝电影株式会社的一名前任雇员曾因有“共产主义思想”而被捕入狱。他说，那种认为苏联只会袖手旁观，任由英美随意处置日本帝国的看法是错误的。他还预测道，只有当苏联在战场上加入日本一方，日本才会采取果断行动。他说：

> 在英美对日本本土实施进攻之前，苏联将会对日宣战，并向南挺进满洲和朝鲜。在那个时候，日本才将遭遇真正的危机。日本需要在那时做出谨慎的回应。

日本的“职工改造同盟”是从日本共产党工会衍生出来的激进派系，一位来自该组织的前任领导人回想起日本媒体的报道时说，斯大林在波茨坦会议召开前已经与中国的外交部长宋子文会面；估计他们对战后的中苏关系已经做好了安排，而这也一定牵涉到日本在华利益的安置问题。他解释说：

> 斯大林非常聪明。别忘了，他在波兰并没有立即建立起共

产主义政权，而是把波兰变成了亲苏的民主国家，在这点上他胜过英美领导人。斯大林也可能会对日本故伎重演。斯大林可能先与日本断绝外交关系，或者采取先发制人的手段，军事占领苏日边境。无论采用哪种方式，一旦控制住日本，他就会建立一个民主政权；但依然会保留天皇制度，就像他在罗马尼亚做的那样。这就是他比英美领导人聪明的地方。

莫斯科时间7月30日，也就是佐藤尚武与苏联副外交人民委员洛佐夫斯基会面这天，佐藤给东乡茂德发了封电报，建议政府取消派遣近卫文麿赴莫斯科和谈的计划，并提议政府直接与美国进行对话。佐藤解释说，他基于美苏之间不断升级的紧张关系才做出这样的提议；斯大林显然预先不知道《波茨坦公告》的内容，所以英美在没有苏联参与的情况下强行让日本无条件投降的做法激怒了斯大林。佐藤补充道，斯大林非常了解自己的实力；日本投降后，他有能力在伪满洲国、中国内地和朝鲜压制英美同盟；所以他不需要日本的外交援助来帮助苏联在这些地区扩大影响力，日本向苏联提出的乞和请求将是无济于事的。另一方面，美国那时候必定已经收到消息，得知日本准备派特使前往莫斯科的计划；所以，它会尽力阻挠苏联，不让苏联因调停太平洋战争而在战后获得声望。美国会更乐于单方面接受日本的乞和请求。基于以上分析，佐藤坚持日本应立即向美国投降。而东乡回答佐藤说，他应该耐心一点，继续向克里姆林宫施压。

在战争末期的这个节骨眼上，东乡实际上已经意识到斯大林是不会回应日本的乞和请求的；他所做的这种带点真诚又天真期待的姿态可能只是为了拖延时间，等候苏联最终对日宣战的那一刻到来。在本章后续的讨论中，东乡称这个时刻是完全无法预料的。然而，当苏联大使马利克要求与他会面，准备向他递交战书时，他却拒绝了。只有在日本政府决定投降之后，他才同意与马利克见面，并告诉马利克战争已经结束。

在大本营的档案中，关于 1945 年 7 月的军事计划和行动的记录出奇的少。由东京日本防卫研究所战史室编纂的战史丛书对该月军事计划的描述也是一片空白。在战史丛书中，关于九州、关东平原和关东军防御的卷宗甚至没有关于日本陆军在 7 月行动的任何内容，就连朝鲜第十七方面军的记录也同样空白。而这些记录中，关于战事的描述突然从 8 月 9 日，即广岛原子弹爆炸 3 天后重新开始了，其内容是日军对苏联的闪电战做出军事反应。

7 月，大本营连续发布了 10 道大陆令，大部分是关于重新部署在日本、东南亚、朝鲜和中国东北的部队。日本国内和海外的驻军都进行了大幅度的调动，而这种调动背后的战略却鲜为人知。7 月 11 日颁布的大陆令第 1360 ~ 1363 号重组了驻扎在关西至山阴一线，以及九州地区的航空通讯与管制中队、海军志愿兵以及运输兵；7 月 15 日颁布的大陆令第 1364 号重组了缅甸战场的非战斗部队；7 月 16 日颁布的大陆令第 1365 号重组了北海道地区的部队，特别是那些被派往防守津轻海峡、宗谷海峡和根室海峡的部队；7 月 18 日的大陆令第 1366 号、7 月 20 日的大陆令第 1367 号和 7 月 26 日的大陆令第 1368 号重组了日本关东和东北地区、印度支那以及马来和缅甸战场的部队；7 月 30 日的大陆令第 1369 号对关东军进行了全面和大规模的重组；8 月 4 日，大本营又增发了大陆令第 1370 号和 1371 号，进一步重组东南亚地区的部队；8 月 7 日，即广岛核爆后一天，大陆令第 1373 号命令日本西部和朝鲜的部队进行重组，但这次重组与原子弹袭击无关。这些大陆令都没有对重组背后的原因和策略进行具体解释。

据大本营陆军参谋本部战争指导班的《大本营机密日志》记载，日本政府和军队在 7 月 27 ~ 30 日这段时间的日常活动表明：虽然这几份大陆令对军队的重组都在日本帝国范围内进行，但它依然持续关注着苏联和中国。7 月 27 日周五，外务大臣东乡茂德向最高战争指导会议的成员讲解了《波茨坦公告》的内容；当天下午，例行内阁会议探讨了日本针对公告的应对措施。根据战事日记保管人种村佐孝大佐的说法，讨论集中在是否要向日本民众披露《波茨坦公告》这个问题上。经过慎重的考虑，他们决定在 7 点整的新闻广播中报道公告的内容。种村佐孝没有记录更多的关于《波茨坦公告》的内容。

根据日记记载，7 月 28 日周六，几位高层领导人发表了关于如何处理中国问题的讲话。陆军大臣阿南惟几提出了一个最佳时间表，要将作战重心从国民党转移到美军；他还决定，要将日本对中国的管理集中化。当天下午，内阁各部门次长沿阿南的提案方向探讨中国的经济问题。7 月 29 日周日，种村佐孝向陆军参谋次长河边虎四郎作简报，汇报一个与中国相关的问题，但其具体内容没有记录下来。

7 月 30 日，即周一的下午，陆军参谋本部战争指导班听取了第五课（即俄国课。——译者注）对《波茨坦公告》以及苏联在远东迅速增加的军事力量的分析。种村在此过程中提出了他的个人观点：

> 第五课和第二课（即作战课。——译者注）的人不断地说，日本不可避免地要被美国打败，所以日本极度需要依赖对苏外交。我训斥了他们，并向他们强调了“运筹制胜”的重要性。

这段话表明，在大本营中，不是所有人都认为对苏外交毫无希望。种村还注意到日本民众的一种怪异态度：虽然 7 月 30 日是纪念 1912 年逝世的明治天皇的国家法定假日，但这天却没有任何一个日本家庭悬挂国旗。种村将这种现象解读为民众不再以国体为重。在人们的传统印象中，所有的日本人，无论是平民百姓还是国家领导人，在战争的末期都时刻准备着支持天皇制度和帝国主义体制；但这件事刚好与传统印象相反。在铃木贯太郎对《波茨坦公告》采取“默杀”态度之后，日本并非上下一心准备战斗到最后一人。7 月的最后几天就这样波澜不惊地过去了。

7 月 31 日，周二，《大本营机密日志》在这天之后突然中断，一直到 8 月 9 日才重新续写。在这天的日记中，记录内阁召开了一次关于苏联在远东进行军事集结以及日本向美国乞和的“虚假宣传广播”的简报会议。来自大本营的代表前往大东亚省，向大东亚省次官和官房长官汇报了与国民党作战和日本对华集中管理的情况。种村在这篇日记的末尾提到，他将奉大陆令第 1369 号之命前往朝鲜履新，他将成为朝鲜第十七方面军参谋本部战争指导班主任。

几乎在同一时间，大本营的几名军官也被重新调入或调出朝鲜和伪满洲国。7 月 21 日，美国事务专家杉田一次大佐离开东京，前往朝鲜担任第十七方面军司令部高级参谋；而在杉田履新之前，种村从陆军参谋部俄国课课长那里获悉：基于苏联近期驻远东士兵数量激增这一事实，苏联最有可能在 8 月 10 日左右对日宣战。8 月 4 日，种村离开东京，前往离苏联东部边界只有 70 英里的朝鲜北部军事基地罗南。根据种村的回忆录，他告诉自己的继任者：

> 现在唯一要思考的事情，就是一旦苏联对日宣战，日本应该做什么。对此我不发表自己的观点，但请仔细思考答案。

他在朝鲜的最后行动表明，他当时所暗示的是：投降，才是日本唯一切实可行的选择。

8 月 6 日，美国向广岛投下原子弹。然而，在日本军事和外交的官方文件，都没有把原子弹事件当成日本投降的直接原因。8 月 7 日，也就是广岛原子弹爆炸后第一天，内阁总理铃木贯太郎召开了内阁会议，会上讨论的并非是否因此投降，而是要如何“回应”美国总统杜鲁门宣布使用原子弹的声明。阿南惟几汇报说，大本营已经派出一个科学调查组前往广岛，以确认美国使用了铀弹。东乡茂德称，美国此举严重违反了国际法，提议日本应通过国际红十字会提出强烈抗议。尽管到了非常时刻，东乡还是敦促佐藤大使与莫洛托夫讨论派遣和谈特使的问题。东乡的行为没有表现出任何立即投降的紧迫感，原子弹本身也并没有促使日本下定决心投降。

相比之下，苏联进攻的消息却成为日本最高战争指导会议在30小时内同意投降并接受《波茨坦公告》的催化剂。莫洛托夫在莫斯科时间8月8日下午5点（东京时间8月8日晚上11点）向佐藤递交战书之前，就已经看过宣战书的内容。这份战书引用了日本拒绝接受《波茨坦公告》的言论，并声称日本要求莫斯科进行和平斡旋的要求是毫无根据的；因此，按照同盟国的提议，为了尽快结束战争、促使和平到来，苏联政府决定对日宣战。根据这份宣战书，苏联将在8月9日与日本进入交战状态，但它没有明确交战日期是莫斯科时间还是其他时间。当莫洛托夫把战书递交到佐藤手上的时候，外贝加尔战线和远东第一、第二战线已经接近8月8日晚与8月9日凌晨之间的半夜了，这个时间比莫斯科时间早6～7个小时。佐藤汇报苏联宣战的电报甚至都没能抵达东京。

在1个小时之内，外贝加尔方面军和远东第一、第二方面军全面穿越了伪满洲国边界。苏联远东司令部大举进攻驻扎在满洲的日本军队。外贝加尔前线的侦察部队、先遣部队和前卫部队跨过边界，进入了内蒙古和满洲。苏联精心筹划的战略进攻不仅发生在满洲，而且在朝鲜、库页岛和千叶群岛也同时展开，参战兵力达150多万人。当同盟通讯社截获了一份来自莫斯科的无线电广播，从广播中获悉苏联政府已经向日本大使佐藤递交了战书时，东京才知道苏联已经发起了第一波进攻，而此时距开战已过去了 2.5 小时。

最后一篇《大本营机密日志》由陆军省军务局的竹下正彦中佐于 8 月 9 日重新执笔。日记称，苏联的对日宣战书是日本紧急召开最高战争指导会议的决定性原因。根据日记记载，竹下在早上 7 点 10 分接到一通电话，他被告知苏联已经宣战了，让他马上赶去办公室。

此前，外务大臣东乡茂德正在其官邸与外务省三位高官聊天，他们一致认为日本应接受《波茨坦公告》。上午 8 点左右，东乡拜访了内阁总理铃木的官邸，将外务省的提议告知铃木。日本最高战争指导会议于上午 10 点 30 分在绝密状态下召开，与会者包括铃木贯太郎、东乡茂德、阿南惟几、米内光政、梅津美治郎、丰田贞次郎。根据梅津美治郎撰写的会议备忘录，内阁总理铃木宣布此次会议的目的是为了讨论应采取何种措施来应对苏联宣战。

根据记录，东乡在会议上宣称，苏联参战这件事没人能够预测。然而，这个说法难以令人信服。为了自圆其说，他又补充道，苏联的外交人民委员莫洛托夫刚在 8 月 8 日凌晨 5 点提出要与佐藤大使会面，讨论日本要向莫斯科派遣特使的问题。事实上，莫洛托夫在那个时候已经向佐藤递交了苏联的宣战书。东乡所谓的苏联提出会面可能是指苏联大使马利克要求在 8 月 9 日照会，以递交苏联宣战书。无论东乡是否在掩盖苏联宣战这个消息所带来的震惊和悲伤，他的借口为战后几代人提供了一种标准说法。

日本最高战争指导会议的讨论倾向于终止战争。次日，阿南惟几向竹下正彦透露了讨论的结果，以便竹下记录到战事日记中。阿南说，既然日本无法赢得战争，那就不得不接受《波茨坦公告》并结束战争。米内光政和东乡茂德认为《波茨坦公告》是同意保留天皇制度的，他们以此为前提，提出了符合公告要求的和谈方案。阿南惟几则提出了一项来自军部的备选和谈方案，该方案包含以下 4 个条件：保留国体、自主裁军、不占领日本、不进行战犯审判。梅津美治郎和本田贞次郎赞成阿南惟几的提议。在这次会议过程中，海军中将、军令部次长大西泷治郎来到阿南惟几身旁，偷偷要求阿南打压米内的和平主义主张。阿南惟几回复说他理解大西的意思，但表示，他就当作没听到过大西的要求，一切顺其自然。

于是，在苏联对日宣战大约 12 个小时后，日本政府就已经在讨论接受《波茨坦公告》的事宜了。上午 11 点 30 分，第二颗原子弹在长崎爆炸的消息传到了日本最高战争指导会议众人耳中；这个消息对当天的讨论内容并没有产生多大影响，因为当天主要还是讨论苏联宣战的问题。会议于下午 1 点 30 分结束，比原先计划的时间多了 90 分钟。

在日本最高战争指导会议结束后，又接着召开了内阁会议。在下午 5 点 30 分短暂休息之后，于下午 6 点 30 分复会，并于晚上 10 点 20 分结束会议。会议的重点转移到了是按东乡茂德的提案还是阿南惟几的提案来接受《波茨坦公告》。各位大臣汇报了日本的作战能力和粮食生产水平，并指出继续作战的困难所在；但没人敢第一个站出来倡议结束战争。在深感失望之余，阿南惟几中断了他们的发言。根据《大本营机密日志》记载，阿南说，所有这些关于日本物资匮乏的评论都是众所周知的事实，没必要重复提及。稍晚些时候，还召开了御前会议，时间从晚上 11 点 50 开始，至凌晨 2 点 20 分结束。在会议上，裕仁天皇表示支持东乡的提案。于是，裕仁天皇通过所谓的“圣断”，正式同意日本开启投降的进程。从苏联加入抗日战争算起，此时已经过去 28 个小时。

8 月 10 日凌晨 4 时许，东乡返回外务省，起草了一份投降文书，并电传给日本驻瑞士公使加濑俊一和日本驻瑞典公使冈本季正。在上午 6 点 45 分到 10 点 15 分之间，共发出了 5 封关于日本决定接受《波茨坦公告》的电报。在电报中，加入了日本政府对公告的自我解读，即“《波茨坦公告》不包含任何对天皇作为君主所拥有的特权加以限制的条款”。加濑俊一的任务是把这个信息传递给美国和中国政府，而冈本季正的任务则是向英国和苏联政府传递信息。

东乡茂德在文书中没有提到日本是因为遭受两次原子弹轰炸才决定接受《波茨坦公告》的。美国从日本电报截获的“magic”号情报也显示，日本陆军参谋本部给日本驻瑞典、瑞士和葡萄牙武官的信息中，并没有提及原子弹，也没有把它作为投降的理由。东乡在 8 月 10 日早上 6 点 45 分向驻瑞士的加濑俊一和驻瑞典的冈本发出第一份电报时，只是简单提到了日本准备接受《波茨坦公告》；第二封电报是在早上 7 点 15 分发出的，它明确提出：由于无法通过苏联政府实现和平，促使日本做出了投降的决定。

8 月 9 日的《大本营机密日志》并没有提及第二颗原子弹。从 8 月 9 日到 15 日这段时间，《大本营机密日志》只有两次提到过原子弹。其中一次是在 8 月 10 日，裕仁天皇在御前会议上发表意见说：原子弹的出现，增加了日本走向灭亡的风险，所以他希望结束战争。但在 8 月 14 日，刚从广岛返回东京的陆军元帅畑俊六向陆军作简报时说，原子弹的破坏力并不像美国宣传的那么巨大。原子弹带来的所谓“震撼力”，并没有对日本政界领导人的投降决定造成多大影响。

东乡把电报发到瑞士和瑞典，确认日本准备向同盟国投降之后，才同意与苏联驻日本大使马利克会面。8 月 9 日，马利克要求与东乡照会，以递交苏联的宣战书，但东乡让他一直等到第二天。次日上午 11 点 15 分，马利克向东乡宣读了 8 月 9 日的宣战书。东乡回答说他已知晓，并补充称日本政府已经接受了《波茨坦公告》，而且明白公告不会改变天皇的君主特权。东乡指出，苏联之所以对日宣战，是因为莫斯科认为日本拒绝接受《波茨坦公告》，但这是一个误解。东乡说，从近卫文麿未成行的和谈使命可以看出，日本从没有放弃通过苏联的调停结束战争的希望；所以，在决定如何应对《波茨坦公告》之前，日本要等待苏联的一个答复。东乡说：出于对和平的渴望，日本没有任何理由与苏联对抗。

在日本侵略战争的这个关键时刻，日本许多战争规划者和战略家所设想的情形已经变成现实：当苏联对日宣战时，日本选择放弃抵抗而结束战争。当马利克递交战书时，东乡显得泰然自若。虽然东乡暗示苏联背弃了日本，但他从没有明确表达过对苏联的敌意；相反，他甚至提出两国应继续保持友好关系。虽然现存的档案没有描述马利克对这段话的反应，但他同意苏联确实是认为日本拒不投降才对日宣战的说法。然而，马利克也暗示说，杜鲁门也是错误认为日本拒绝投降才同意使用原子弹的；所以不能怪苏联先下手为强。马利克承诺要将日本的意见转达给苏联政府。东乡回答说，正式的投降文书将通过瑞典转交给莫斯科；他还要求苏联鉴于两国的友谊和持久的外交关系，支持保留天皇的君主权。东乡再次暗示了他对苏联政府没有为日本调停而感到失望，但同时也希望从此刻起，苏联政府在与第三方做出任何重大决定之前，与东京保持好沟通。

那时候，苏联军队在满洲和朝鲜所向披靡。在多道军令的要求下，日本军队向后撤退，只作一些零星的抵抗。由于日本政府并没有向苏联宣战，它的当务之急是结束战争并将伤亡降到最低。然而，苏联政府单方面中断了与日本政府的沟通。原本在日本的战争规划中扮演重要角色的苏联突然从谈判桌上消失，以至日本只能单方面与美国政府就日本投降的方式和性质进行谈判。

8 月 10 日早上，美国政府截获了同盟通讯社的新闻广播，该广播称日本准备在瑞士政府发表正式声明之前投降。此后，美国一边准备接受日本的投降，一边专注于解读日本政府的要求，即《波茨坦公告》“不能包括任何对天皇作为君主所拥有的特权加以限制的条款”。基于对这段话的技术性分析，美国决策者针对是否接受日本的“有条件”投降提议展开了激烈争论。此时此刻，日本殖民帝国的命运以及欧亚大陆的战事，反而变得不那么重要了。

虽然美国国务卿詹姆斯·伯恩斯反对接受日本有条件投降，但杜鲁门总统和他的首席参谋长兼海军五星上将威廉·莱希以及陆军部长亨利·史汀生都倾向于接受日本投降。史汀生认为，考虑到一路高歌猛进的苏联军队，美国在处理日本投降问题时有必要采取灵活措施。他想在苏联取得过多的战争影响力之前让日本投降；因此，对日本做出妥协是很有必要的。用他的话来说：

> 在俄国（苏联）人以巨额索赔为借口占领并统治（日本）本土之前，我们要先把它夺到手，这点非常重要。

伯恩斯深知其中危险，他也同意海军部长詹姆斯·福雷斯特尔的提议，即美国政府表现出接受日本提议的意愿，但要确保《波茨坦公告》的内容和目的得到完全遵守。在那个紧要关头，即使美国已经投下第二颗原子弹，最重要的一点仍然是确保日本在美国把握主动权的情况下投降，并制约苏联的军事行动。伯恩斯于是向日本政府起草了一份回复。

伯恩斯在下午 2 点完成回复的起草工作。它要求“从投降这刻起，天皇及日本政府对国家的统治权限，应置于盟军最高司令官的统治之下”。美国政府向东京提出了与《波茨坦公告》同样的和解条件，即“日本政府之最终形态……应依据日本人民自由表示之意志成立”。其潜台词是，日本政府的最终形态要完全符合美国的期望。这份回复随后在下午 3 点 45 分被发往伦敦、重庆和莫斯科。很快，华盛顿与莫斯科之间的紧张关系变得公开化。在莫斯科，莫洛托夫于 8 月 10 日晚会见了美国驻莫斯科大使埃夫里尔·哈里曼和英国驻莫斯科大使克拉克·克尔，共同探讨日本投降问题。莫洛托夫指出，日本的提议使投降带上了附加条件；他解释说，苏联正在进行的军事行动显示出莫斯科“坚决拒绝”日本有条件投降的决心。在会晤过程中，一份来自华盛顿的急件询问苏联政府是否愿意支持“伯恩斯回复”。8 月 11 日下午 2 点，莫洛托夫告诉哈里曼，苏联将接受“伯恩斯回复”，前提是同盟国要对“日本天皇和日本政府将服从于盟军最高统帅的哪一位代表或哪几位代表”达成共识。哈里曼则回复说，只有在太平洋和远东战场统帅美国陆军的道格拉斯·麦克阿瑟将军能担此重任。莫洛托夫建议可能需要由两位最高统帅来占领日本，分别是远东战场的苏军总司令亚历山大·华西列夫斯基元帅和麦克阿瑟将军。哈里曼否决了这个建议，反驳说美国已经承担了 4 年的主要抗战义务，而苏联只不过在前两天才刚刚参战而已。会晤刚结束不久，哈里曼就接到来自斯大林办公室的一个电话，告知他苏联政府愿意接受“伯恩斯回复”，但希望双方至少能就最高统帅的唯一候选人进行协商。

东京时间 8 月 12 日凌晨 0 点 45 分许，日本外务省截获一份来自旧金山的军事广播，其内容是关于四国对日本投降提议的回复。为了了解同盟国是否同意日本保留天皇制的提议，内阁总理铃木贯太郎和外务大臣东乡茂德通宵达旦地研究了“伯恩斯回复”，并最终同意接受同盟国的回复。上午 11 点整，东乡觐见裕仁天皇，向天皇汇报了他们的决定，天皇也对此表示同意。在下午 3 点举行的一次会议上，陆军大臣阿南惟几、内务大臣安倍源基、司法大臣松阪广政争论道，“伯恩斯回复”依旧没有明确日本投降后的天皇制地位；他们提议与盟国再次核实以澄清这个问题。同时，在下午 3 点至 5 点 20 分这段时间，裕仁天皇召集皇室的所有男性成员开了一次御前会议。在会上，裕仁天皇表达了他要实现和平的坚定决心。根据《大本营机密日志》的记载，当阿南惟几觐见裕仁天皇时，天皇对他说：“别担心，阿南，我有坚定的信念（局面会好转起来）。”天皇与别人谈话时，很少直呼其姓氏。这样一种亲切的语气，可能显示出裕仁坚信自己在日本投降后仍能生存下来：当美国和苏联日益剑拔弩张之时，即使在它们之间做一个有利用价值的马前卒也好。

次日，也就是 8 月 13 日，日本政府内部对如何回应“伯恩斯回复”还是没有达成一致。阿南惟几要求延迟两天，待深思熟虑之后再做决定；但铃木贯太郎对一名支持阿南的海军军官这样解释道：

> 虽然美国仍是我们的主要敌人，但如果现在不采取行动，苏联人就不仅仅渗入满洲和朝鲜，还会进入日本北部……我们现在一定要行动起来。

随后，铃木宣称他想寻求第二次“圣断”。8 月 14 日上午 10 点 50 分，御前会议召开，裕仁天皇在中午的时候宣布，他认为“伯恩斯回复”是可以接受的。当晚 11 点多，日本政府完成对美、英、中、苏四国政府的回复，表达了日本希望执行《波茨坦公告》条款的意愿。美国政府将 8 月 14 日这份回复视为日本正式接受《波茨坦公告》和“伯恩斯回复”的标志，并随后通过瑞士政府向东京发出停战指令。

战争结束前的最后几天，东京与华盛顿的双向沟通决定了日本投降的性质。两国过于关注天皇制的未来，反倒忽视了日本大陆帝国的命运；而日本对大陆帝国的责任与义务，就更加未被提及。作为同时参与太平洋战争和欧亚大陆战争的重要人物，斯大林已经把所有精力放在对日军事行动的收官阶段；这让美国有机会单方面决定日本投降的性质，并一举成为日本的唯一征服者，或者说日本帝国利益的唯一继承者。这种状况决定了战后的“太平洋战争叙事模式”；在这种模式中，日本在欧亚大陆和太平洋地区长期而复杂的侵略战争历程被简化，取而代之的是以珍珠港袭击为发端并以广岛和长崎原子弹轰炸为结局的美日军事冲突的线性历史。

美国动用原子弹，其目的远不止“结束”战争本身；它为美国抹上一丝神秘色彩，从而把苏联赶出谈判桌。曾率美国第八集团军占领日本的指挥官罗伯特·艾克尔伯格上将在1949年证实了美国要做日本唯一征服者的野心。他坚信，在8月30日麦克阿瑟抵达日本前，B-29轰炸机和2枚原子弹就已经有效地起到了“树立美国的威望”的作用。艾克尔伯格说，从那时候起，美国就迅速地在日本人的心目中确立了地位，因为他们“非常聪明地”意识到：美国人比苏联人更优秀。在某种意义上，艾克尔伯格承认了美国确实在与苏联争夺对日本的控制权，并在战争快结束的时候“赢了”这场比赛。在他看来，原子弹让苏联人和日本人对美国刮目相看，它对“二战”中的现有敌人和冷战初期的未来敌人都产生了影响。

摸不着头脑的投降方式

正当日本准备向美国投降时，苏联却一手摧垮了日本的殖民帝国，上演了日本侵略战争的终结篇。日本政府从来没有向苏联宣战，它只是批评苏联的开战宣言违反了有效期至1946年4月的中立条约。日本军事战略家万万没有料到苏联会在日本投降后继续发动进攻。日本在苏日前线采取僵持策略；斯大林即使不充当战争的调停者，也能利用双方僵持所产生的外交优势，按有利于苏联的方式来商谈日本投降事宜，并决定战后处置日本帝国的方式。或许斯大林认为，结束战争会使苏联失去实施进一步扩张和占领日本帝国战略要地的机会，于是他转而对日本采取更猛烈的攻势。美国展示核力量的做法，也很可能迫使斯大林决心在亚洲使用武力来作为回应。

苏军在三条战线上全面推进，迅速地进入日本的殖民帝国。苏联在朝鲜的军事行动开始于 8 月 9 日，先是对罗津港和雄基港实施轮番空袭，然后在朝鲜半岛东端的元山登陆。8 月 11 日，苏军入侵库页岛南部，并于 8 月 15 日早上接到华西列夫斯基元帅占领千叶群岛北部的命令。至 8 月 15 日，苏联的军事行动已经深入满洲的中心地带。8 月 16 日，斯大林告知华盛顿：

> 按照《雅尔塔协定》，苏联不但有权占领千叶群岛和库页岛南部，而且有权占领北海道北部地区。

杜鲁门反对苏联支配日本本土的任何地区。1945 年 8 月 22 日，斯大林默认美国的意见，但此时苏军已经开始炮击并入侵千叶群岛。在日本投降后，这样的军事行动是完全没有必要的；尤其是同盟国的条款已经承认了苏联对千叶群岛和库页岛南部的控制权。苏联对千叶群岛的进攻遭到日军的抵抗，一直到 8 月 21 日，驻扎在占守岛的日军守备部队才遵照大本营的命令缴械投降。占守岛战役中，日军伤亡 1 018 人，苏军伤亡 1 567 人。这是苏军在远东战场上伤亡最大的一场战役，远超出在满洲和朝鲜的伤亡人数。

苏联对库页岛和千叶群岛的军事进攻，造成日本士兵总体死亡人数约 2 500 人，日本平民总体死亡人数约 1 460 人。到了 1945 年 9 月 1 日，该地区的最后一批日军未作任何抵抗，向国后岛和择捉岛上的苏军投降。9 月 2 日，日本政府在美国海军“密苏里”号战舰上签署了正式的投降文书，但苏军对千叶群岛的军事行动并没有停止。就在 9 月 2 日当天，苏军接到了占领齿舞群岛的命令，该岛在地理概念上并不属于千叶群岛的范围，因此并没有在原来的《雅尔塔协定》中被认定为苏联的合法战争利益。

与此同时，中国与朝鲜各自的内战迅速演变成共产主义力量与资本主义力量之间的较量。日本在中国战场投降，引发中国各派系力量的一场新角逐。早在8月初，魏德迈将军就曾担心日本的投降会在中国造成大范围的动乱。华盛顿的参联会指示魏德迈尽量协助国民党，使其能迅速地在中国各战略地区部署军队。魏德迈和蒋介石约定：

> 一旦日本投降，中国国民党和美军将迅速占领上海、大沽、广州、青岛甚至是朝鲜釜山等重要港口。

在波茨坦会议召开前不久，斯大林曾与代表蒋介石来商谈苏联与国民党合作协议的宋子文会面。毛泽东对此深感失望。但随后苏联对日宣战，更让毛泽东觉得很惊讶；他曾预想抗日战争会一直持续到1946年，因为战争时间拖得越长，他就越能推动中国共产党进一步壮大，甚至可以彻底摆脱对国外支持的依赖。虽然如此，毛泽东还是在8月9日致电斯大林，公开欢迎苏联加入抗日阵营，并表达了与苏联和其他盟国军队一起协调战略、共同抗日的愿望。同一天，毛泽东命令共产党军队在最后的战斗中“与苏联红军合作”，把中国从日本侵略者手中解放出来。

当时，毛泽东的军队部署得还不够充分，既无法向西北挺进，也无法与苏联迅猛的军事进攻相配合，更无法利用苏联占领该区域所产生的优势。然而，毛泽东觉得，苏联参战有利于中国共产党在内战中发展壮大。中国共产党领导人认为，虽然斯大林与宋子文见了面，但苏联是不会允许一个由美国支持的中国崛起的；因此，斯大林向中国国民党所作的让步将是有限度的。毛泽东命令共产党军队在华北地区采取攻势；即使苏军对中国共产党军队只是表现出敷衍的合作态度，而非直接支援，毛泽东还是准备趁热打铁拿下满洲。

日本在中国的投降方式让人摸不着头脑。8 月初，在中国仍有 180 万日本军队和 78 万属于南京傀儡政权的伪军。在 8 月 10、11 日的午夜，中国共产党人民解放军总司令朱德元帅向在苏联辖区内的所有中国共产党军队发出指令，要求他们命令日本军队上缴武器弹药。作为当时中国领导人的蒋介石马上采取反制措施，命令共产党军队不能接受日军或隶属于南京傀儡政权的军队投降。

起初，日本的中国派遣军还怀疑是不是真的要在中国战场无条件投降。8 月 14 日，日本驻南京汪伪政府“大使”谷正之在给外务大臣东乡茂德的一份电报中称，中国派遣军总司令冈村宁次将军对投降一事感到迟疑不决；他们在中国还没有取得过一场决定性战役的胜利，在这种情况下投降，让他觉得特别不甘心。

仅 4 天之后，即 8 月 18 日，中国派遣军遵照同盟国的指令，接受了日本向国民党投降的决定，并向所有在华日军下达了《日本投降纲要》。这份文件将在华日军投降描述成有利于中日双方的停战行为，而不是日本被国民党打败的结果。该纲要以以下声明开篇：

> 自今日起，中国将走上东亚唯一强国之新路。因中国之自建面临着外国强权巨大压力之挑战，大日本帝国将去除好战之陋习，重新追求在华之最初目标，尽可能支持中国并增强中国之实力，以促成大日本帝国未来之发展及东亚之复苏。

这份纲要并没有提到之前日本对中国共产党的支持。国共关系成为中国人自己要解决的国内问题。该纲要指出，增强中国实力和支持中国的最好办法，就是协助国民党政府统一中国，以此加快中国复苏的速度。纲要还补充道，如果中国共产党军队继续表现出抗日的敌意，日本将不会容忍。

但形势并没有朝有利于蒋介石的方向发展。在内蒙古，大多数日本军队都向苏军投降，在华北则向苏军或中共军队投降。8 月 20 日，日本政府向麦克阿瑟将军发了一封电报，描述日军在中国所遇到的困境。国民党军队和中共军队竞相占领之前被日本控制的地区，双方都要求日军向本方缴械投降。

8 月 24 日，投降善后处理会议（其前身是最高战争指导会议）决定与同盟国进行谈判，允许那些无法向中国国民党投降的日军直接向中国共产党投降。8 月 25 日，位于东京的大本营随即给麦克阿瑟发电报，请求其批准这一建议。

日本没落后，谁能攫取最大的利益?

朝鲜的状况也同样一团糟。虽然日本殖民统治已经瓦解，但朝鲜未来的不确定性，使朝鲜人民少了许多欢欣鼓舞之情。截至 8 月 10 日，也就是苏联进入朝鲜北部 1 天后，朝鲜总督府还没有收到任何来自东京的具体指令。它从国外的一个短波广播中获悉，日本政府愿意在保留天皇制的前提下接受《波茨坦公告》。第十七方面军对苏联进攻的反应大不如前；由于对朝鲜南部实施重点防御，导致它没有充足的人手来防守朝鲜北部的战略要地。更糟糕的是，驻扎在靠近中俄边境的朝鲜北部城市罗津的日本部队接到了不许抵抗，等待特别指示的命令。

根据日军一名少尉的说法，这些指令要求当苏军前进 1 日本里时，日军必须后撤 2 日本里；如果苏军前进 2 日本里，日军就必须后撤 3 日本里。随后，他们于 8 月 10 日开始全面撤退。8 月 11 日，苏军试图在日本海东朝鲜湾附近的朝鲜北部港口城市清津登陆。第十七方面军决定后撤，并在离清津南部 200 多英里的元山阻击苏军。

日本的军事规划者曾预测：在苏联采取军事行动的同时，美军将入侵朝鲜南部，但美军并没有这样做。在苏联挺进朝鲜的时候，美军离朝鲜最近的部队仍驻扎在冲绳。苏军看似即将在短时间内夺取朝鲜全境时，美军却无法迅速采取行动阻止苏军。8 月 8 日发布的最新版本“黑名单”作战计划指出，“占领朝鲜”在很大程度上只是一个模糊的计划，并没有明确划定美苏在朝鲜的分界线。

不过，通过这份计划，美国前任中国战区司令官，现任驻冲绳美军第十集团军司令约瑟夫·史迪威将军至少知道了他的部队将要前往朝鲜占领属于美国的地盘。

8 月 10 日晚至 11 日凌晨，位于华盛顿特区的“国务院、陆军部和海军部协调委员会”仓促制订了一项单边计划，要在三八线将朝鲜分割成美国占领区和苏联占领区。8 月 13 日，杜鲁门批准了该项计划。同一天，史迪威飞往马尼拉与麦克阿瑟会面。当他到达马尼拉时，“黑名单”行动计划已被修改，约翰·霍奇中将被调去指挥占领朝鲜。从这一变化可以看出，华盛顿猜测蒋介石仍把朝鲜当作“中国沿海”的一部分，担心在日本撤离之后，史迪威会控制朝鲜半岛。于是，杜鲁门总统和麦克阿瑟决定不让史迪威参与占领朝鲜，并向蒋介石保证，他在军事合作上的对手史迪威将不会指挥美军登陆“中国沿海”。8 月 14 日，虽然苏联的地面部队在朝鲜半岛已经占压倒性优势，并且可以继续向南推进，但斯大林还是同意接受美国的计划。美国军队直到 9 月 8 日才抵达朝鲜。

8 月 14 日晚上 11 点左右，朝鲜总督府确认日本已正式投降。这个消息不是与东京的日本政府直接确认的，而是通过同盟通讯社京城府分社（京城府是朝鲜日治时期的首府，即今韩国首都首尔。——译者注）得到的。同盟通讯社收到了日本同意接受《波茨坦公告》的天皇诏书。时任第十七方面军参谋本部战争指导班负责人的种村佐孝向驻扎在朝鲜北部和满洲的日军发出了投降指令，说服那些死硬派将军和士兵向苏联缴械。至此，种村为苏联进驻远东扫清了障碍，从而结束了朝鲜半岛的战事。

8 月 15 日凌晨 3 点，总督府决定释放朝鲜的所有政治犯。早上 6 点左右，总督府的政务秘书长邀请颇有声望的朝鲜民族主义领袖吕运亨协助处理日本投降的善后事宜。吕运亨是一位温和的左派人士，负责主办朝鲜的《中央日报》，并与苏联、中国、印度甚至日本等国人士有着广泛的联系。秘书长告诉吕运亨，苏军很可能在 8 月 17 日早上抵达汉城，解除驻朝日军的武装，并释放所有在狱中的政治犯。这个时间是按清津到汉城的 20 个小时火车车程计算的。由于担心造成混乱，日方需要朝鲜领导人来维持秩序。

除了吕运亨之外，总督府还接触了宋镇禹。宋镇禹毕业于日本的明治大学，是一名信奉基督教的民族主义者。他既不为总督府效力，也不愿意与吕运亨共事。只有吕运亨答应了总督府的请求。8 月 16 日，也就是朝鲜庆祝解放后的第二天，吕运亨自己组建“朝鲜建国筹备委员会”并自任委员长。吕运亨在电台广播中发表了热情洋溢的解放宣言之后，朝鲜的民众认为他们已经完全获得独立，从此将实现民族融合，国家统一。

从那时起一直到 8 月底，朝鲜建国筹备委员会在朝鲜半岛建立了 145 个分支机构。朝鲜民众认为，在日本投降后，总督府将名存实亡；他们要求总督府立刻将权力和权限移交给朝鲜建国筹备委员会。与此相反，总督府认为是盟军而非朝鲜人民瓦解了日本的殖民统治，并要求建国筹备委员会严格将自身活动限于维持秩序；但委员会对此拒不认同。虽然吕运亨及其政治盟友倡议由朝鲜国内外的革命派别组成一个联合政府，但右翼民族主义者坚持要让流亡中国陪都重庆的大韩民国临时政府合法化。对此，朝鲜国内的意见参差不齐。根据几份战后回忆录描述，一些右翼民族主义者竭力主张宋镇禹和吕运亨组成联合政府，这样的强强联合能形成一股不可战胜的政治力量，但这种构想并没有实现。

在朝鲜的许多地方，关于苏联解放军即将到来的传言激励着朝鲜人民。为了迎接苏军抵达朝鲜首都，朝鲜民众用各种标语、旗帜点缀京城府火车站；京城府的街头巷尾也到处可见宣传朝鲜共产党的告示牌。8 月 19 日，苏军在元山登陆，占领北方五省，驻北方五省的日军正式向苏军投降。然而直到此时，对于谁将扮演瓦解日本殖民地的角色，或者在何时以何种方式瓦解日本对朝鲜的殖民统治，日本政府和朝鲜总督府还是一无所知。

8 月 22 日，朝鲜总督府收到一封来自东京的电报，要求驻守在三八线以北的日军向苏联投降，而驻守在三八线以南的日军则向美国投降。自从登陆时起，苏联当局就已经在朝鲜的北方诸省设立了人民政治委员会，该委员会的管辖权与吕运亨领导的委员会及其当地分支机构产生了冲突。总督府对此也一头雾水，它请求东京对投降后总督府的权力和权限给予明确指示。

8 月 24 日，当 20 万苏联大军进入平壤的时候，东京的投降善后处理会议向总督府发了一封电报，告知总督府：东京已了解当前的状况。投降善后处理会议称，无论吕运亨要求什么，朝鲜半岛的领土主权仍属于日本，直至朝鲜独立被写入和平协议的具体条款；然而，它也承认，由外国军队占领朝鲜，可能会实质性地结束日本的统治，并在达成和平协议之前使占领国拥有实质性的主权。

会议提出了一个解决日本对朝主权问题的双重办法：对朝鲜人采取一贯的方式，而对美国和苏联占领军则采取拖延战术。在“谁统治朝鲜”这个问题上，为了避免更多的混淆，会议建议不要压制吕运亨领导的朝鲜建国筹备委员会，并要求总督府谨慎维持治安，避免激起朝鲜民众的反日情绪。

8 月 28 日，第十七方面军本部正式宣布：日本在三八线以北向苏联投降，在三八线以南向美国投降。朝鲜民众在这一天获悉，自己的祖国已经被瓜分。

对于朝鲜的未来，一切都是不确定的。美国人在 9 月 8 日抵达朝鲜，而在此一周前，美国的“国务院、陆军部、海军部协调委员会”就已经制订了一项计划，准备由美、英、中、苏四国联合托管朝鲜。该计划认为，由于四国占领军在朝鲜托管方面应奉行权利“平等”原则，因此四国将分区域占领朝鲜，具体为：苏联占领咸镜道和江原道；美国占领京畿道、忠清南道和全罗道；中国占领平安道和黄海道；英国占领忠清北道和庆尚道，但这个计划最终并没有付诸实施。

日本没落后，谁能在朝鲜攫取最大利益？一方面，美国兵不血刃就夺得朝鲜半壁江山，假如日本在苏联参战前投降，那么美国早已取得整个朝鲜的控制权；另一方面，尽管苏联加入东亚战事时间极短，但它在美国首肯之下还是得到了至少半个朝鲜；而在此之前，苏联还倾向于朝鲜在不受美国干预的情况下实现独立。

日本的领导人和战略家敏锐地预测到中国共产党终将统一中国，但在朝鲜问题上，他们没有尽全力去了解朝鲜民族主义的特征和发展方向，因而无法预测朝鲜的未来。在苏联、中国共产党、国民党和美国等冲突势力的干预下，朝鲜的民族主义运动已经四分五裂。日本的战略家专注于从“二战”到冷战这段时期的地缘政治转变；他们曾预测过日本殖民主义的终结，但却忽略了朝鲜人民的命运，使殖民时代的日本永远打上了“道德”没落的烙印，而这正是日本侵略战争中早已被人们忘记的历史遗留问题之一。

附录《关于接受三国公告事宜》

1949年8月10日上午9点，东京的外务大臣东乡茂德向驻瑞士公使加濑俊一发送了代号为“0649”的电报，其标题是《关于接受三国公告事宜》，以下为电报内容（原文为英文）：

日本天皇切望促进世界和平，早日停止战争，俾天下生灵得免于因战争之持续而陷于浩劫。日本政府为服从天皇陛下之圣旨起见，已于数星期前请当时仍处中立地位之苏联政府出面斡旋，俾对诸敌国得以恢复和平，不幸此等为促致和平之努力业已失败。日本政府为遵从天皇陛下恢复全面和平之旨意，希望因战争而造成之不可言状的痛苦能尽速终结，乃作出下列之决定：

一、日本政府准备接受中、美、英三国政府领袖于1945年7月26日在波茨坦发表，其后经苏联政府之赞成的联合宣言所列举之条款，而附以一项谅解曰：上述宣言，并不包含任何要求有损于天皇陛下为至高统治者之皇权。

二、日本政府竭诚希望此项谅解能获保证，且望切关于此事之坦白表示，能迅速获致。

三、日本政府诚乞瑞士政府（皇家瑞士政府）代为向中美政府（及苏英政府）转达上述陈情。

IMPERIAL ECLIPSE

|第四部分|

虚构战争史：欧亚的销蚀

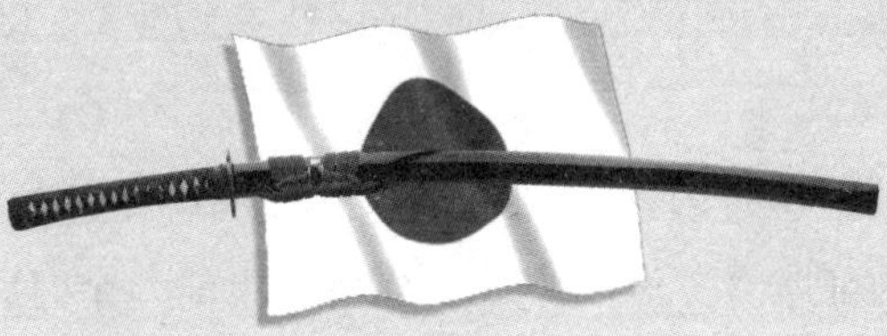

第 8 章

回顾战争：美国造成了日本的“拒不认罪”

麦克阿瑟向世界宣告战争结束时，提到了太平洋上的血腥厮杀，提到了仁慈的上帝与人性的进步，却没提及中国战场，没提到日本在欧亚大陆的侵略战争，预兆性地描摹出今天日本政府拒不承认对亚洲人民犯下战争罪的军国嘴脸……

战争刚结束，美国就神话般地脱颖而出，完全盖过苏联的风头，成为日本的征服者。然而，就在战争结束前几个月以及战争刚结束不久后，日本民众仍继续揣测美国、苏联和日本三方行动背后所隐藏的玄机，并在此基础上争论日本应如何自我定位，才能在战后生存下来。人们讨论日本在世界政治中的命运时，关注的重点离不开苏联和美国；即使战争已经结束，这样的讨论在很长一段时间内仍充斥着整个国家。战后的日本先是经历了美国的军事占领，然后又与美国组成军事同盟。当初促使日本发动侵略战争的欧亚大陆之梦，就这样在日本的历史和记忆中逐渐消退。

仁慈的上帝、精神的复燃和人性的进步

1945 年 9 月 2 日，日本政府及大本营在美国军舰“密苏里”号

上签署了《降伏文书》，宣布日本接受美、英、中三国于 1945 年 7 月 26 日在波茨坦会议上提出的投降条件，并在“随后服从于”苏联（此处加了着重号）。然而，苏联的高级代表并没有出现在受降现场。麦克阿瑟作为同盟国的最高司令官，主持了受降仪式，并代表美国、中国、英国、苏联以及“其他与反日本法西斯的同盟国家”接受了日本的投降。

在日本代表团签署投降文书并离开受降现场之后，麦克阿瑟通过广播向全世界宣布了这个消息，并宣告这场战争浩劫已经结束。他提到了巴丹岛战役和科雷希多岛战役那些阴暗的日子，提到了仁慈的上帝、精神的复燃和人性的进步，但他没有提到中国战场和日本在欧亚大陆的侵略战争。受降仪式仿佛就是一场日本向美国单方面投降的双簧戏。

日本侵略战争和日本帝国虽然已经终结，但日本民众的态度却并不像美国占领日本的叙事中所描述的那么简单。日本投降后，即便处在美国占领之下，日本民众的立场也不见得一夜之间就变成反苏亲美。由于在战时反对帝国主义，日本社会主义者和共产主义者在战后重新获得影响力和人心。1947 年 5 月，日本社会党委员长片山潜成为日本历史上第一位社会党出身的首相。日本投降后，许多日本民众仍参与到与日本有关的世界政治中。虽然日本对美国的绝对服从给民众带来了巨大的心理创伤，但他们对此无暇理会，此时，斯大林在战时的最后举动才让他们真正感到困惑。他们觉得奇怪的是：日本与苏联之间究竟发生了什么？

日本特别高等警察记录了日本普通民众对这类问题的看法。自从 8 月 11 日日本的各家晨报刊登了日本愿意接受《波茨坦公告》的新闻后，日本政府就一直仔细观察日本市民在向本国历史新阶段转变过程中所表现出的态度。特别高等警察调查了日本民众对苏联宣战和美国使用

“新型武器”的反应，以及他们对日本投降原因的猜测。不难理解，原子弹并没有唤起日本民众对美国的敬畏和尊重；虽然苏军最后的行为远称不上高尚，但美国的原子弹袭击更非正义之举。日本人认为，美国虽然成为战争的唯一赢家，但这并不能证明它对广岛和长崎的轰炸是合乎情理的。

至于“新型武器”，或者更具体地说原子弹，民众的第一反应与美国所做的战略轰炸调查结果相类似。该项调查于 1945 年 8 月 15 日获得杜鲁门总统批准，对日本的 300 位平民、350 名官员和 500 名现役军人进行提问，旨在评估原子弹事件在日本所产生的影响。根据 1946 年 7 月所发表的最终报告，日本民众对原子弹的普遍反应是“害怕、无法控制的恐惧感，并被它所带来的毁灭性完全震慑”。

日本特别高等警察的调查结果表明，这种害怕和恐惧感不一定使日本人对美国产生敬畏之心，也未必能让他们产生立即向美国投降的迫切愿望。

> 在与广岛和长崎距离相同的福冈地区，一位农民说，只要再使用 14 或 15 枚这种新型武器，就可以把日本从地球表面抹去。
>
> 一位来自日本证券公司的区域经理承认，人们现在被核武器弄得非常害怕和伤心，但一位来自监督和促进在日朝鲜移民“皇民化”的官方组织“Kose-Kai”的朝鲜裔领导人却说，民众之所以害怕，只是因为大家还不清楚新武器的威力。
>
> 8 月 11 日，特别高等警察发现，在这次空前浩劫中，九州帝国大学校长、三井田川矿山株式会社的一名董事以及一名工厂工人都亲眼目睹了敌人能摧毁全人类的恐怖科学力量。某些对核武器缺乏了解的人要求大家不要被这种技术所吓倒，而是要找到一种科学的反制手段继续战斗。

> 8 月 9 日与 11 日，在鸟取县，一位町长和一名银行经理坚称，他们不理解日本为何要害怕原子弹。鸟取县其他一些人也持有这个观点。

与此形成鲜明对比的是，苏联的宣战行为使日本民众的反应更加复杂，引起人们更多的反思。许多日本人都明白：日美战争的命运，取决于日本的对苏外交策略；更为关键的是，能否实现日本的泛亚主义理想，取决于苏联是否保持中立，也就是苏联在亚洲保持意识形态的独立，以及苏联在种族和文化方面与泛亚主义产生兼容性，同时它在亚洲范围内的战略能力能与英美相抗衡。苏联对日宣战，并没有像两颗原子弹那样摧毁日本本土城市，但却瞬间让日本丧失了欧亚大陆侵略战争的战略逻辑。再者，苏军击溃了在伪满洲国和朝鲜的 100 多万日本定居者，并趁势追击，一举摧毁了日本的大陆帝国。苏联的参战宣言给予日本人更深远的打击，而这种情感、心理和认知上的三重打击，迫使日本人不得不面对日本帝国的最终命运，面对日本的败局及其未来。

根据特别高等警察的记录，还有人认为：不管发生什么事情，苏联宣战也好，原子弹也罢，日本都应继续战斗下去，以彰显其民族精神。虽然持这种看法的人绝非大多数，但也不乏其人。有人甚至说，日本应继续战斗，直到国家失去 1/3 人口。更多的人则对日本抵御苏军的作战能力作出了慎重评估。

> 1945 年 8 月 11 日，兵库县的一名工人谈到，莫斯科拒绝续签中立条约时，他就预料苏联将在战争的最关键时刻进攻日本。
>
> 一名农民在与人聊天时则争论说，既然苏联已经参战，日本将在不到一个月时间内被打败，他也因这番言论而被逮捕。

虽然许多人认为苏联和美国会协同进攻日本，但它们最终却是各自采取行动。日本民众对此反应大相径庭。大多数民众认为，日本对苏外交策略没有任何成果，简直是彻头彻尾的失败，他们对此深感失望；与此同时，他们想知道斯大林为何会选择背叛日本。

8 月 11 日，福冈市的一名政客和一位预备役上校分别推测，斯大林背叛日本是出于政治动机：当他预见到日本将注定败于美国之手时，便决定对日宣战，以阻止美国在亚洲取得支配地位，并增强其个人在战后亚洲的政治影响力。

《西日本》报社的一位董事与一名工厂工人的观点不谋而合，他们都认为日本向苏联请求调停的做法，让斯大林认清了日本所处的困境，并使他相信日本已成囊中之物。因此，在紧急关头，斯大林选择进攻日本的殖民地，以攫取额外的战争利益。

九州飞机制造公司的一名总裁说，苏联宣战书的内容向全世界表明：日本政府曾试图与苏联政府进行和谈，但却遭到苏联政府的背叛。

九州帝国大学的一位教授和同盟通讯社福冈分社的一位主管都认为，苏联的宣战书有其政治意图，它针对的是英美对东亚的控制权。

8 月 11 日，在大分县，一名据称是知识分子的市民宣称：苏联对日宣战，必定是对美国使用“新型炸弹”的某种反应；换言之，斯大林对美国使用原子弹感到惶恐不安或愤怒不已，他不得不在远东展示自己的军事力量。

特别高等警察发现，许多人对苏联宣战后日本政府所表现出的奇怪行为提出质疑：为什么日本政府没有对苏宣战，而是眼睁睁看着苏联从伪满洲国、朝鲜北部、库页岛南部和其他地方杀入日本殖民帝国？日本政府手中有变被动为主动的计划吗？

福冈第一师范大学的一位教授对日本政府和媒体都没有批评苏联而感到疑惑，他怀疑日本领导人制订了处理该危机的秘密计划。很多人都同意这一观点，这些人包括一名来自右翼组织的常务理事，两名来自大牟田市和福冈市的政客，以及上面提到过的《西日本》报社董事以及九州帝国大学的教授。有些人认为，既然苏联想得到中国东北，那么日本应该拱手让出以换取和平。福冈第一师范大学的教授和福冈市的政客说，只有这样做，日本才可以单独与苏联签订和平条约，而不是向同盟国无条件投降。

福冈市的那位预备役上校对此也略感疑惑。按照他的理解，日本政府必定已经预测到苏联在欧洲战事结束后将对日宣战，但是日本军方看起来对此并没有作任何准备。他怀疑，这是因为日本政府知道苏联参战的目的是为了在亚洲获取政治影响力，而不是消灭日本整个国家和民族。8 月 16 日，德岛县的一位居民说，日本政府可能已经与苏联政府达成某种默契；否则很难解释为何日本在苏联宣战之后，马上命令军方停火，而不作任何反抗。甚至于日本的普通民众也怀疑日本可能与苏联达成了战略约定。

日本投降后，公众的关注点转移到美苏争夺日本所带来的影响。其影响好坏，众说纷纭。

8 月 27 日，佐贺县的一名报社记者阐述了日本被英美占领的好处：如果日本被苏联占领，而英美又与苏联开战的话，日本将遭受美国和英国的进攻和入侵，日本本土将因此而变成血腥的战场；所以，就让美国来保护日本吧。

10 月 1 日，三重县一位左翼活动家的人说：战败后的日本在美国占领下必将灭亡，因为一旦美苏在开战，战争将在日本本土打响；那时候美国就会把日本士兵派到前线与苏军作战，日本从此将不复存在。

在德岛县，一名左翼激进分子于8月16日发表了一个独特的观点。他认为：美国和苏联作为胜利者，在政治层面迟早会为对方在远东的存在而感到不安，并且将为如何惩罚战败的日本而产生分歧，而这正是日本从战败中复苏的绝好时机。

另一个人则在8月16日称：既然日本已经在世界政治舞台上退居幕后，我们日本人就只好自得其乐，坐看苏联如何智斗美国，挫败美国在亚洲的野心。他想从这样的景象中，为自己的余生找到慰籍。

还有一个人在东京街头说：考虑到战争末期亚洲的国际政治前景，万一美国要与苏联摊牌，则下一场战争必不可免，此时美国就需要用到日本；因此，一旦美国占领日本，它是不会亏待日本的。

一名来自铁路公司的员工称，日本可以撷美苏两家之长，即借鉴美国的政治体制和苏联的意识形态。

关注国家战后生存和复苏的日本政治家和战略家们也赞同这些观点。为了探索在外国列强的夹缝中寻求平衡的生存之道，战后的日本政府不得不对美国和苏联采取“两边不得罪”的策略。日本领导人试图强调日本是向美苏双方投降，而不是单独向某一方投降，这是确保日本在今后动荡不安的世界中寻求复苏的预防性举措。

投降后的日本政府假设斯大林是《波茨坦公告》的签署人之一，对公告重新进行了解读。作为在战时承认延安政权的政策制订者之一，重光葵于1945年8～9月重新担任外务大臣一职，他将自己在战后的使命定义为：将《波茨坦公告》当作美苏之间达成的协议加以接受，并按这一前提执行公告的条款，而不是将公告视为日本对美国的单向承诺。虽然美苏之间的分歧不断加大，但重光葵对此视若无睹。

随着美国和苏联的相互竞争愈发激烈，重光葵对日本的未来发展方向保持着谨慎的态度。甚至连裕仁天皇似乎也明白这一点，他分别发表了两项声明，每项声明都给出了不同的投降理由：一项声明是在 8 月 14 日作出的，其投降理由是原子弹袭击；另一项声明则是在 8 月 17 日作出的，其投降理由是苏联参战。

所以，严格来说，他是向美国和苏联双方投降，并且让所有相关各方都清楚这件事情。

日本投降一个月后，日本外务省发表了一份报告，分析了日本人亲美和亲苏两大阵营。其中，一部分人希望依靠美国和英国重建日本；另一部分人则想通过与苏联和中共领导的中国结盟，抵抗美国在亚洲的实力和影响力。那时候，人们还无法确定哪一派将成为战后日本政坛的主导力量。

日本的政治学家渡边昭夫解释说，因为美国对苏联的戒备正与日俱增，亲英美派希望与美国重归于好，这是很有可能的。日本曾如此仰仗苏联,希望它能发挥关键作用,但直到战争结束苏联也没有这样做。渡边对日本战后问题研究协会及币原喜重郎、宇垣一成等战略规划者进行了分析，其分析结果恰恰表明：战时的军事战略家曾对战后的世界格局作出各种设想，这些设想出来的情形形成了日本在战后的外交原则。

重光葵在 20 世纪 20 年代曾担任日本的外务大臣，以支持威尔逊主义而著称。他在 1945 年 10 月被重新召回担任首相；而在此前不久，也就是 9 月 29 日，重光葵写下了一份题为《终战后良好开端计划》的备忘录。他在备忘录中这样描述反复无常的国际关系：

百年内，大国间将不存在永远的朋友或敌人。即使在今天，在许多重要事情上，同盟国间也存在利益冲突。因此，曾经相互竞争和对抗的国家之间，也许会在某一时期遇到一些问题；而只有相互合作和支持，才能解决这些问题。日本为了实现战后的政治目标，把昨天的敌人变成明天的朋友，应该不是一件困难的事情。

渡边昭夫剖析了宇垣一成曾表达过的类似观点。宇垣一成在1931～1936年担任朝鲜总督，并在1938年担任外务大臣兼拓务大臣，被称为"政界的惑星"（"惑星"在日语中有"前途无量的人"之意。——译者注）。1945年9月30日，宇垣在他的日记中写道：

我们必须要开始尽最大努力，把日本发展成为最先进的和平国家。在不远的将来，我们会很容易看到美英之间将（为争夺资本主义世界的领导权而）产生冲突，而美苏之间也会（为了世界领导权而）相互竞争。日本所要做的，就是在这些国家之间游走回旋，使这些国家免受毁灭之灾，在创造真正的世界和平过程中建立我国的领导地位。

宇垣认为，这是实现战时日本未完成的"八纮一宇"梦想（"八纮一宇"是日军宣扬大东亚战争正当性的用语，意为"天下一家"。——译者注）的良机。10月8日，即币原喜重郎内阁组阁前不久，宇垣在日记中补充道，日本在当前的黑暗时期应讨好美国，紧跟美国的步伐，这是日本不可逃避的命运。他强调，日本要做到这一点，最重要的是压制民众的反美情绪。按照渡边的观点，战败后的日本已经意识到自己将要在美苏的夹缝中生存，这促使日本的官僚主义者和科技主义者在美苏的双重影响下寻找日本经济复苏的道路。日本战后问题研究协会成为这种思潮的倡导者。该协会在战争结束前由外务省创立，其成立宗旨是为即将到来的国家经济危机作好准备。8 月 16 日，该协会举行了第一次会议，吸引了许多年轻而有抱负的学者、官员和技术专家。它的第一份报告《日本经济重建的基本问题》于 1946 年 3 月发布。该报告显示，日本意识到自己无法在这个世界上独自生存，世界各地的人们正迈向全球一体化进程。报告认为：

> 在新兴的世界经济中，美国将通过布雷顿森林国际货币体系确立其领导地位；同时，虽然意识形态不同，但如果苏联希望从战争的创伤中恢复过来，它就不可避免地要与美国领导的经济体系共存。

这份报告已经预见到冷战即将兴起，并表达了世界将成为一体化体系的理念；但它并没有讨论这些体系的哪一方将建立世界霸权，而是表达了一种和谐融合的理念。这份报告最独特的主张，是它关于日本在这种世界体系中所处地位的观点。报告指出：

> 从地理位置上说，日本处在苏联阵营和美国阵营的交界处。日本当前正处于美国阵营中，但将受到双方阵营的共同影响；两大阵营的此消彼长将极大地影响日本的政治和经济发展。若日本偏向两大阵营的任何一方，都会产生风险，而日本应规避这种风险，并对双方保持同等距离。

美国想扶植战败的日本重新成为太平洋地区的强国，并切断它与欧亚大陆的联系；但对于日本而言，至少在战败后的一段时间内，由于联合国不允许霸权主义国家的存在，所以在遵守联合国准则范围内保持中立主义，将成为其外交方针的指导性原则。到了20世纪60年代，日本不顾美日安全同盟的约束，与共产主义国家展开了经济与文化的“全面平衡外交”，这也成为其标志性的外交风格。

如果日本在《波茨坦公告》发表时即宣告投降，那结局将会怎样？即使在战争已经结束70年后的今天，日本的民众仍坚定地认为，如果日本早点投降，那就可以拯救许多日本百姓的生命；假如日本抢在苏联参战前及时投降，就可能将整个朝鲜半岛拱手让与美国，同时也避免了日军向中共军队投降，这样后者就不能轻易地进入东北。在这样的假设中，中国国民党依靠美国的支持，很可能已经取得中国内战的胜利。这样就意味着美国不仅仅是战胜了日本，而是将在整个东亚取得最终的胜利。如果只有美国单方面处置日本的殖民帝国，今天的中国和朝鲜将是何种情形？此外，如果这一切成真的话，美国占领日本的性质和发展方向又将有何不同？

20世纪50年代初，苏联、中华人民共和国甚至是朝鲜和韩国，都远离了战后在美国防御圈庇护下日本所处的“世界”。对于中国，日本人觉得可以凭借他们向多方投降的借口，来淡化和掩饰他们曾被中国打败的事实。按照20世纪80年代以批判美国占领日本而著称的评论家江藤淳的说法，在中国战场根本没有“输家”；因为直到战争结束，中国国民党军队、中共军队、日军三方仍在互相厮杀。

然而，在战争结束几十年后所披露的一些事实来看，实际情况比江藤所言更加复杂。桑岛节郎曾在侵华日军中担任军医。他回忆道：在日本投降后，日本华北方面军第四十三路军第六十四步兵营在山东省经历了长时间难以名状的投降后遗症。在战争期间，日军华北方面军在与中国共产党八路军作战的过程中，逐渐熟悉了中共宣传人员，尤其是日本反战同盟会的活动规律。

1945 年 8 月 15 日深夜，日本反战同盟会的一名代表来到桑岛节郎所在的第四十三路军营地，对他说该军的预备役如何的训练散漫、装备落后，并表扬了桑岛到目前为止所做的出色工作；最后那名士兵邀请他们马上向八路军投降，这样就可以尽快返回日本。8 月 18 日，第四十三路军接到了正式命令，要求他们缴械投降并从中国撤军。

5 个月后，也就是 1946 年 1 月 16 日，中国国民党军队终于抵达了山东省东部的青岛地区，并开始遣散日本华北方面军的残余部队，士兵总人数约 5 万人。

然而，在 1945 年 4 月～ 12 月，第六十四步兵营大约有 30 名士兵向八路军投降，其中包括 1 名少尉和 2 名陆军上士。投降者当中，有些人自愿留在八路军，和八路军一起对抗中国国民党。1946 年 1 月 12 日晚，日本反战同盟会的代表再次来到营地附近，反复邀请日军士兵向八路军而不是国民党投降。桑岛节郎的上司要求他们提供食物。次日早上，他们带来了给养，包括猪肉、鸡蛋、蔬菜和酒。日军士兵们对此既惊讶又感激。后来，桑岛节郎认为，除非日本民众知道八路军是如何对待日军残兵败将的，否则他们根本无法理解日本侵华战争更广阔的背景和更真实的画面。

对于中国派遣军某部大约 2 600 名士兵而言，战争在未来 4 年多的时间里都不会结束。自从 1911 年辛亥革命以来，中国的大军阀阎锡山就一直控制山西省；他顺利地诱导这些已经投降的日本士兵留在山西省西北部，帮助他抵抗中国共产党的军队，这样他就能继续把持太原周边的区域。阎锡山让这些日本兵冒充已经缴械的士兵，甚至假装成普通的劳动者，从而把他们藏匿起来，成功地躲过同盟国的检查，这种做法实际上已经违反了《波茨坦公告》。澄田赉四郎中将是日本第一路军的一名指挥官，据说他与阎锡山签订了秘密协议，赋予阎锡山指挥日本士兵的权利。澄田的确在 1945 年 8 月宣布了日军向国民党正式投降，但他也向自己的部下发布了一道假命令，说日本陆军部已经秘密决定让他们混入国民党军队，这样他们就可以继续与中国共产党作战。人们认为澄田赉四郎这样做有着双重野心：一是为了避免作为甲级战犯受审；二是在中国保留日本的武装力量，以便将来反攻。

除了这些士兵以外，阎锡山还另外招募了 1 万名日本平民到他的军队服役。在高峰期，他手中的日本兵力达 1.5 万人。在 1949 年内战快要结束的时候，中国派遣军剩余的 1 600 名日本士兵最终将被遣送回国。在当初留在阎锡山部队的日本士兵中，有 550 人在与中共军队的战斗中阵亡，另有 700 多人被人民解放军俘虏后扣押。战后，日本政府表示这些残余部队是自愿加入中国军队的，拒绝给予他们军人退休金和其他福利。对于日本正式投降后，让这些士兵武装抵抗中国共产党达 4 年之久这个事实，日本政府拒绝承认日本陆军部或澄田赉四郎对此应承担的责任。因为，一旦承认军方没有解除所有日本士兵的武装，将意味着日本违反了《波茨坦公告》。

在战争结束时的一片乱局当中，日本人从没回头看一眼曾经的殖民地朝鲜。如今朝鲜已经被苏联和美国瓜分。如果朝鲜半岛没有分裂，那么包括那些流亡在苏联和中国的朝鲜左翼民族主义者会欣然与占领朝鲜的美国合作吗？如果他们不愿合作，结局又将如何？如果美国和苏联成功地联合组建了大韩民国临时政府，吕运亨将是领导这个临时政府的最佳人选，但在 1947 年 7 月 19 日，他在朝鲜南部被暗杀了。虽然李承晚和其他右翼分子声称是共产党人杀了吕运亨，但人们普遍认为是右翼分子谋划了这次刺杀行动。吕运亨之死，对于创建统一朝鲜的左右翼合作而言，是一次重大的打击。

日本人让苏联和美国接管了他们遗留在亚洲大陆上的所有一切，并且让日本受冷战模式的支配。他们愿意主动地从民族意识中抹去日本殖民帝国的痕迹，并在物质形态和精神道义上免除了自身对前殖民地今后要承担的责任。日本战败后的复苏，从长远来看注定要付出沉重的代价。

“关东军特别大演习”计划

1945 年战争结束后，在对战争历史的重新构建方面，出现了两种主流的叙述方式。美国驻日本的军事政府成为了现代日本历史的监护人，它向日本人灌输了所谓的“太平洋战争”叙事模式。在这种美国人所编纂的战争叙事中，宣扬的是对战争的“正统阐述”，即日本悍然挑战美国，开启了一场日本永远不应该发动的战争。“太平洋战争”故事通过学校教育、公众媒体和流行文化进行广泛传播。与此同时，在战后日本知识界重新立足的马克思主义者和自由主义人士，则以另一种与美国模式相矛盾的“亚洲战争”叙事方式来影响知识界。这种叙事方式关注的是日本应承担的战争罪责，例如实行帝国主义、侵略亚洲诸国以及在中国犯下滔天罪行。

虽然这两种相互矛盾的叙事方式缺少共同点，但两者都同样遗漏了苏联这个连接日本欧亚大陆和太平洋战争的隐形纽带。在战争期间，日本民众和国家领导人并不缺乏远见；在他们的视野范围内，看到的不仅仅是美国或中国会在战后崛起。然而，在战后这两种相互矛盾的叙事模式中，对于日本在战争期间与苏联的种种关系以及日本对苏联的认识所言甚少；而对于日本对苏外交政策和战略，就更加语焉不详了。

由于在战争结束后不到 10 年，日本就逐渐被允许重新进入美国领导的西方发达国家俱乐部；因此，很少人能想起战前的日本曾把俄国和苏联作为连接东西方的十字路口，并将其作为实现日本泛亚主义的核心因素。人们更加不会记得，日本政府曾对共产主义采取实用主义态度：即一方面出于苏联能制约美国野心的目的而与苏联交好，另一方面却在国内压迫共产主义，并在殖民地压制具有共产主义倾向的民族主义运动。还有一个最大的问题就是：苏联在这两种战争叙述模式中的缺失，使日本殖民帝国土崩瓦解这战争的最后一幕失色不少。

苏联在日本侵略战争中的角色缺失，最早出现在东京战争罪审判庭上。同盟国在法庭上控告日本无故对中国、美国、英国、荷兰、法国和苏联发动侵略战争。当时无论是日本、美国或苏联，都不愿意公开一个事实，即日本和美国曾分别通过《苏日中立条约》和“大联盟”与苏联结成了“共同的”盟友。

对于日本与苏联的关系，日方被告在法庭上向全世界呈现了另一种版本的“事实”：当苏联对日宣战时，日本的政策制订者迅速销毁了涉及日本“欧亚—太平洋战争”重要参与国的长远规划文件；而在战后初期，这些政策制订者却大张旗鼓地进行自我审查。他们这样做可能是因为害怕美国和苏联在战后对日本实施报复。战争结束后，日本领导人一直强调他们的错误判断和迫切希望是可悲的，他们不该指望苏联到最后一刻还对日本保持中立，也不应奢望苏联出面为日本和美国调停。为了使这种叙述更有说服力，他们把战争的最后日子里苏联的参战行为描绘成苏联给日本的一个毁灭性打击，以及对日本的彻底背叛。

日本政府准许以这种叙事作为记录日本侵略战争的官方描述。早在 1952 年初，外务省就编纂并出版了《日本的选择：关于“二战”结局的历史记录》一书。这是一本共分 3 卷的文集，其中包含了许多第一手和第二手的资料，描述的是日本在最终接受《波茨坦公告》之前其政府内外的决策过程。该选集的基调是批评外务省误判美苏大联盟的力量，并固执地幻想苏联会帮助日本。战后，外务省甚至故意掩盖战略规划者的预测，坚称在“二战”结束前他们没有看到任何冷战即将到来的迹象；同时，对于在战争期间悲剧性地误判世界政治局面而给整个国家带来的灾难性后果，外务省表示了沉重的忏悔。在 1990 年该选集再版时，这种道歉的基本立场并没有改变。那些与苏联相关的外交文件逃过一劫，在战火中被保存下来，并在东京的外务省外交史料馆向公众展出。这些资料所讲述的，仍是外务省错将苏联当作和平斡旋者的故事。

苏联对东京战争罪审判庭的影响，体现在它掩盖了自身在战时日本扩张战略中所扮演的角色。审判庭最终判处日本犯有策划和发动战争罪、侵略罪以及其他一些常规的战争罪行，而苏联正是向审判庭派驻法官的 11 个国家之一。在庭审过程中，审判庭认定，日本因发动了针对苏联的两项军事行动，即 1938 年的张鼓峰事件和 1939 年的诺门坎事件而犯下侵略罪；同时，审判庭还认定，日本曾计划入侵苏联，但它之所以无法进攻苏联并夺取苏联的东部领土，只因其专注于侵华战争；所以，日本因对策划发动侵略苏联战争而犯下战争策划罪。20 世纪 30 年代以来，日本人一直持有的一种观点，即日本与苏联在未来将不可避免地会发生冲突。法庭的裁决书引用这个观点作为日本策划侵略苏联的证据。

在东京审判中，苏联成功地向世界描绘了日本对它的北方邻居所固有的敌意，以此衬托苏联实施抗日战争的合理性。无论是日本政府还是军方，都没有对日本策划、准备、发动侵略苏联的指控提出异议。

日本规划者和战略家曾经的构想之所以没有被公之于众，很大程度上要归咎于大本营的一名参谋——濑岛龙三中佐。在审判庭上，濑岛龙三似乎屈服于苏联的意志，承认了日本图谋发动侵略苏联的战争。他这样做的最终动机以及他这样做是否对苏联有利，目前仍未有定论。在战争结束的时候，33 岁的濑岛龙三是大本营的几名关键战略家之一，专门负责收集与美国和苏联军事行动有关的情报，并有针对性地制订应对计划。实际上，濑岛所做的工作见证了日本对美苏两大强国战略思考的演变过程。

1941 年 6 月 1 日，濑岛参与制订了“关东军特别大演习”计划，该计划的目的是趁苏军殊死抵抗德国入侵时，突然大规模地增强关东军兵力。1943 年 2 月，濑岛已经成为制订对美战略的核心人物。随着日军在瓜达卡纳尔岛战败，他指挥日军从该岛撤退。1944 年末，濑岛以外交信使的身份为幌子前往莫斯科。重返日本后，他去了九州和四国评估美国可能入侵日本本土时的登陆点。

1945 年 7 月，当苏联进攻日本的迹象渐趋明朗时，濑岛被调往满洲的关东军总部，负责与苏军达成停火协议。随后，他被苏军俘虏，并被送往西伯利亚的劳改营。1946 年 9 月，濑岛被带往东京审判庭，作为苏方证人出庭作证。前任首相东条英机的辩护律师清濑一郎想驳斥日本入侵苏联的指控，并反过来谴责苏联违反中立条约进攻日本。但让他深感失望的是，濑岛的证词既没有否认，也没有确认日本入侵苏联计划的存在。

出庭作证之后，濑岛又被送回了西伯利亚，并在那里的战俘营度过了 11 年的光阴。根据与他同营的日本人证明，濑岛在战俘营受到了优待；他被任命为战俘的领导人，所以在那 11 年当中，他得以在最大程度上被免除艰苦的劳役。最后，他于 1956 年返回日本，利用自己作为军事战略家所获得的经验，在一家跨国企业中开始新事业，最终进入了与石油和汽车相关的行业。在 20 世纪 80 年代，濑岛龙三协助日本首相中曾根康弘进行包括公共企业私有化在内的内政改革；他还推动了日本与韩国的外交进程。然而，终其一生，濑岛从来没有透露过大本营参谋是如何制订战争的关键决策的；而在日本投降后，他与苏联当局之间到底发生了什么，他也只字未提，更没有向别人提及他在苏联所经历的那些岁月。

红色中国：美日安全同盟框架内的潜在敌人

美国占领日本后，在美国版的日本侵略战争叙述中，不但把苏联排除在外，也忽略了整个亚洲的作用。作为教育的一部分，盟军最高司令部启动了“战争罪宣传计划”，该计划旨在向日本民众灌输美国版本的“太平洋战争”历史，并将日本侵略史中的欧亚战争模糊化。盟军最高司令部民间情报教育局命令日本的主流报刊印发 10 集的太平洋战争历史连载故事，连载时间从 1945 年 12 月 8 日开始，一直到 12 月 17 日为止。与此同时，民间情报教育局命令日本国家大众传播机构日本放送协会（NHK）播放与上述连载故事类似的电视节目《这就是真相》，播放时间为 1945 年 12 月 9 日至 1946 年 2 月 10 日。这个节目讲述的故事始于日本入侵中国东北，其侵略行为引起英美两国反对，然后情节迅速演变成太平洋战争，并最终以两次原子弹袭击结束。这些故事宣扬了美国前所未有的科技及资源优势。盟军最高司令部想向日本民众反复灌输一个重要信息，就是日本只向美国一家投降。在盟军最高司令部看来，完全没有必要让日本民众知道日本也向中国和苏联投降这个事实。

同样在 12 月，盟军最高司令部发布了一项指令，禁止日本人使用带有“超民族主义”和“种族主义”色彩的“大东亚战争”一词。盟军认为，日本侵略战争的目的，从根本上来说是一场种族主义战争；日本所犯的战争罪行，就是要试图将白种人逐出亚洲。因此，在东京战争罪审判庭上，指控日本入侵英国、荷兰和法国，是指它入侵了这些国家在东南亚的殖民地，包括香港、新加坡、马来西亚、印度尼西亚和法属印度支那等。盟军最高司令部决心彻底根除日本在亚洲发动战争的指导思想，尤其是“亚洲人统治亚洲”这一宣传口号。

据称，在亚洲范围内兴起的新共产主义运动由苏联在幕后操控，这给了美国当局另一个理由，将“二战”中的欧亚大陆战争剔除出日本人的战争记忆。1948 年 8 月和 9 月，由美国支持的大韩民国和由苏联支持的朝鲜民主主义人民共和国先后成立。在中国，国民党在与共产党的持续内战中损失惨重，迫使蒋介石辞去中华民国总统之职，并最终于 1949 年 12 月逃往中国台湾。而与此同时，在 1949 年 10 月，共产党领导下的中华人民共和国宣告成立，毛泽东任共和国主席。随后，由美国支持的中华民国迁移到台湾，蒋介石又重新担任“总统”一职。中国，或者说是“红色中国”，现在已被认定为美日安全同盟框架内的潜在敌人。

美国当局要确保日本永远不被来自欧亚大陆的共产主义狂潮席卷。因此，美国版本的“太平洋战争”叙事中省略了日本在“二战”时与亚洲各共产主义实体及被称为“共产主义母国”苏联的往来，从而彻底抹除日本侵略战争中关于欧亚大陆战争的描述。盟军最高司令部希望通过赋予日本人以美国为中心的资本主义世界“准会员”这一新身份的方式，让日本人永远不产生任何加入其他亚洲国家反美运动的想法。在“太平洋战争”的叙述模式中，日本曾向美国所表现出愚蠢傲慢的态度，并因此而受到了惩罚。这样描述的目的，就是为了加强日本对美日军事同盟的忠诚度。

美国政府有意淡化日本过去侵略亚洲的罪行，从而在心理层面和思想层面使日本进一步疏远欧亚大陆。在这个前提下，美国不会批评日本曾在朝鲜实行殖民主义。因为盟军最高司令部不想让日本把美国军事占领朝鲜看作是殖民宗主国的更迭。1946 年，盟军最高司令部审核通过的历史教科书《国家的进程》面世，它委婉地把日本殖民朝鲜的历史描绘成日本与朝鲜之间的合作。凡是为战后滞留在日本的朝鲜人呼吁人权的文章，都照例要被盟军最高司令部审查。

美国宽恕日本战争罪行，并允许它加入以美国为中心的国际社会的做法，进一步将苏联、中国和朝鲜排除在日本的侵略战争记忆之外。按照 1951 年 9 月签订的《旧金山和约》，同盟国同意所结束对日交战状态；作为交换条件，日本同意同盟国进行新的领土划分。在和约上签字的 48 个签约国几乎有一半来自西半球，而这些国家基本不能代表日本在“二战”中的主要敌人。这些签约国包括阿根廷、澳大利亚、比利时、玻利维亚、巴西、柬埔寨、加拿大、锡兰（锡兰是斯里兰卡的旧称。——译者注）、智利、哥伦比亚、哥斯达黎加、古巴、多米尼加共和国、厄瓜多尔、埃及、萨尔瓦多、埃塞俄比亚、法国、希腊、危地马拉、海地、洪都拉斯、印度尼西亚、伊朗、伊拉克、老挝、黎巴嫩、利比亚、卢森堡、墨西哥、荷兰、新西兰、尼加拉瓜、挪威、巴基斯坦、巴拿马、巴拉圭、秘鲁、菲律宾、沙特阿拉伯、叙利亚、土耳其、南非、英国、美利坚合众国、乌拉圭、委内瑞拉和越南。

日本欧亚大陆战争的主要参与者苏联以及今天的中华人民共和国都没有参与制订和签署这份国际和约。苏联把美国扶植日本视为一种直接威胁，认为《旧金山和约》违反了《雅尔塔协定》，其原因之一就是《旧金山和约》没有承认苏联对库页岛南部和千叶群岛拥有主权。由于《美日安保条约》与《旧金山和约》在同一天签署，苏联把《旧金山和约》视为美日加强军事联盟以对抗苏联的政治手段，于是拒绝在和约上签字。日本与苏联的战争一直持续着，最终两国于 1956 年 10 月 19 日签署了《苏日共同宣言》，宣告两国的贸易和文化交流正常化。战后苏联与日本关系的一度中断，进一步淡化了其在日本侵略战争中所扮演的角色。

日本与中国、朝鲜的关系更是渐行渐远。在《旧金山和约》生效当天，日本政府遵循美国的“一个中国”政策，把中华民国政府当作中国的正式政府，与之单独达成了一项和约。直到美国承认中华人民共和国并同意其进入联合国后，日本才在 1972 年 9 月与北京签署了联合声明，承认中华人民共和国是“中国的唯一合法政府”。1978 年 8 月 12 日，中日签订《中日和平友好条约》，使两国邦交正常化；日本的侵略战争才算真正画上句号。在旧金山和会召开期间，由于爆发了朝鲜战争，所以朝鲜和韩国都没有出席和会；战后日本对朝鲜半岛的政策也因此停滞了一段时间。直到1965年6月，日本才与韩国签订了《日韩基本条约》，在承认韩国为朝鲜半岛唯一合法政府的基础上，双方建立了外交关系。朝鲜战争后，美国谴责朝鲜为侵略者，因此直到今天，朝鲜也没有与日本建立任何正式的外交关系。

当埃德温·赖肖尔发表了后来著名的“赖肖尔现代化理论”之后，“太平洋战争”的叙事通过学术手段变得成熟了。1961 年，肯尼迪总统任命赖肖尔为驻日大使，其主要任务之一就是要压制日本的反美主义情绪，在日本民众中培养亲美感情。为了达到目的，他称赞日本在亚洲范围内取得了非凡的现代化成果。在与日本媒体见面的场合以及在他个人的出版物中，赖肖尔使日本民众确信一点：自 1853 年美国海军准将佩里远征日本以来，日本实际就一直走在现代化的正确道路上。虽然赖肖尔赞许日本在佩里到来以前就具有“与生俱来的民主传统”，但他还补充道，在日本成功的现代化进程背后，一直都离不开美国的友好协助。

为了安抚日本民众，赖肖尔声称日本的法西斯主义和军国主义只是日本最近 10 年走的一段悲剧性弯路而已，太平洋战争中出现的反美情绪也只是由各种军阀派系策划的阴谋。赖肖尔呼吁日本人民把战争抛在身后，为了创造一个更美好的世界而保持良好的美日关系，这样日本就能继续成为引领亚洲进步的光辉灯塔。

赖肖尔赞扬日本现代化的潜台词，就是蔑视在毛泽东领导下的中国共产主义式的现代化。更大的问题在于，在赖肖尔所使用的术语中，“西方”特指“美国”，而日本的现代化意味着它借鉴了美式的现代化。

这个观点与日本的历史事实不符，因为自明治时代以来，日本就一直与俄国文化和思想保持着紧密关系，并从苏联的现代化进程和其他欧洲国家的现代化进程学到不少东西。

抛开历史准确性不说，日本在吸取太平洋战争的教训后，正式开始重建一个全新的国家。美国占领日本后，那些曾经不顾殖民地利益，尝试与美国实现停战的和平试探者开始占据要职。他们公开支持当局的反共产立场，并将日本的战败视作一大进步；日本可趁此机会建立以美国和西欧为范本的民主制度和资本主义制度。在他们看来，日本在 1945 年之前所犯的最严重错误，就是与美国开战。

持此观点的学者和知识分子们重新构建了日本的侵略战争史。这个版本的历史从日本偷袭珍珠港开始，并将珍珠港事件当作良好的美日关系所出现的偶发性事件；而至于日本入侵中国和其他亚洲国家，则不在他们以美国为中心的视野范围内。日本在 1931 年之前的对外扩张活动，都是在美国的默许下以“合作帝国主义”名义进行的；如果不是犯下偷袭珍珠港的悲剧性错误，美国可能已经接受日本对亚洲和太平洋地区的“正当”意图。

日本版本的“太平洋战争”叙事模式的巅峰，是 1963 年出版的研究太平洋战争的 7 卷文集。编写这部文集的日本撰稿人同意将他们的研究范围仅局限于日本外交关系的决策过程,并且不使用任何譬如“帝国主义”、“殖民主义”、“征服”等字眼及其他马克思主义术语。此外，他们还避免使用“日本侵略”这个短语。最主要的是，在他们的故事版本中，苏联只是作为一个潜在的和平斡旋者短暂出现过，然后就再也没有被提及。苏联没有出现在叙事中，表明这些撰稿人无法决定如何向读者交代“二战”中的大联盟，而即使他们带有反共立场，也不确定是否应贬低和诋毁苏联，因为公开贬损苏联，就相当于间接批评美国与苏联结盟。

日本文学里的侵略史

对于日本过去在亚洲所犯罪行的叙述，虽然美国采取了严格的审查制度，但日本民众并没有完全信服，人们无法忘记日本对亚洲国家发动的侵略战争。面对着600多万人从日本的前殖民地和战场如潮水般地被遣送回国，日本民众很难接受日本只在太平洋地区与美国作战这个说法。许多人并不在乎华盛顿有着怎样的意图，他们只想知道日本陆军曾经在亚洲做了些什么。

起初，他们通过文学作品满足了这个愿望。日本作家石川达三的长篇小说《活着的士兵》（*Ikiteiru heitai*）是日本第一部尝试反映南京大屠杀的文学作品，该小说被刊登在日本的主流知识杂志《中央公论》1938年3月刊上，并且在出版前经过了严厉的审查。虽然这期月刊从全国的书店被迅速召回，但这本小说在1945年12月又以未删减版本重新出现，这让那些知道原来版本的人们倍感兴奋。主流媒体对该书的再版作出了积极评价；它们评论说，这本小说大胆揭露了日军战争中令人发指的滔天罪行，将促使日本人直面他们的过去，从而使这样的悲剧今后永远不再出现。

1947年出版的田村泰次郎小说《春妇传》（*Shunpu-den*），讲述的是一段发生在中国的日本士兵与朝鲜“慰安妇”的悲剧爱情故事，结局中两个恋人死在了一起。因其批判日本军队的非人道行径，这本小说被主流电影制片厂于1950年和1965年两次搬上银幕。在1950年版本的电影《春妇传》拍摄过程中，盟军最高司令部的审查员进行了干涉，并删减了慰安妇的角色；因为在美国占领下的日本，为美国士兵服务的日本妓女已经成为严重的社会问题。盟军最高司令部命令剧组将影片中的女主角改编成一名歌手，于是她成为一个没有性行为的角色。于1956～1958年出版的五味川纯平的六部曲巨作《人间的条件》

(*Ningo no joken*)，讲述的是日本殖民者将中国战俘拘禁在满洲的矿山，强迫他们当矿工，并对他们施以暴行的故事。作品对日本主人公的道德窘境进行了描绘，并以主人公最终被苏联俘虏后送往西伯利亚劳改营结尾。这部小说一面世即轰动全国，销量达 1 300 万本，在 1959 年被拍成电影，并在 1980 年代初被改编成连环画小说。

随着民间对中国战场进行的类似研究，日本马克思主义者和左派人士也对“太平洋战争”故事作出了不同的叙述，并尖锐批判日本对亚洲的侵略。在整个战争期间，日本政坛和知识界的马克思主义者形成了反战和反政府的最重要力量。战争刚结束的时候，考虑到美国与苏联在“二战”中曾组成过“大联盟”，马克思主义者和左翼自由主义者把美国占领军当成解放日本的军队，起初是欢迎他们占领日本的。1945 年 10 月，盟军最高司令部释放了 3 000 多名日本政治犯，其中大部分是信奉马克思主义和共产主义的知识分子和政治家。左派人士因此而感谢美军的和平主义政策和民主政策。随后，日本共产党在日本历史上第一次被合法化。

1946 年 4 月，在战后的首次选举中，左翼政治家表现出色，而女性也在这届选举中获得了投票权。1947 年的全民普选，是在日本新宪法框架下进行的首次选举；日本社会党赢得了多数票，其党首片山潜当选为日本首相，任职期从 1947 年 5 月至 1948 年 3 月。1949 年 1 月，日本共产党在众议院选举中获得 35 个席位。

随后，虽然盟军最高司令部实行了所谓的倒行逆施政策，对共产主义者和同情共产主义的人士进行清洗，并压迫日本国内的工人运动。但是，当日本刚获得独立，日本共产党就再次得以合法化，而左派人士也重新开始他们的民主化运动。他们努力弥补日本的帝国主义和殖民主义给亚洲人民所带来的伤害。在美国占领下，左派人士对日本在亚洲所犯战争罪行的叙述不得不如履薄冰般面对审查制度；但现在，他们可以对光明正大地以“亚洲战争”这个概念来叙述日本侵略亚洲的历史了。

左派人士形容道，日本的侵略战争是一场旷日持久且范围广阔的战争，这是一种革命理论式的表述。亲英美的自由主义者认为，日本的工业现代化和经济现代化是没有任何问题的，而左派人士与他们的看法截然不同。

左派人士认为，自 19 世纪以来，日本的法西斯主义就植根于日本现代化的本质中。他们把日本的侵略战争归结为资本主义国家之间相互竞争的必然结果，而在遇到全球性的经济衰退时，后果会尤为严重。日本法西斯政府选择通过海外侵略的方式来刺激国内萧条的经济，并转移国内民众对不断扩大的贫富差距的不满。

到了“二战”末期，随着法西斯主义土崩瓦解，在全世界实行社会主义的时机似乎已经成熟。这些马克思主义者希望新生的日本能从过去日本帝国主义的侵略罪行中吸取教训，成为一个真正意义上的和平国家。1955 年出版的平装本《昭和史》(*Showa-shi*)，就是从马克思主义角度解读日本如何走向“二战”之路的。此书自出版以来，成为日本几代人所熟读的畅销书。

在亚洲可能再次爆发战争的大背景下，“亚洲战争”的叙事方式受到了反对美日安保同盟人士的欢迎。作为美国的附庸国，战后的日本冒着军事介入冷战的风险。对于日本政府将资本主义、民族主义和与美国的安保同盟作为国家复苏先决条件，却不惜牺牲工人权利和公众福利的做法，日本民众提出越来越多的批评；他们抨击日本政府拒绝对战争罪行表现出应有的忏悔，并允许包括军国主义、天皇制、财阀等日本旧体制的存在，甚至于纵容这些体制的发展。

马克思主义者把美国占领日本理解为日本侵略战争的延续，很多畅销书和大学历史教科都提及这点。一共 5 卷的《太平洋战争史》

（*Taiheiyo Senso Shi*）将战争期从 1931 年的“九一八”事变延伸到 1951 年缔结《旧金山和约》和《美日安保条约》。该书作者指出，只有推翻与美国资本主义和军国主义有着千丝万缕关系的日本保守政权，日本才能从战争中真正地吸取教训，并最终实现真正的和平。

到 20 世纪 60 年代，日本的左翼思潮发起了一场声势浩大的抗议运动，反对日本政府和美国发动越南战争。在这段历史中，日本民众的诉求显示出他们并没有被太平洋战争的说法洗脑；他们更想知道：既然太平洋战争已经以日本向美国彻底投降而彻底结束，那为什么战争似乎还在持续？

然而，即使在这样的左翼思潮氛围中，虽然人们试图了解战争和帝国主义的延续性问题，但还是没有人去研究苏联的角色。正如“太平洋战争”学派那些亲美的反马克思主义学者一样，马克思主义历史学家也有忽略苏联在日本侵略战争中发挥的关键作用的理由。

这些马克思主义学者很难解释：在“二战”期间，日本国内的共产主义影响力是否与东京和莫斯科之间的往来有关联；他们不想正视“二战”时“英雄的”苏联与“集法西斯主义、极权主义、军国主义于一身”的日本政府通过中立条约进行合作这一令人羞耻的事实。他们还发现，斯大林对日宣战这一“背叛”日本的行为及其随后的一系列“非法”行为，例如把日本战俘拘押在西伯利亚劳改营和占领日本北方岛屿等事实，是不便于拿出来描述共产主义对抗法西斯主义的革命事迹的。在 20 世纪 60 年代，日本共产党逐渐地摆脱了莫斯科的影响，坚持自己的独立性，并尝试在中苏决裂时保持“中立”。

更复杂的问题在于，中苏因革命理论的分歧而决裂，受此影响的日本马克思主义者就很难评价日本反战同盟会所取得的成就；他们无法区分反战同盟中哪些人听命于斯大林，哪些人又直接与毛泽东合作。于是，他们在自己的战争描述中不但无视反战同盟的存在，也忽略了那些在战后选择留在毛泽东领导的人民解放军的日本士兵，而这一人数在 8 000 ~ 10 000 人。

20 世纪 60 年代，亚洲的冷战不断升级，日本作为美军军事基地，为其提供弹药和其他物资而被卷入“越战”之中；亲美的自由主义者和信奉马克思主义的知识分子之间的分歧由此加大。这种意识形态上的分裂，进一步造成对日本侵略战争理解的两极化，即只关注日美战争或日本侵华战争。1962 年，一群历史学家对日本学科领域研究的性质进行了调查，他们发现，美国的基金会给研究当代中国现状的日本学生拨款，其目的是为了培养那些为美国的亚洲政策摇旗呐喊的学者。尽管以美国为中心的学科领域研究数量激增引起学者们的担忧，但日本研究美日关系的学术著作仍屈指可数。在 1955 ~ 1964 年，刊登在学术期刊上关于日本外交关系的历史研究都与马克思主义有关，特别是那些研究日本与共产主义国家关系的文章。在那个时期，日本共刊登了 51 篇关于中日关系的文章和 36 篇关于苏日关系的文章，而关于美日关系的文章只有 13 篇。与已刊登的 16 篇韩日关系文章相比，明显看出日本历史学家缺乏对美国的学术研究兴趣。

20 世纪 70 年代初，随着反对美日安保同盟和“越战”的抗议运动日趋激烈，再加上经济加速发展，使日本侵略战争的研究出现了两极化局面。虽然在大学校园发生的马克思主义暴动扰乱了整个国家，并使研究一度中断，但非马克思主义亲美派通过美国的政治学方法论重新开启了对日本侵略战争的研究。通过研究日本皇族内阁、外务部、军部和其他政治机构的决策过程，他们希望找到一个关键的历史节点。在这个节点中，处于上升势头的美日关系戛然而止，调头坠向“珍珠港事件”。除了研究战争之外，他们还开始了一个新的研究领域，即寻找能与美国建立良好关系的条件。美国文化与日本文化的对比研究顿时成为一个颇受人们欢迎的话题。日本的主流亲美派通过学术著作和畅销书籍宣扬这样一种观点：从 19 世纪晚期到 20 世纪 20 年代，日本就一直深受美国影响，这预示着日本必然要走美国化的道路。

走出超级大国意识形态所定义的历史

虽然学术界呼吁积极理解美日关系，但对于偷袭珍珠港和之后日本与美国开战这两个历史事件，日本民众并没有表现出悔悟之意；美国物质文化的日益普及也没有使日本民众，特别是年轻一代对日本袭击珍珠港持批判态度。日本的主流杂志刊登了军事领袖的英雄事迹和回忆录，想以此重新燃起日本人民的民族自豪感。此外，日本在儿童杂志和漫画故事中大力渲染日本海军士兵和飞行员在太平洋战场上的英勇事迹，此举受到教育工作者和孩子父母的强烈反对。当年苏联红军在中国东北边境强大的军事部署，曾让每个日本人都难以忘记；但在 20 世纪 60 年代末和 20 世纪 70 年代，在战后日本人的脑海中，苏联红军已经完全没了位置。

马克思主义学者与泛亚主义学者为美国入侵越南的举动和日本助纣为虐的行为感到不安。他们呼吁日本与亚洲其他国家人民建立手足之情，并支持他们的反美独立运动。这样一来，这些学者所宣扬的立场竟无意间与“亚洲人统治亚洲”这一令人反感的战争口号如出一辙。竹内好是中国文学及文化研究学家，也是日本战后最重要的左翼思想家之一。他曾质疑当代日本的文化特征不应在亚洲和西方之间摇摆。他在揭露西方帝国主义和殖民主义固有问题的同时，也批评日本在近代对西方现代文明不加批判的吸收。他指出，这刺激了日本的扩张主义，并催生了日本的“十五年战争”（指 1931 年“九一八”事变经过 8 年抗战到 1945 年《波茨坦宣言》后日本无条件投降，这段历经大约 15 年时间。——译者注）。作为那场战争的亲历者，竹内好亲眼目睹了日本侵略的恐怖暴行。共产主义在中国取得的胜利让竹内好印象深刻，他从此坚定了自己反对“美式文明”和战后日本与美国军事结盟的立场。虽然充分认识到日本入侵朝鲜和中国的残暴本质，但竹内好也发现，在占据朝鲜和中国的70年里，日本人也培养了一种强烈的意识，即日本无法离开这些亚洲邻国而独自生存，这一点让竹内好稍感欣慰。他呼吁日本要与亚洲各国团结起来，用“东方的力量抵抗西方”。令人费解的是，竹内好的这个倡议，与他所批判的战时日本所奉行的泛亚主义不谋而合。

在20世纪70年代和20世纪80年代，研究日本侵略战争的学者们厌倦了由超级大国意识形态所定义的历史，他们开始尝试摆脱冷战思维模式。过去几十年，经济增长加速了日本的全球化进程，日本民众也终于开始以全球的角度来看待这场侵略战争。首先，一种超越国界的人权概念成为新的分析工具。通过这一工具，学者们找到了日本犯有多重战争罪行的真正含义，即日本和日本人民在他们的殖民地和战场上，严重地践踏了亚洲人民的尊严。在这个论断中，学者们对日本民众也提出了控诉：他们既是日本帝国的主体，也是现代经过文明教育的个体，对于战争同样负有责任。这个时期，日军所犯下的滔天罪行被逐渐曝光，例如南京大屠杀、731部队、慰安妇等。森村诚一的小说《恶魔的饱食》（*Akuma no hoshoku*）揭露了日军在“二战”期间用中国和俄国战俘进行生化武器试验的历史事实，该书成为1982年日本的畅销书籍。

此外，为了重新理解日本侵略战争历史，学者和记者们在法国安娜学派（“安娜学派”也被称为“年鉴学派”，是20世纪30年代开始萌芽、40年代中期开始形成的一个法国史学流派。——译者注）的影响下开始深入普通人的生活，研究这些平民百姓的精神世界。马克思主义历史学家欢迎这一趋势，同时他们也承认，“反对阶级制度和反帝国主义的人民斗争运动”这一论点，仍不能有效地解释日本“十五年战争”的起因和意义。“二战”期间，在日本的农村和城市曾出现过人民阵线运动；研究大众历史的学者们重新发掘了这段历史，从草根层面对法西斯主义及其对立面进行了分析，并审视普通民众是如何积极支持或抵制殖民主义、帝国主义和全面战争等国家行为的。不带政治色彩的安娜学派研究方法重新燃起了日本民众对战时日本社会和文化的兴趣。在当地政府的长期支持下，口述历史和地方历史项目如雨后春笋般兴起。这些项目的潜在希望在于通过芸芸众生的故事告知人们：如果人们对这个世界多一些了解的话，就不会有滋生战争的温床。

然而，安娜学派方法论有其致命缺点。过分个人化或人性化，会使战争带上浪漫主义色彩，并在不经意间使民族意识和国家意识理想化。一旦“战争的回忆”成为主流的历史叙述模式，历史学家就会从太平洋战争、侵华战争和其他地区的侵略战争中遴选出许多个人的回忆和经历，将其用于日本的战后重建。这种方法论往往将战争机器的巨大推动力置之幕后，而仅靠这些个人回忆，永远无法再现日本的战略规划者们针对美国、苏联、中国和朝鲜所进行的战略制订、形势判断和执行过程。为了超越冷战思维的限制，这种“人性化方法”回避了最基本的问题，即发生了哪些战争？战争是如何进行的？为什么会发生战争？

战后的日本既想巩固与美国的同盟关系，又希望与中国实现和解；因此，日本对战争的回忆和研究，在这样的双重矛盾之下可谓进退维谷。日本所发动的战争，或是被描绘成日本打着“泛亚主义”旗号全面入侵中国，或被描述成日本与美国在文化、意识形态和影响力层面发生的一场势不两立的冲突。在其他一些对战争的描述中，融入了摩尼教徒（摩尼教，又称明教、明尊教等，是公元 3 世纪中叶波斯人摩尼在拜火教的理论基础上，吸收了基督教、佛教等教义所创的一个世界性宗教。——译者注）的观点，他们认为：日本的侵略战争，既是日本法西斯主义和帝国主义与中国革命之间的对决，也是日本军国主义与美国自由民主的资本主义之间的对决，或是“黄种人的”日本与“白种人的”美国之间的对决。如果战后的日本意识到战略规划者曾经把共产主义视为推动亚洲民族主义的积极力量，那么他们就不会错误地断言“帝国主义日本”或“有色人种的捍卫者”试图把亚洲从西方帝国主义或白种人的枷锁中解放出来。一直以来，过分简单化的冷战思维模式限制了人们的观点。但是，只要我们认识到苏俄在日本侵略战争中所扮演的角色，就能够极大地拓宽我们的研究范畴。

后 记

重新认识历史，才能真正走向和平

在20世纪90年代这10年中，日本举行了多次“二战”周年纪念活动，这可能是极危险的信号。在“二战”结束后的半个多世纪中，日本民众还是没有对日本曾与哪些国家交战，向哪些国家投降或者投降的原因是什么等问题形成统一的观点。虽然日本在物质重建和外交政策的重新定位方面取得了成功，但战后的一代人对战争本身、战争目的和战争结束的性质缺乏清醒的认识。美国占领军政府和日本不同派别的学者、记者和教育工作者所编写的课程内容相互矛盾，使关于日本“欧亚—太平洋战争”的话题更显得扑朔迷离。

停止用“受虐”的方式看待历史

1991年，日本庆祝成功偷袭珍珠港50周年，但却没有纪念“九一八”事变60周年；1995年，日本举国纪念广岛和长崎原子弹事件，但民众忽略了这样一个事实：1995年也是他们的殖民帝国垮台50周年。在广岛和长崎的纪念仪式上，留下了这样一句庄严的国家承诺：“我们将不再犯同样的错误。”没有人知道这个国家曾经犯了什么错误，以及谁犯了这些错误；包括战场上的暴行、偷袭珍珠港、轴心国、伪满洲国、殖民主义、法西斯主义、日本的整个现代化进程、美国对日本人实行的种族主义、“曼哈顿”计划、战后核竞赛及《苏日中立条约》等。相对而言，美国在使用原子弹这个问题上表现出了积极的官方立场。“艾诺拉·盖”号轰炸机是向广岛投下原子弹的飞机，为了纪念这架轰炸机，美国史密森学会下设的国家航空和航天博物馆曾准备展出它的驾驶舱和机头。批评者指责这项展览过分强调原子弹所造成的平民伤亡。在他们看来，原子弹轰炸迫使顽固的日本投降，反而避免了美国打算登陆日本本土而造成的双方大规模伤亡。经过长时间激烈讨论，史密森学会取消了这次展览，博物馆馆长也被免职。在此过程中，日本民众始终保持着沉默。他们无法驳斥人们支持原子弹轰炸的说法，因为他们不知道或者不记得这样一个事实：就算没有两次原子弹轰炸，日军也没有打算与 1945 年秋入侵九州、1946 年春入侵关东都市圈的美国军队作战。

相反，年轻一代和老一辈的日本人都抱着广岛和长崎原子弹爆炸受害者的心态不放。这种对美国使用原子弹的消极反应，更加妨碍了日本民众对战争的正确理解。

最近，人们开始关注日本曾在亚洲践踏人权的问题，但却没有关注同样是“二战”日本罪行受害者的美军士兵。就连亲美派学者似乎也不愿意研究至日本人因偷袭珍珠港、巴丹岛死亡行军以及其他虐俘行为而要对美国承担的“集体罪责”。

在 20 世纪 90 年代，日本历史教育者协会每年都对 1 000 ~ 4 000 名的学生进行现代日本历史观的问卷调查。这些学生的年龄在 6 ~ 18 岁之间，他们中大多数人认为日本在战争中是美国的受害者。在他们当中流行着这样一个概念：原子弹轰炸是战争中的最大悲剧之一。美国人起初想通过“恰当”理解战争的方式教育日本民众；事实证明，这一努力在排除全范围战争方面是成功的，但在描述日本战争罪责方面却极不成功。正如盟军最高司令部所料想的那样，日本学生并没有清楚地意识到，日本的侵略战争始于中国战场。而日本人固有的太平洋战争“受害者”心态，妨碍了他们对南京大屠杀和日本在亚洲所犯其他罪行的反思。没有人记得：在战争后期，许多日本人曾试图让苏联来阻挠美国在远东的野心。

即使是在20世纪90年代出现的所谓“日本在亚洲所犯罪行的描述”中，对于日本侵略战争的探讨也是非常有限。日本的女权主义学者上野千鹤子曾将女性在战争中所扮演的角色作为性别研究的一部分进行审视；她在自己的著作中写道：日本女性允许日军强迫其他亚洲国家女性当慰安妇，她们对此应负有责任。上野宣称，日本女性除了要承担母亲和妻子的义务外，还应该承担作为日本国民、现代化国家的市民和独立女性所要承担的责任；她们的女权意识应超越国界。她的这一叙述包含了对日本肆虐亚洲的控诉。就这一点而言，它只适用于在亚洲发生的战争，而太平洋战争只能从此叙述中剔除，才能实现逻辑的连贯性。

在20世纪90年代的战争研究中，最令人不安的典型表现，就是各阶层右翼日本民众身上出现的“自由主义历史观”；这些人来自政府、民间、新闻界甚至学术界。让那些想在新的国际司法舞台控诉日本战争罪行的人士愤怒的是，这些右翼分子又让战时的口号死灰复燃，即日本是为了保卫亚洲、把亚洲从西方侵略中解放出来才发动战争的。他们攻击左翼人士用“受虐的”方式看待日本历史，并呼吁以“自豪”的叙述方式来讲述“人民的”历史，这样才能突出日本所取得的资本主义成就，让那些消极的日本殖民主义历史和侵略战争史黯然失色。支持这个观点的人似乎并不知道，日本在“二战”时对亚洲未来的展望并不是“亚洲人统治亚洲”，因为它已经预见到美国和苏联将统治亚洲地区。同时，这些支持者也不承认日本“舍弃了”朝鲜。

只有在1991年苏联解体后，日本的学者和记者才从更广阔的全球范围内看待日本的侵略战争，并逐渐开始思考苏联的角色。入江昭的著作《权力与文化》（*Power and Culture*）以在欧洲进行的“二战”为背景，把太平洋战争和侵华战争联系在一起。这也是最早做出这种尝试的文学作品。10多年后，迈克尔·巴恩哈特指出，在探寻“珍珠港事件”起因的时候，需要剖析英国、苏联、法国、荷兰和中国所扮演的角色；他还呼吁学术界做出新的尝试，把太平洋战争和侵华战争结合起来。

由日本军事史学会编纂的《军事史学》杂志曾出版了一期关于日本和“二战”史话的特刊；该期特刊分为三部分，从国际军事、政治、经济和外交层面对日本侵略战争进行了综合探讨。之后，又有两本这方面的学术著作面世，分别是《太平洋战争》（*Taiheiyo Senso*）和《太平洋战争结束及战后亚太地区的形成》（*Taiheiyo Senso no shuketsu*）。这两本著作都旨在通过国际化的手段来分析日本的侵略战争。令人遗憾的是，虽然这些著作从全球层面记录了日本的侵略战争，但它们都没有提出一种理论性框架，把日本侵略战争在太平洋、亚洲和欧洲层面的事件结合起来。

关于日本与苏联最终战役的书籍在20世纪90年代出现时，立刻引起公众的广泛关注。苏联的解体，可能使日本人对战争的记忆在不受政治、意识形态和心理限制的情况下被重新唤醒。这些著作虽然阐明了苏联在抗日战争中的重要性，但仍旧只注重军事行动方面的内容，包括苏联单边撕毁《苏日中立条约》，进攻满洲、朝鲜、库页岛和千叶群岛，并在战后把俘获的60万名以上日本战俘送到西伯利亚的劳改营等；它们并没有深入分析“二战”时苏联和日本之间错综复杂的关系，也没有探讨苏联是日本在侵华战争和反美战争中最关键的盟友。但就算已经把苏联包含在内，这些著作对“欧亚—太平洋战争”的描述依旧言之不详。

如今的日本民众，很少会认为日本战后迅速复苏和快速发展的神话是得益于共产主义在亚洲的崛起。在对日本现代史的标准叙述中，战后日本经济的发展，被当作冷战历史的一个注脚。标准的美国教科书在提到冷战时，会阐述美国之所以允许日本生存并复苏，是因为其可以作为远东的资本主义堡垒和反共堡垒，具有重要的战略价值。只要现在的日本人继续认为他们在“二战”期间和战后不久都只是天真的旁观者，对美苏两个超级大国惨烈的竞争毫不知情，那么从“二战”到冷战这段过渡期就永远不会成为日本历史的一个组成部分。

更糟糕的是，日本历史中最关键的这些年月将永远与世界历史相脱节。日本民众在探讨他们国家所发动的战争时，应把苏联当作一个因素考虑进去，尤其在探讨政府和军部准备“解体”殖民帝国和结束战争这一战略规划时更应如此。他们必须问一问自己：日本战略家在多大程度上期望，甚至于鼓励日本侵略战争的结果成为亚洲冷战的起源？

由于在“欧亚—太平洋战争”后期，日本的未雨绸缪催生了投降后的生存和繁荣，如今的日本民众应重视这种规划背后完全漠视本国人民生命的道德问题。如果伪满洲国真的是出于战略考虑而被让与苏联，那么战略规划者又在多大程度上顾及中国东北居民的生死呢？战后的日本曾展开过激烈的争论，探讨政府是否应全然不保护在满洲和朝鲜定居的日本平民。大本营陆军参谋本部战争指导班曾认为，日本对苏联的基本政策是保持现状。而提前撤出日本定居者的做法是“不妥的”，因为它违背了这一政策，会引起苏联怀疑。结果，当苏联进攻满洲时，在满洲定居的150万日本平民中，有大约180 700人死于撤退和返回日本的途中。

日本投降后，被送到西伯利亚劳改营的日本战俘也是日本的战略动机背后高度敏感的一环。在苏联进攻日本的时间到来之前，大本营的主要军事战略家濑岛龙三和种村佐孝离开东京，分头前往中国东北和朝鲜，他们肩负着与苏联达成苏日停火协议的重任。但是任务还没完成，他们就被苏联逮捕了，并在随后被送往西伯利亚劳改营。根据一份记录，苏联在伪满洲国曾俘虏了大约 56.3 万名日本士兵、11 700 军官和工程人员，并将他们拘押在遍布西伯利亚的各处劳改营，一直到 1956 年。还有记录称俘虏总人数超过了 65 万人。在拘禁期间，大约有 10 万名战俘死亡。濑岛龙三和其他军事战略家是否与苏联达成了秘密协议，同意苏联逮捕和扣留这些士兵？由于现在日本和俄罗斯方面都找不到有结论性的档案记录，所以这一谜团至今没有答案。

研究日本历史和国际关系的学者瓦西里·莫洛迪亚科夫披露，在 1945 年夏天，当近卫文麿准备带着乞和使命前往莫斯科时，他还计划与莫斯科达成另外一项秘密交易。按照莫洛迪亚科夫的说法，近卫不但准备默许苏联索要日本领土，而且准备把关东军士兵作为战犯送往苏联做劳工。但非常奇怪的是，即使在“乞和”使命失败并且苏联参战之后，关东军总部在 1945 年 8 月 29 日仍向华西列夫斯基元帅提出了同样的请求。1993 年，日本共同社发现了记录这项任务细节的文件，并将其内容公之于众。2007 年 12 月，30 名曾被拘押在西伯利亚的日军士兵起诉日本政府抛弃其人民和士兵。

日本战时行为的道德问题，对于战后日本对其殖民帝国，尤其是对朝鲜所应承担的责任而言具有非常重要的意义。日本战略家之所以支持中国共产党，是因为他们正确地认识到，让中国回归到中国人民手中才是更好的选择。而朝鲜的未来则没有得到类似的关心。作为殖民地统治者，日本并没有对朝鲜人民给予足够的重视。所以，日本战败后，朝鲜必然被瓜分，这就是日本忽略朝鲜而造成的遗留问题之一。

“独尊美国、脱离欧亚大陆”政策的缺陷

在战争期间，日本在战略制订方面所体现的种族思维也需要重新进行审视。日本曾认为俄国或苏联是联系东西方种族和文化的桥梁，如果战后的日本人仍记得这一点，他们也许会重新发现：战时的日本不能被过分简单地打上“反西方”、“反白种人”或“亲亚洲”的标签。日本的“欧亚—太平洋战争”绝不是由于憎恨白人而发动的种族主义战争，“欧亚—太平洋战争”的种族因素，对于理解1945年后日本种族身份认同的急剧转变是非常关键的。战前和战时的日本民众对于“白种人”和“西方人”没有确切的概念，对俄国人的认知更是如此。“泛亚主义”理论甚至支持俄国人在日本帝国中占有一席之地。战后，在美国的军事占领下，日本人接触到了美洲白种人，这迅速改变了他们对种族和文化的看法，以至于他们开始按美国人的行为准则行事。战后的日本人开始在种族和文化方面寻求第二阶段的“脱亚”，也就是使自己从亚洲脱离出来，在以美国为中心的种族阶层中自我定位为“名义上的白人”。美国占领当局为了在欧亚大陆上巩固反共安保同盟，非常鼓励日本人追求这样的种族身份。对于占领当局的这个政策，战后的日本民众是否觉得他们比战前更加接近“白种人”与“白种人”的相处是否更加融洽，这点不得而知。

战争结束后，日本人与在日俄国人之间的关系迅速恶化。在战争临近尾声的时候，居住在东京都市圈的俄国人被迫迁往轻井泽町，并在警察的监视下生活，就连诸如棒球名将维克托·斯塔芬这样的名人也不例外。一些滞留在东京的俄国人被带往号称“俄国贫民区”的板桥区，他们没能在1945年3月的东京大轰炸中幸存下来。关于苏联流亡者在战后的下落，日本方面的记录寥寥可数。有些俄国人移民到了澳大利亚和美国，有些人甚至返回了苏联，只有一小部分人与日本家

庭联姻，放弃了他们的俄国身份。在“二战”期间，日本曾声称要为俄国人提供舒适的生活环境，但大部人俄国人在战后选择离开日本这一事实，意味着日本在战后不再遵守战时的诺言。“二战”以后，日本人对白种人和他们自己的看法已经大为扭曲。

重新剖析日本战时、特别是在战争末期时的战略思考，能让日本人彻底审视“独尊美国、脱离欧亚大陆”这一政策的缺陷所在。当初，日本的战争规划者、战略制定者以及普通市民在想象日本战败后的命运时，从来没有预料到日本会如此一味地依附于美国的影响力。虽然战败后的日本融入了麦克阿瑟将军和迪安·艾奇逊所谓的“盎格鲁—撒克逊内湖”防御圈或“太平洋防御圈”，但对于日本人的日常生活和内心感受而言，与美国远洋重隔的关系，远不如日本当年拥有“密克罗尼西亚南洋厅”时的日美关系来得亲密。太平洋战争的叙事模式，并没有将日本视为在太平洋地区能左右大局的角色；相反，它将战败的日本驱逐出了太平洋，并将其限制在迪安·艾奇逊所谓的“大新月型防御地带”中。“大新月”是对美国反共阵营地理位置的一个比喻，该地带从日本一直延伸至东南亚、印度和波斯湾地区；在这个广阔的区域中，各国的文化特征和地理特征千差万别。即使在冷战结束后，美国对日本的遏制或许有所放松，但日本还是不能重归太平洋和欧亚大陆。战败并没有使日本从欧亚大陆转向太平洋，却迫使它同时离开了这两个区域。

平衡民族身份与民族命运之间的关系

战时的日本人曾紧紧把握住世界变幻莫测的脉搏，并非常渴望对全球地缘政治产生影响，但战后的日本人已经忘记了前人如何能做到这一点。“二战”时，日本人把世界政治中的各方参与者和影响因素综合在一起，制订出指引国家生存的战略原则。在文化和种族、意识形态和地缘政治等问题上，他们尝试在亚洲与西方、黄种人与白种人、共产主义与资本主义、以及欧亚大陆与太平洋地区的截然对立中寻找平衡点。他们想平衡民族身份与民族命运之间的关系，希望通过这样的做法来消除日本帝国主义和殖民主义瓦解所带来影响。在付出了难以挽回的生命代价和道德代价后，他们退出了欧亚大陆的舞台，任由冷战的各种势力瓜分他们的殖民地。战争末期，他们注意到冷战在东亚的时间起源和空间起源，并让随之而来的竞争者承担他们放弃中国东北和朝鲜所带来的后果。

日本人开始了一段漫长的战后时期。在这段时期中，他们并没有提升自身对战争的认识和理解。他们从远离殖民帝国的断壁残垣中重建了自己的岛国，并取得了战后的巨大“成就”。然而，当他们实现这一切时，便迅速彻底地忘记了他们对亚洲和亚洲人民所应承担的责任。日本人曾对大国间的势力均衡有着敏锐的理解力，如果今天的日本人能找回这份记忆，并为自己曾经专注于世界地缘政治而感到自豪的话，还会引发人们对日本的道德质疑吗？日本进行良心上的自我反省时，应在20世纪及今后更大的历史框架内，判断日本在“二战”中“结束”战争的方式是正确的还是悲剧性的，因为这种方式将会是日本长期受益或受到伤害的根源。日本民众必须在20世纪世界历史的更大框架内，直面日本对美苏战略思考和规划的善与恶。或许只有这样，他们才有机会最终克服战后长期以来的阴影，与欧亚大陆国家、美国和世界其他国家携手走向和解之路。

“iHappy 书友会”会员申请表

姓　名（以身份证为准）：____________；性　别：________________；

年　龄：________________；职　业：________________；

手机号码：______________；E-mail：________________；

邮寄地址：______________；邮政编码：______________；

微信账号：________________（选填）

请严格按上述格式将相关信息发邮件至中资海派“iHappy 书友会”会员服务部。

邮　箱：zzhpHYFW@126.com

微信联系方式：请扫描二维码或查找 zzhpszpublishing 关注“中资海派图书”

<table>
<tr><td rowspan="9">优惠订购</td><td colspan="2">订阅人</td><td></td><td>部门</td><td></td><td>单位名称</td><td></td></tr>
<tr><td colspan="2">地址</td><td colspan="5"></td></tr>
<tr><td colspan="2">电话</td><td colspan="3"></td><td>传真</td><td></td></tr>
<tr><td colspan="2">电子邮箱</td><td></td><td>公司网址</td><td></td><td>邮编</td><td></td></tr>
<tr><td>订购书目</td><td colspan="6"></td></tr>
<tr><td rowspan="2">付款方式</td><td>邮局汇款</td><td colspan="5">中资海派商务管理（深圳）有限公司
中国深圳银湖路中国脑库 A 栋四楼　邮编：518029</td></tr>
<tr><td>银行电汇或转账</td><td colspan="5">户　名：中资海派商务管理(深圳)有限公司
开户行：招行深圳科苑支行
账　号：81 5781 4257 1000 1
交行太平洋卡户名：桂林　卡号：6014 2836 3110 4770 8</td></tr>
<tr><td>附注</td><td colspan="6">1. 请将订阅单连同汇款单影印件传真或邮寄，以凭办理。
2. 订阅单请用正楷填写清楚，以便以最快方式送达。
3. 咨询热线：0755-25970306转158、168　传　真：0755-25970309
E-mail: szmiss@126.com</td></tr>
</table>

→利用本订购单订购一律享受九折特价优惠。

→团购 30 本以上八五折优惠。